Ensemble: Littérature

An Integrated Approach to French

Raymond F. Comeau / *Boston University*
Francine L. Bustin / *Milton Academy*
Normand J. Lamoureux / *College of the Holy Cross*

HOLT, RINEHART AND WINSTON
New York • San Francisco • Toronto • London

Library of Congress Cataloging in Publication Data
Main entry under title:

Ensemble littérature.

   Includes index.
   1. French language—Readers.   I. Comeau, Raymond F.
II. Bustin, Francine L.   III. Lamoureux, Normand J.
PC2117.E5   448'.6'421   76-48930
ISBN 0-03-018266-2

Acknowledgments for the use of reading selections appear on p. 233.

Illustration Credits: (by page number)
Woodfin Camp and Associates: 4 Wide World Photos: 9, 85, 104, 172 Helena Kolda: 12
(HRW), 107, 134 (PT 4) Courtesy New York Public Library, Picture Collection: 21 (HRW),
50 Roger Jean Segalat: 22 Photographie Giraudon: 26 Agence Bernard: 33 Photo Hachette:
41 DPI: 54 Linda Moser from DPI: 57 Courtesy French Embassy Press and Information
Division: 68, 82, 90, 108, 136, 154 Dorka Raynor: 73 François Vikar: 74 (HRW) Robert
Rapelye from Photography International: 89 Roger Viollet: 99 (HRW) HRW: 1, 68, 80 (PT
1, 2, 3), 103, 158 Editorial Photocolor Archives: 115 Raimond Dityvon — Viva from
Woodfin Camp and Associates: 120 Courtesy British Information Services: 124 Courtesy
U.S. Department of Interior: 144 Hans Mann from Monkmeyer Press Photo Service: 145
Zimbel from Monkmeyer Press Photo Service: 165 Courtesy Polydor: 176 Courtesy U. S. Air
Force: 183, 184 Drawings by Denis Charles Bustin

Contents

Preface

1 ᵉʳᵉ partie   VIE SOCIALE

1 ● Les Jeunes   2
Marcel Pagnol: 《Le Grand Mystère du déboutonnage》 de *La Gloire de mon père 3*
Jean Cocteau: 《La Boule de neige》, de *Les Enfants terribles 8*
Alphonse Daudet: 《Un beau mensonge》 de *Contes du Lundi 11*

2 ● Les Femmes   16
Georges Courteline: 《Une femme rusée》 de *Boubouroche 17*
Joseph Bédier: 《Un geste d'amour》 de *Le Roman de Tristan et Iseut 21*
Gustave Flaubert: 《Une femme rêveuse》 de *Madame Bovary 25*

3 ● La Famille   32
Jules Renard: 《L'Enfant malheureux》 de *Poil de Carotte 33*
Honoré de Balzac: 《Un père idolâtre》 de *Le Père Goriot 38*
Bernier: 《Le Vieillard rejeté》 de *La Housse Partie 41*

2 ᵉᵐᵉ partie   MODES DE VIE

4 ● Ville et Campagne   49
Montesquieu: 《Les Caprices de la mode parisienne》 de *Les Lettres persanes 50*
Charles Baudelaire: 《Le Mauvais Vitrier》 de *Le Spleen de Paris 53*
Robert Desnos: 《10 juin 1936》 de *Fortunes 56*

5 ● Les Classes sociales   63
La Bruyère: 《La Clef du succès》 de *Les Caractères 64*
Molière: 《L'Instruction d'un parvenu》 de *Le Bourgeois gentilhomme 67*
Antoine de Saint-Exupéry: 《Victimes de la société》 de *Terre des hommes 72*

3 ᵉᵐᵉ partie   INSTITUTIONS ET INFLUENCES

6 ● La Justice et la Loi   81
Voltaire: 《Un esclave noir》 de *Candide 82*
Jean-Paul Sartre: 《L'Antisémitisme》 de *Réflexions sur la question juive 84*
Albert Camus: 《Le Procès d'un étanger》 de *L'Étranger 89*

7 ● La Politique   **97**
Émile Zola: ⟨⟨Une Visite charmante⟩⟩ de *Germinal 98*
André Malraux: ⟨⟨Un Terroriste⟩⟩ de *La Condition humaine 102*
Louis Aragon: ⟨⟨Qu'est-ce qu'un communiste?⟩⟩ de *L'Homme communiste 106*

8 ● Le Français à l'étranger   **114**
Yves Thériault: ⟨⟨Un père et son fils⟩⟩ de *La Fille laide 115*
Guy Tirolien: ⟨⟨Prière d'un petit enfant nègre⟩⟩ de *Balles d'or 120*
Birago Diop: ⟨⟨Khary-Gaye⟩⟩ de *Les Nouveaux Contes d' Amadou Koumba 123*

4 ème partie   VIE CULTURELLE

9 ● La Langue   **135**
Tristan Tzara: ⟨⟨Pour faire un poème dadaïste⟩⟩ de *Sept Manifestes Dada 136*
Paul Éluard: ⟨⟨Quelques proverbes⟩⟩ de *152 proverbes 137*
Raymond Queneau: Exercices de style (extraits) *140*
Jacques Prévert: Page d'écriture 144   *Déjeuner du matin 145*   *Premier Jour 146*   *Le Message 146*

10 ● La Scène et les Lettres   **152**
Eugène Ionesco: ⟨⟨Comment on devient auteur dramatique⟩⟩ , *Notes et Contrenotes 153*   ⟨⟨Comme c'est curieux! comme c'est bizarre!⟩⟩ de *La Cantatrice chauve 157*
Gustave Lanson: ⟨⟨La Littérature: plaisir intellectuel⟩⟩ de *Histoire de la littérature française 164*

11 ● Chanson et Cinéma
Georges Brassens: Dans l'eau de la claire fontaine 171   *Chanson pour l'Auvergnat 171*   *La Chasse aux papillons 173*
Georges Moustaki: Il est trop tard 176   *Le Temps de vivre 177*   *Dire qu'il faudra mourir un jour 177*   *Ma Solitude 178*
Marguerite Duras: Hiroshima mon amour (extraits) *181*

Index littéraire   **192**

Vocabulaire   **197**

Preface

ENSEMBLE   is an integrated approach to the study of French language, literature and culture. It has been designed as a complete Intermediate French course, although it may profitably be used in more advanced courses as well. In concrete terms, *Ensemble* consists of three texts — a review grammar (with accompanying language laboratory manual), a literary reader, and a cultural reader — which have been thematically and linguistically coordinated with one another, although each text may be used independently of the other two.

ENSEMBLE: LITTÉRATURE   is comprised of eleven chapters, each containing several reading selections. Each chapter is divided into the following parts:

The introduction presents the essential facts concerning the authors and their works, providing the necessary background to properly situate the literary text. This preliminary matter is presented in English to enable students to quickly grasp the useful prerequisites and to immediately focus their attention on the literary text itself.

The literary selections — there are three in each chapter — have been carefully chosen for their thematic content and appropriate level of difficulty. Every effort has been made to provide a representative cross-section of French literature with respect to periods, genres and authors.

The *Vocabulaire* contains numerous items designed to assist students in their understanding of the French selection. Such items are printed in italics in the text for easy reference.

The *Intelligence du texte* consists of 10 to 15 questions bearing directly on the French text and intended to measure the students' literal understanding of what they have read.

The *Appréciation du texte*, on the other hand, introduces students to basic notions of literary criticism through questions which go beyond literal interpretation to matters of language and style.

The *Exercices de grammaire* review and reinforce the points of grammar studied in the corresponding chapter of the grammar book. Words and sentences used in the exercises are in most cases drawn directly from the literary selections.

The *Vocabulaire satellite* assembles useful words and expressions relating to the theme of the chapter. Its purpose is to provide students with the terms needed for full participation in oral and written discussion.

The *Pratique de la langue* topics are intended as opportunities for broader treatment of the chapter's theme. Having become conversant with this theme through the readings, students are able to elaborate on the subject and develop their oral fluency.

The *Sujets de discussion ou de composition* suggest topics for the broadest possible development of aspects relating to the theme. Such questions may be prepared in greater detail for formal discussion or for written presentation.

In addition to the features found in each chapter, the literary reader also provides:

An *Index littéraire*, which defines the major literary terms used in the book. Items listed in the Index are marked by the superscript [L] in the text.

A *French/English vocabulary* which contains almost all of the French words and expressions found in the book.

N.J.L.

A word about ENSEMBLE: AN INTEGRATED APPROACH TO FRENCH:

FRENCH: The three books — the review grammar, the cultural reader and the literary reader — which comprise the *Ensemble* series are each designed to stand alone but more importantly they fit together to form an "ensemble." The review grammar and the laboratory manual which accompanies it integrate grammar and theme by incorporating thematic vocabulary in examples and exercises. The two readers, in turn, contain grammar exercises drawn directly from the literary and cultural readings.

A single program composed of three separate yet integrated texts offers distinct advantages. First of all, it provides greater opportunity for reading and exercises, thereby allowing for a more comprehensive, mature and articulate treatment of the subject. In addition, the recurrence of the same thematic vocabulary and grammar points in all three different texts provides continuous vocabulary and grammar reinforcement. The unique comprehensive and integrated nature of *Ensemble* will encourage, we believe, more lively and meaningful student participation.

For most intermediate classes it is recommended that instruction begin with a chapter in the grammar and proceed to the same chapter in either of the readers. Instructors may wish to vary the reading selections within a given chapter by alternating between the literary and the cultural reader. An instructor teaching an advanced course may wish to assign the grammar as outside work and spend class time with readings and oral reports. Since the three texts are thematically and grammatically coordinated, a lesson may even begin with the readings and end with a rapid grammar review.

Acknowledgments We wish to express our appreciation to the staff of Holt, Rinehart and Winston and, in particular, to our development editor, Marilyn Hofer, for her ready availability and professional assistance. We want to acknowledge, too, the important contributions of our copy editor, Clifford Browder, whose stimulating suggestions helped enliven and tighten the final draft. Finally, we owe a very special debt of gratitude to our spouses — Jean Comeau, Edouard Bustin, and Priscilla Lamoureux — without whose unfailing support the three texts comprising this program could not have come to fruition.

R.F.C. / F.L.B. / N.J.L.

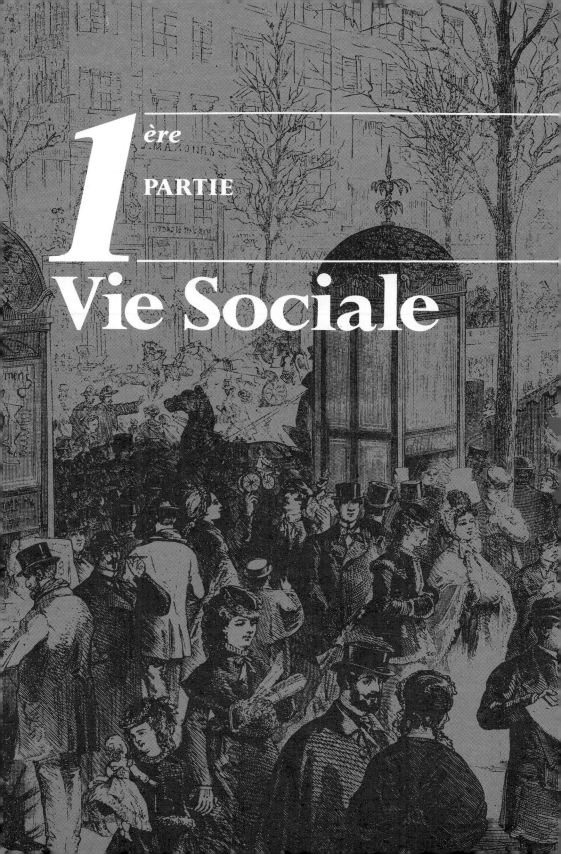

1ère PARTIE

Vie Sociale

1

Les Jeunes

Marcel Pagnol

Youth is a time for discoveries. Such moments of magnificent wonderment, however, are usually preceded and followed by puzzlement. Marcel Pagnol (1895–1974) observed this firsthand in his early career as a teacher. He turned to the theater while still in his twenties, and soon assured his reputation as a playwright with two rapid successes, *Topaze* (1928) and *Marius* (1929). In Pagnol's writings one finds a well-observed portrait of everyday existence, a world inhabited by real characters who express themselves simply and directly, without affectation. The scenes are warm with life and movement, with vivid dialogue incorporating the spoken language of the people, and touches of easy humor. Pagnol also wrote several novels, translated Vergil's *Bucolics* and Shakespeare's *Hamlet,* and produced a good number of films, several of which were adapted from his fiction (e.g., his first film, *Marius,* 1931).

The following selection is from *La Gloire de mon père* (1957), the first book in a series entitled *Souvenirs d'enfance,* in which Pagnol relives his youth while drawing on memory, imagination, humor, and poetic instinct. In this excerpt the narrator re-creates that unique moment in one's youth when the great mystery of the origin of a human life must be solved. Like many a young boy before him, he has a hypothesis to test: a theory suggested to him—naturally—by one of his classmates.

Le Grand Mystère du déboutonnage

Deux années *passèrent*: je *triomphai* de la *règle de trois*, j'*appris*—avec une joie inépuisable—l'existence du lac Titicaca, puis Louis X le *Hutin*, *hibouchougenou* et ces règles désolantes qui gouvernent les participes passés.

Mon frère Paul, de son côté, avait jeté son *abécédaire*, et il *abordait* le soir dans son lit la philosophie des *Pieds Nickelés*.

Une petite sœur était née, et tout justement pendant que nous étions tous les deux chez ma tante Rose, qui nous avait gardés deux jours.

Cette invitation *malencontreuse* m'empêcha de vérifier pleinement l'hypothèse audacieuse de Mangiapan, qui était mon voisin en classe, et qui *prétendait* que les enfants sortaient du *nombril* de leur mère.

Cette idée m'avait d'abord paru absurde: mais un soir, après un assez long examen de mon nombril, je *constatai* qu'il avait vraiment l'air d'une *boutonnière*, avec, au centre, une sorte de petit bouton: j'en conclus qu'un déboutonnage était possible, et Mangiapan avait dit vrai.

Cependant, je pensai aussitôt que les hommes n'ont pas d'enfants: ils n'ont que des fils et des filles, qui les appellent papa, mais les enfants venaient sûrement de la mère, comme les chiens et les chats. Donc, mon nombril ne prouvait rien. Tout au contraire, son existence chez les mâles *affaiblissait* grandement l'autorité de Mangiapan.

Que croire? Que penser?

En tout cas, puisqu'une petite sœur venait de naître, c'était le moment d'ouvrir les yeux et les oreilles, et de percer le grand secret.

C'est en revenant de chez la tante Rose, comme nous traversions la Plaine, que je fis, dans le passé, une importante découverte: depuis trois mois, ma mère avait changé de forme, et elle marchait le buste *penché* en arrière comme le *facteur* de la Noël. Un soir Paul, avec un air d'inquiétude, m'avait demandé: «Qu'est-ce qu'elle a, *notre Augustine*, sous son *tablier*?»

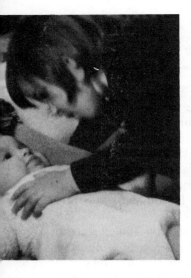

Je n'avais su que lui répondre . . .

Nous la retrouvâmes, souriante, mais pâle et sans force, dans le grand lit. Auprès d'elle, dans un *berceau,* une petite créature grimaçante poussait des cris de *mirliton.* L'hypothèse de Mangiapan me parut démontrée, et j'embrassai ma mère tendrement en songeant à ses souffrances au moment où il avait fallu déboutonner son nombril.

La petite créature nous parut d'abord étrangère. De plus, notre mère lui donnait le *sein,* ce qui me choquait beaucoup et qui effrayait Paul. Il disait: «*Elle nous la mange* quatre fois par jour.» Mais quand elle se mit à *tituber* et à *bégayer,* elle nous révéla notre force et notre sagesse, et nous l'adoptâmes définitivement.

L'oncle Jules et la tante Rose venaient nous voir le dimanche et j'allais—avec Paul—déjeuner chez eux presque tous les jeudis.

Ils habitaient un bel appartement, à la rue des Minimes; il était éclairé au gaz, la tante faisait la cuisine au gaz, et elle avait une femme de ménage.

Je remarquai un jour avec surprise que ma chère tante Rose se *gonflait* à son tour, et je conclus immédiatement à un prochain déboutonnage.

Ce diagnostic fut bientôt confirmé par une conversation dont je surpris quelques *bribes,* entre ma mère et Mlle Guimard.

Pendant que le boucher découpait un beau beefsteack de quatre sous dans la «*pièce noire,*» elle dit avec inquiétude:

«Les enfants de vieux, c'est toujours délicat . . .

—Rose n'a que trente ans! protesta ma mère.

—Pour un premier enfant, c'est déjà beaucoup. Et n'oubliez pas que son mari en a quarante!

—Trente-huit, dit ma mère.

—Trente et trente-huit font soixante-huit!» dit Mlle Guimard.

Et elle *hochait* la tête, pensive et *maléfique* . . .

Un soir, mon père nous annonça que maman ne rentrerait pas à la maison, parce qu'elle était restée auprès de sa sœur «qui n'était pas bien.» Nous dînâmes tous les quatre en silence, puis j'aidai mon père à coucher la petite sœur.

Ce fut une opération difficile, à cause du *pot,* des *langes,* et de notre peur de la *casser.*

Tout en tirant sur mes chaussettes, je dis à Paul: «La tante Rose, ils sont en train de la déboutonner.»

Il lisait dans son lit ses chers Pieds Nickelés, et il ne me répondit pas. Mais j'avais résolu de l'initier aux grands mystères, et j'insistai: «Est-ce que tu sais pourquoi?»

Il ne bougea pas davantage, et je m'aperçus qu'il dormait.

Alors, je tirai doucement son livre de ses mains, j'*aplatis* ses genoux et, *du premier coup*, je soufflai la lampe.

Le lendemain, qui était un jeudi, mon père nous dit:

«*Allez ouste*! Levez-vous: nous allons chez la tante Rose et je vous promets une belle surprise!

—Moi, dis-je, ta surprise, je la sais déjà . . .

—Ho ho! dit-il. Et que sais-tu?

—Je ne veux pas te le dire, mais je te promets que j'ai tout compris.»

Il me regarda en souriant, mais il n'insista pas.

Nous partîmes tous les quatre le long des rues. La petite sœur était drôlement *attifée*, dans une robe que nous avions boutonnée par-devant, et nous n'avions pas pu la *coiffer*, à cause de ses *hurlements*.

Une grande inquiétude me tourmentait. Nous allions voir un enfant de vieux: Mlle Guimard l'avait dit; mais elle n'avait rien précisé, sauf qu'il aurait soixante-huit ans. J'imaginai qu'il serait tout *rabougri*, et qu'il aurait sans doute des cheveux blancs, avec une barbe blanche comme celle de mon grand-père—plus petite évidemment, et plus fine—une barbe de bébé. Ça ne serait pas beau. Mais il allait peut-être parler tout de suite, et nous dire d'où il venait! Ça ce serait intéressant.

Je fus tout à fait *déçu*.

On nous mena embrasser la tante Rose dans sa chambre. Elle avait l'air parfaitement reboutonnée, quoiqu'un peu pâle. Ma mère était assise sur le bord du lit, et entre elles, il y avait un bébé, un bébé sans barbe ni moustache et sa grosse figure *joufflue* dormait paisiblement, sous une *crête* de cheveux blonds.

«Voilà votre cousin!» dit ma mère à voix basse.

Toutes les deux le regardaient, émues, *émerveillées*, ravies, avec une adoration si exagérée, et l'oncle Jules—qui venait d'entrer—était si rouge de fierté, que Paul, *écœuré*, m'entraîna dans la salle à manger, où nous *dégustâmes* les quatre bananes qu'il avait *repérées* au passage dans le *compotier* de cristal.

Marcel Pagnol, *La Gloire de mon père*

Vocabulaire

le **déboutonnage** *unbuttoning*

passèrent, triomphai, appris *the* passé simple *of* passer, triompher, apprendre

la **règle de trois** *the rule of three, in mathematics, the method of finding the fourth term in a proportion where three terms are given.*

le **Hutin** *the Quarrelsome*

hibouchougenou hibou, chou, genou: *three nouns engraved in the minds of French students as exceptions to the formation of the plural with* -s (*they take* -x)

l'**abécédaire** (m) *primer*

aborder *to tackle*

les **Pieds Nickelés** *a popular comic strip*

malencontreux *untimely*

prétendre *to claim*

le **nombril** *navel*

constater *to verify*

la **boutonnière** *buttonhole*

affaiblir = rendre faible

penché *leaning, bent*

le **facteur** *postman*

notre Augustine *The boys are referring to their mother in these familiar terms—but not, of course, within earshot.*

le **tablier** *apron*

Je n'avais su que lui répondre *I hadn't known what to answer him*

le **berceau** *cradle*

le **mirliton** *reed-pipe, flute*

le **sein** *breast*

elle nous la mange *she is eating her before our very eyes (The* nous *has no grammatical function, but indicates interest on the part of the speaker.)*

tituber *to stagger, to reel*

bégayer *to stutter, to stammer*

se **gonfler** *to swell*

les **bribes** (f) *bits and pieces*

la **pièce noire** *the dark room; the refrigerated back room that was naturally kept closed*

hocher *to shake*

maléfique *malicious*

le **pot** *chamber pot*

les **langes** (m) *swaddling clothes*

casser *to break*

aplatir *to flatten*

du premier coup *at the first try*

allez ouste! *off you go!*

attifé *decked out*

la **coiffer** *to fix her hair*

le **hurlement** *shriek*

rabougri *stunted*

décevoir *to disappoint*

joufflu *chubby*

la **crête** *crown*

émerveillé *amazed*

écœuré *disgusted*

déguster *to sample*

repérer *to spot, to catch a glimpse of*

le **compotier** *fruit stand*

INTELLIGENCE DU TEXTE

1. Quelle était l'hypothèse de Mangiapan?
2. Pourquoi le jeune garçon est-il arrivé à la conclusion qu'un déboutonnage était possible?
3. Qu'est-ce qui affaiblissait grandement l'autorité de Mangiapan?
4. Quelle importante découverte le garçon a-t-il faite dans le passé?
5. Qu'est-ce que lui et son frère ont retrouvé en rentrant chez eux?
6. Pour quelles raisons les deux garçons ont-ils adopté définitivement leur nouvelle sœur?
7. Qu'est-ce que le jeune homme a remarqué chez la tante Rose un jour et quelle conclusion a-t-il tirée immédiatement?
8. Pourquoi Mlle Guimard parle-t-elle d'un «enfant de vieux»?
9. Pourquoi est-ce que la mère n'est pas rentrée un soir à la maison?
10. Qui a couché la petite sœur? Pour quelles raisons est-ce que c'était une opération difficile?
11. Qu'est-ce qui est arrivé quand on a essayé d'initier Paul aux grands mystères?
12. Pour quelle raison se rend-on chez la tante Rose?
13. Quelle grande inquiétude tourmentait le garçon?
14. Quel portrait du petit bébé a-t-il imaginé?
15. Comment était le petit bébé en effet?
16. Quel contraste y a-t-il entre l'attitude des adultes devant le nouveau-né et l'attitude des deux garçons?

APPRÉCIATION DU TEXTE

1. D'après vous, quel âge ont les deux frères dans cette sélection? Pourquoi?
2. On reconnaît chez Pagnol le sens de l'humour. Dans quelles parties du texte cet humour se manifeste-t-il le mieux?
3. On dit que Pagnol crée des types humains dans ses dialogues. Quelle idée vous faites-vous de Mlle Guimard d'après ce qu'elle dit?

Jean Cocteau

The artistic career of Jean Cocteau (1889–1963) was substantial and amazingly varied. Among other things he was a film maker, playwright, novelist, poet, director, designer, painter, art critic, and essayist. The list of his associates represents a virtual *Who's Who* of twentieth-century art. His current reputation rests primarily on his films: *La Belle et la bête* (1945), *Orphée* (1950); his theater: *Orphée* (1927), *Antigone* (1928); and his novel *Les Enfants terribles* (1929).

Les Enfants terribles begins with a snowball fight in the schoolyard of a French *lycée*. One of the students is struck in the chest by a heavy snowball thrown by Dargelos, a handsome and forceful youth who has learned to dominate others, and who is worshiped for his bravura by his schoolmates. (He will, however, be expelled for his role in this incident.)

La Boule de neige

Il gisait par terre. Un flot de sang échappé de la bouche *barbouillait* son menton et son cou, *imbibait* la neige. Des *sifflets* retentirent. En une minute la *cité* se vida. Seuls quelques curieux se pressaient autour du corps et, sans porter aucune aide, regardaient avidement la *boue* rouge. Certains s'éloignaient, craintifs, en *faisant claquer* leurs doigts; *ils avançaient une lippe,* levaient les *sourcils* et hochaient la tête; d'autres *rejoignaient leurs sacs d'une glissade*. Le groupe de Dargelos restait sur les marches du *perron*, immobile. Enfin le *censeur* et le concierge du collège apparurent, *prévenus* par l'élève que la victime avait appelé Gérard en entrant dans la bataille. Il les précédait. Les deux hommes soulevèrent le malade; le censeur se tourna du côté de l'ombre:

—C'est vous, Dargelos?

—Oui, monsieur.

—Suivez-moi.

Et la troupe se mit en marche.

Les privilèges de la beauté sont immenses. Elle agit même sur ceux qui ne la *constatent* pas.

Les maîtres aimaient Dargelos. Le censeur était extrêmement ennuyé de cette histoire incompréhensible.

On transporta l'élève dans la *loge* du concierge où la concierge qui était une brave femme le lava et tenta de le *faire revenir à lui*.

Dargelos était debout dans la porte. Derrière la porte se pressaient des têtes curieuses. Gérard pleurait et tenait la main de son ami.

—Racontez, Dargelos, dit le censeur.

—Il n'y a rien à raconter, m'sieur. On lançait des boules de neige. Je lui en ai jeté une. Elle devait être très dure. Il l'a reçue *en pleine poitrine,* il a fait «ho!» et il est tombé comme ça. J'ai d'abord cru qu'il saignait du nez à cause d'une autre boule de neige.

—Une boule de neige ne *défonce* pas la poitrine.

Jean Cocteau

—Monsieur, monsieur, dit alors l'élève qui répondait au nom de Gérard, il avait entouré une pierre avec de la neige.

—Est-ce exact? questionna le censeur. Dargelos haussa les épaules.

—Vous ne répondez pas?

—C'est inutile. Tenez, il ouvre les yeux, demandez-lui . . .

Le malade se *ranimait*. Il appuyait la tête contre la *manche* de son camarade.

—Comment vous sentez-vous?

—Pardonnez-moi . . .

—Ne vous excusez pas, vous êtes malade, vous vous êtes *évanoui*.

—Je me rappelle.

—Pouvez-vous me dire à la suite de quoi vous vous êtes évanoui?

—J'avais reçu une boule de neige dans la poitrine.

—On ne se *trouve* pas *mal* en recevant une boule de neige!

—Je n'ai rien reçu d'autre.

—Votre camarade prétend que cette boule de neige cachait une pierre.

Le malade vit que Dargelos haussait les épaules.

—Gérard est fou, dit-il. Tu es fou. Cette boule de neige était une boule de neige. Je courais, j'ai dû avoir une congestion.

Le censeur respira.

Dargelos allait sortir. Il se *ravisa* et on pensa qu'il marchait vers le malade. Arrivé en face du comptoir où les concierges vendent des porte-plume, de l'encre, des *sucreries*, il hésita, tira des sous de sa poche, les posa sur le *rebord* et prit en échange un de ces rouleaux de *réglisse* qui ressemblent à des lacets de *bottine* et *que sucent les collégiens*. Ensuite il traversa la loge, porta la main à sa tempe dans une sorte de salut militaire et disparut.

Jean Cocteau, *Les Enfants terribles*

Vocabulaire

il gisait *he lay*
barbouiller *to smear*
imbiber *to soak*

le **sifflet** *whistle (of the playground supervisors)*
la **cité** la cité Monthiers, *a street in*

Paris *opposite the* lycée
la **boue** *mud*
  faire claquer *to snap*
  ils avançaient une lippe *they pouted their lips*
le **sourcil** *eyebrow*
  rejoignaient leurs sacs d'une glissade *took a running slide to pick up their schoolbags*
le **perron** *stoop, porch*
le **censeur** *study supervisor*
  prévenir *to inform*
  constater *to observe*
la **loge** *lodging*
  faire revenir à lui *to revive*

en pleine poitrine *right in the middle of the chest*
défoncer *to smash*
se **ranimer** *to regain consciousness*
la **manche** *sleeve*
s'**évanouir** *to faint*
se **trouver mal** *to faint*
se **raviser** *to change one's mind*
  des sucreries (f) *candy*
le **rebord** *edge*
la **réglisse** *licorice*
la **bottine** *boot*
  que sucent les collégiens *that students suck on (the current American equivalent would be chewing gum)*

INTELLIGENCE DU TEXTE

1. Décrivez l'élève blessé.
2. Dites ce que faisaient les autres élèves.
3. Que faisait le groupe de Dargelos?
4. Quels responsables de l'école sont apparus enfin? Qui les avait prévenus?
5. Pourquoi le censeur demande-t-il à Dargelos de le suivre?
6. À votre avis, pourquoi les maîtres aimaient-ils Dargelos?
7. Où a-t-on transporté la victime? Pourquoi?
8. Selon Dargelos, qu'est-ce qui est arrivé?
9. Selon Gérard, comment la boule de neige a-t-elle pu défoncer la poitrine de la victime?
10. Pourquoi la victime n'a-t-elle pas parlé jusqu'ici?
11. Pourquoi la victime dit-elle que Gérard est fou?
12. Dargelos allait sortir. Tout à coup il s'est ravisé et on a pensé qu'il marchait vers le malade. À votre avis, pourquoi Dargelos voudrait-il se rendre auprès du malade?
13. Pourquoi s'est-il arrêté devant le comptoir? Qu'y a-t-il acheté?
14. Quelle sorte de signe a-t-il fait en quittant la loge du concierge? Quelle valeur prêtez-vous à ce signe?

APPRÉCIATION DU TEXTE

1. Dans cette petite scène il s'agit d'un drame de silences et de gestes. Cocteau a reproduit effectivement cette même scène dans un film muet, *Le Sang d'un poète* (1932). Appréciez dans le texte les endroits où la communication a lieu par d'autres moyens que le dialogue.
2. Comment expliquez-vous le fait que le malade n'a pas dénoncé Dargelos? A-t-il eu raison de démentir (contradict) son ami Gérard?
3. Après cet incident, quels seront les rapports probables entre Dargelos et la victime? entre Dargelos et Gérard?

4. Citez des cas, dans la vie contemporaine, où la beauté agit sur ceux qui ne la constatent même pas.

Alphonse Daudet

Alphonse Daudet (1840–1897) learned to appreciate the problems and pleasures of the young in his early function as a study-hall master in a secondary school in Lyons. Many of his personal memories of these days come to life in the novel, *Le Petit Chose* (1868). In his other works—the novel *Tartarin de Tarascon* (1872), the short stories of *Lettres de mon moulin* (1869) and *Contes du Lundi* (1873), his plays and poetry—Daudet draws unforgettable sketches of ordinary people in France between 1860 and 1890. Not only is he a keen observer of daily life, but he communicates with sensitivity emotional realities as well. If one adds to this his knack for artful storytelling, one can understand the success of Daudet's fiction.

The following excerpt is from *Contes du Lundi*, so named because the stories in the collection were originally published every Monday over a period of some six months. The narrator tells of his youth in Lyons, and how he loved to play hooky and paddle up the Rhone river and back. He especially enjoyed tying onto a string of barges so as to be towed up the river, but then had to contend with the inevitable return trip and his late arrival at home, long after classes had been let out for the day. The boy well knew what awaited him at home, and taxed his resourcefulness to cope with it.

Un beau mensonge

Car *il en fallait un* chaque fois pour *faire tête à* ce terrible «d'où viens-tu?» qui m'attendait en travers de la porte. C'est cet interrogatoire de l'arrivée qui m'*épouvantait* le plus. Je devais répondre là, sur le *palier, au pied levé,* avoir toujours une histoire prête, quelque chose à dire, et de si étonnant, de si *renversant, que la surprise coupât court à toutes les questions.* Cela me donnait le temps d'entrer, de reprendre *haleine;* et *pour en arriver là, rien ne me coûtait.* J'inventais des *sinistres,* des révolutions, des choses terribles, tout un côté de la ville qui brûlait, le pont du chemin de fer s'écroulant dans la rivière. Mais ce que je trouvai *encore de plus fort,* le voici:

Ce soir-là, j'arrivai très en retard. Ma mère, qui m'attendait depuis une grande heure, *guettait,* debout, en haut de l'escalier.

«D'où viens-tu?» me cria-t-elle.

Dites-moi ce qu'il peut tenir de diableries dans une tête d'enfant. Je n'avais rien trouvé, rien pré-

paré. J'étais venu trop vite . . . Tout à coup *il me passa* une idée folle. Je savais la chère femme très pieuse, catholique *enragée* comme une Romaine, et je lui répondis dans tout l'*essoufflement* d'une grande émotion:

«O maman . . . Si vous saviez! . . .

—Quoi donc? . . . Qu'est-ce qu'il y a encore? . . .

—Le pape est mort.

—Le pape est mort! . . .» dit la pauvre mère, et elle s'appuya toute pâle contre la *muraille*. Je passai vite dans ma chambre, un peu effrayé de mon succès et de l'énormité du mensonge; pourtant, j'eus le courage de le soutenir jusqu'au bout. Je me souviens d'une soirée funèbre et douce; le père très grave, la mère *atterrée* . . . On causait bas autour de la table. Moi, je baissais les yeux; mais mon escapade s'était si bien perdue dans la désolation générale que personne n'y pensait plus.

Chacun citait *à l'envi* quelque trait de vertu de ce pauvre Pie IX, puis, peu à peu, la conversation s'*égarait* à travers l'histoire des papes. Tante Rose parla de Pie VII, qu'elle se souvenait très bien d'avoir vu passer dans le Midi, au fond d'une *chaise de poste*, entre des gendarmes. On rappela la fameuse scène avec l'empereur: *Comediante! . . . tragediante!* . . . C'était bien la centième fois que je l'entendais raconter, cette terrible scène, toujours avec les mêmes intonations, les mêmes gestes, et ce stéréotype des traditions de famille qu'on *se lègue* et qui restent là, puériles et locales, comme des histoires de couvent.

C'est égal, jamais elle ne m'avait paru si intéressante.

Je l'écoutais avec des soupirs hypocrites, des questions, un air de faux intérêt, et tout le temps je me disais:

«Demain matin, en apprenant que le pape n'est pas mort, ils seront si contents que personne n'aura le courage de me *gronder*.»

Alphonse Daudet, *Contes du Lundi*

Vocabulaire

il en fallait un *one (= a lie) was necessary*
faire tête à *to stand up to*
épouvanter = faire peur à

le **palier** *landing*
au pied levé *offhand, at a moment's notice*
renversant *staggering*

que la surprise coupât court à toutes les questions *that the element of surprise would cut short all other questions*

l'**haleine** (f) *breath*

pour en arriver là, rien ne me coûtait *to get to that point, I spared no effort*

le **sinistre** *catastrophe*

encore de plus fort *even more improbable*

guetter *to be on the lookout*

Dites-moi ce qu'il peut tenir de diableries *you can imagine the mischievousness to be found*

il me passa *there occurred to me*

enragé *rabid*

l'**essoufflement** (m) *breathlessness*

la **muraille** *wall*

atterré *overwhelmed*

à l'envi *vying with one another*

s'**égarer** *to digress*

la **chaise de poste** *post chaise; a type of carriage*

Comediante! . . . tragediante! *These were the only words addressed to Napoleon by Pius VII in a celebrated encounter at Fontainebleau in 1804. Later imprisoned by Napoleon, the Pope was forced to sign an agreement favorable to the Emperor.*

léguer *to bequeath*

gronder *to scold*

INTELLIGENCE DU TEXTE

1. Pourquoi est-ce qu'il fallait un mensonge chaque fois que le jeune homme rentrait?
2. Qu'est-ce qui épouvantait le jeune garçon le plus?
3. Qu'est-ce qu'il devait avoir quand il entendait le terrible «d'où viens-tu?»?
4. Citez un exemple du genre d'histoires qu'il inventait.
5. Pourquoi sa mère le guettait-elle, ce soir-là, en haut de l'escalier?
6. Pourquoi n'avait-il rien préparé?
7. Quelle idée folle a-t-il trouvée, et qu'est-ce qui l'a encouragé à l'adopter?
8. Comment sa mère a-t-elle réagi à la grande nouvelle?
9. Pourquoi est-il passé vite dans sa chambre?
10. Pour quelle raison est-ce que personne ne pensait plus à son escapade?
11. Quel était le sujet de conversation ce soir-là?
12. Comment le garçon écoutait-il l'histoire de sa tante Rose cette fois?
13. Pourquoi est-ce que personne n'aura le courage de le gronder?

APPRÉCIATION DU TEXTE

1. Un adolescent se prépare déjà à affronter les difficultés de la vie adulte. Indiquez les endroits dans le texte où se manifeste l'esprit calculateur du jeune homme. Relevez (*point out*) également d'autres exemples qui illustrent l'imprudence, la témérité du jeune garçon.
2. Daudet sait non seulement décrire la réalité mais aussi nous faire partager les émotions mêmes des personnages. Nous apprécions la ruse spontanée du narrateur et pourtant nous craignons nous aussi les conséquences d'une démarche (*act*) trop osée. Indiquez les endroits dans le texte où se trouvent cet élément de suspense, cette incertitude émotive.

Vocabulaire satellite: Les Jeunes

la **jeunesse** *youth*
l'**adolescent(e)** (m, f) *adolescent, teenager*
le **pair** *peer*
le **copain**⎫ *chum, pal*
la **copine**⎭
le, la **camarade de chambre** *roommate*
le, la **camarade de classe** *classmate*
le **chef** *leader*
la **bande** *gang*

bien (mal) élevé *well-(ill-) mannered*
docile *manageable*
sage *well-behaved*
égoïste *selfish*
gâté *spoiled*
méchant *bad, naughty*
rusé *cunning*
insolent *insolent*

se **conformer à** *to conform to, to comply with*
se **comporter comme il faut** *to behave properly*
s'**entendre bien ou mal avec quelqu'un** *to get along well or badly with someone*
se **faire accepter par** *to be accepted by*
faire confiance à, se fier à *to trust*
faire partie de *to belong to, to be part of*
se **joindre à** *to join (an organization)*
se **débrouiller, se tirer d'affaire** *to get out of trouble, to manage*
garder son sang-froid *to keep one's cool*
sauver les apparences *to save face*

agir sans réfléchir *to act without thinking*
se **révolter contre** *to rebel against*
se **battre** *to fight*
mentir *to lie*
taquiner *to tease*
tricher *to cheat*
tromper *to trick, to deceive*

Pratique de la langue

1. Préparez un des dialogues suivants:
   a. la prochaine rencontre du narrateur du premier texte et de Mangia-pan après la naissance du cousin.
   b. la prochaine rencontre de Dargelos et du jeune garçon qui a reçu sa boule de neige
   c. le dialogue en famille le lendemain de la «mort» du pape
2. Vous rappelez-vous une naissance de votre jeunesse? Quelles étaient vos idées là-dessus? Qu'est-ce qui vous a frappé? Qu'est-ce que vous en retenez?
3. Avez-vous jamais entendu des théories ridicules offertes aux trop jeunes au sujet de la naissance (e.g., la cigogne [*stork*] qui livre les bébés aux parents)? Quelles sont-elles?
4. Il arrive aux jeunes d'agir sans réfléchir, de faire quelque chose et de ne songer aux conséquences que plus tard. Racontez une des grandes gaffes de votre jeunesse.
5. Dargelos et le menteur de la dernière sélection se sont tirés d'affaire parce qu'ils ont gardé leur sang-froid. Vous êtes-vous jamais trouvé dans une situation compromettante où vous avez réussi quand même à sauver les apparences? Faites-en le récit.
6. À débattre: «La nécessité du mensonge dans la vie quotidienne.»

Sujets de discussion ou de composition

1. Quels étaient les grands mystères de votre jeunesse? Avez-vous tâché de percer quelque grand secret? Avez-vous trouvé, vous aussi, des solutions un peu extrêmes? Racontez.
2. Comment expliquez-vous le besoin de solidarité qui semble exister chez les jeunes? Pourquoi ont-ils besoin de faire partie d'un groupe, de faire comme les autres?
3. À quel âge devrait-on permettre aux jeunes de prendre des boissons (*drinks*) alcoolisées? Pourquoi?

2
Les Femmes

Georges Courteline

The light comedies of Georges Courteline (1858–1929) were very popular in the twenty-five years immediately preceding World War I. Courteline's work belongs to a long-standing French theater tradition that originated with the medieval farce,[L1] was best exemplified in the comedies of Molière, and continues even today in the *théâtre de boulevard*[L] in Paris. The playwright's intent in this comic tradition is to portray common human failings in a humorous vein, making no special attempt to moralize or instruct. Courteline wrote some twenty such comedies, most of them consisting of a single act. Although he lacks the imagination and the depth of a Molière, he does present, in a pleasing and natural style, keen observations of his era and insights into human nature.

The following selection is from Courteline's best comedy, *Boubouroche* (1893), which in the early years of the twentieth century formed part of the repertoire of the Comédie-Française.[L] The humorist is studying here the relationship between man and woman. In this slightly satirical but mostly comic view, the woman, Adèle, is portrayed as unfaithful and crafty. She is basically fickle and unscrupulous, incapable of appreciating Boubouroche's unquestioning loyalty. Boubouroche is an obliging, trusting soul, secure in the love of the woman whom he has been keeping for the past eight years. He could never willfully harm anyone and is far from suspecting that Adèle has been deceiving him all along. But now that a neighbor has informed him of the irregular goings-on in his absence, he reluctantly returns to Adèle's apartment in time to observe, from outside, two silhouettes on the window

---

[1]Words marked with the [L] are explained in the *Index littéraire* on pp. 192–195.

shade. As he angrily rings the doorbell—his mistress has not even granted him a key—Adèle has time to hide her other lover, André, in a nearby wardrobe.

Une femme rusée

Adèle. Que se passe-t-il?   Qu'est-ce qu'il y a?

Boubouroche. Il y a que tu me trompes.

Adèle. Je te trompe!...Comment je te trompe?... Qu'est-ce que tu veux dire par là?

Boubouroche. Je veux dire que tu te moques de moi; que tu es la dernière des *coquines* et qu'il y a quelqu'un ici.

Adèle. Quelqu'un!

Boubouroche. Oui, quelqu'un!

Adèle. Qui?

Boubouroche. Quelqu'un!

Adèle. Tu es bête!

Boubouroche. Je l'ai été. Oui, j'ai été huit ans ta dupe: inexplicablement aveugle en présence de telles évidences qu'*elles auraient dû me crever les yeux*!...N'importe, ces temps sont finis; la *canaille* peut triompher, une minute vient toujours où le bon Dieu, qui est un brave homme, se met avec les honnêtes gens.

Adèle. Assez!

Boubouroche (abasourdi). Tu m'imposes le silence, je crois?

Adèle. Tu peux même en être certain!... (*Hors d'elle.*) En voilà un *énergumène*, qui entre ici comme un *boulet*, pousse les portes, tire les rideaux, emplit la maison de ses cris, me traite comme la dernière des filles, va jusqu'à lever la main sur moi!...

Boubouroche. Adèle...

Adèle....tout cela parce que, *soi-disant*, il *aurait vu* passer deux ombres sur la transparence d'un rideau! D'abord tu es ivre.

Boubouroche. Ce n'est pas vrai.

Adèle. Alors tu mens.

Boubouroche. Je ne mens pas.

Adèle. Donc, tu es *gris*; c'est bien ce que je disais!... (Effarement ahuri *de Boubouroche*.) De deux choses l'une: tu as vu double ou tu me cherches querelle.

Boubouroche (*troublé et qui commence à perdre sa belle assurance*). Enfin, ma chère amie, voilà! Moi . . . on m'a raconté des choses.

Adèle (*ironique*). Et tu les as tenues pour paroles d'*Évangile*? Et l'idée ne t'est pas venue un seul instant d'*en appeler* à la vraisemblance? aux huit années de liaison que nous avons derrière nous? (*Silence embarrassé de Boubouroche.*) C'est délicieux! En sorte que je suis à la merci du premier venu . . . Un monsieur passera, qui dira: «Votre femme vous est infidèle,» moi je *paierai les pots cassés*?

Boubouroche. Mais . . .

Adèle. Détrompe-toi!

Boubouroche (*à part*). J'ai fait une gaffe.

Adèle. Celle-là est trop forte, par exemple. (*Tout en parlant, elle est revenue au* guéridon *et elle y a pris la lampe, qu'elle apporte à Boubouroche.*) Voici de la lumière.

Boubouroche. Pourquoi faire?

Adèle. Pour que tu ailles voir toi-même. *Ne fais donc pas l'étonné.*

Boubouroche (se dérobant). Tu n'empêcheras jamais les gens qui aiment d'être jaloux.

Adèle. Tu m'ennuies! . . . Je te dis de prendre cette lampe . . . (*Boubouroche prend la lampe.*) . . . et d'aller voir. Tu connais l'appartement, hein? Je n'ai pas besoin de t'accompagner?

Boubouroche (*convaincu*). Ne sois donc pas méchante, Adèle. Est-ce que c'est ma faute, à moi, si on m'a *collé une blague*? Pardonne-moi, et n'en parlons plus.

Adèle (*moqueuse*). Tu sollicites mon pardon? . . . C'est bizarre! . . . *Ce n'est donc plus à moi* de mériter le tien par mon repentir et par ma bonne conduite? . . . (*Changement de ton.*) *Va toujours,* nous verrons plus tard. Mais j'*exige* . . . tu entends? j'exige! que tu ne quittes cet appartement qu'après en avoir scruté, *fouillé,* l'une après l'autre chaque pièce. — Il y a un homme ici, c'est vrai.

Boubouroche (goguenard). Mais non.

Adèle. Ma parole d'honneur. (*Indiquant de son doigt le* bahut *où est renfermé André.*) Tiens, il est là-dedans! (*Boubouroche* rigole.) Viens donc voir.

Boubouroche (*au* comble *de la joie*). Tu me prendrais pour une *poire*! . . .

Adèle. Voici la clé de la cave.

Boubouroche (les yeux au ciel). La cave! . . .

Adèle. Tu me feras le plaisir d'y descendre . . .

Boubouroche. Tu es dure avec moi, tu sais.

Adèle. . . . et de regarder entre les *tonneaux* et les murs. Ah! je te fais des infidélités? . . . Ah! je cache des amants chez moi? . . . Eh bien cherche, mon cher, et trouve!

Boubouroche. Allons! Je n'ai que ce que je mérite.

La lampe au poing, il va lentement, non sans se retourner de temps en temps pour diriger vers Adèle, qui demeure impitoyable et muette, des regards suppliants de chien battu, jusqu'à la petite porte de droite, qu'il atteint enfin et qu'il pousse. —Coup d'air. La lampe s'éteint.

Boubouroche. Bon!

Mais à la seconde précise où l'ombre a envahi le théâtre, la lumière de la bougie qui éclaire la cachette d'André est apparue très visible.

Adèle (étouffant un cri). Ah!

Boubouroche (à tâtons). Voilà une autre histoire. —Tu as des allumettes, Adèle? *(Brusquement.)* Tiens! . . . Qu'est-ce que c'est que ça? . . . de la lumière!

Précipitamment, il dépose sa lampe, court au bahut, l'ouvre tout grand et se recule en poussant un cri terrible.

Georges Courteline, *Boubouroche*

Vocabulaire

la **coquine** *hussy*
elles auraient dû me crever les yeux *they should have put my eyes out (i.e., they should have been immediately apparent)*
la **canaille** *rabble*
abasourdi *astounded, taken aback*
hors d'elle *beside herself*
l'**énergumène** (m) *madman*
le **boulet** *cannonball*
soi-disant *supposedly*
il aurait vu *he thinks he saw*
gris *tipsy, high*
effarement ahuri *flabbergasted bewilderment*
l'**Évangile** (m) *Gospel*

en appeler à *to appeal to*
payer les pots cassés *to pay for it (lit., to pay for the broken pots)*
Détrompe-toi *get that out of your head*
Celle-là est trop forte, par exemple *now that's too much!*
le **guéridon** *pedestal table*
Ne fais donc pas l'étonné *don't act so amazed*
se **dérobant** *trying to get out of it*
coller une blague à quelqu'un *to put one over on someone*
ce n'est donc plus à moi *so it's no longer up to me*
Va toujours *that's okay*

exiger *to demand*	le **tonneau** *cask*
fouiller *to search*	**Allons!** *all right!*
goguenard *mocking, joking*	le **poing** *fist*
le **bahut** *wardrobe*	la **bougie** *candle*
rigoler *to be amused*	la **cachette** *hiding place*
le **comble** *height*	**à tâtons** *groping*
une **poire** *a gullible imbecile (lit., a pear)*	**déposer** *to set down*

INTELLIGENCE DU TEXTE

1. Selon Boubouroche, qu'est-ce qui se passe chez Adèle?
2. Combien de temps Boubouroche a-t-il été la dupe de sa maîtresse?
3. D'après Boubouroche, pourquoi le bon Dieu finit-il par se mettre avec les honnêtes gens?
4. Pour quelles raisons Adèle traite-t-elle Boubouroche d'énergumène?
5. Comment Adèle explique-t-elle d'abord la conduite de Boubouroche?
6. Quelles sont ensuite les deux explications possibles que donne Adèle?
7. En quels termes Boubouroche commence-t-il à s'excuser auprès d'Adèle?
8. Que finit-il par avouer?
9. Qu'est-ce qu'Adèle donne à Boubouroche pour le provoquer?
10. Qu'est-ce qu'Adèle affirme sur sa parole d'honneur?
11. Pour quelle raison Boubouroche refuse-t-il de regarder dans le bahut?
12. Pourquoi Adèle lui donne-t-elle la clé de la cave?
13. Décrivez l'aspect d'Adèle et de Boubouroche au moment où celui-ci se dirige vers la petite porte.
14. Pourquoi sa lampe s'éteint-elle?
15. Qu'est-ce que l'ombre révèle?

APPRÉCIATION DU TEXTE

1. D'après vous, qui est le «héros» de cette pièce, le personnage rusé ou le trompé? Quels gestes ou quelles paroles vous portent plutôt vers un personnage que l'autre?
2. Étudiez l'effet de l'hyperbole^L dans les discours d'Adèle. Donnez-en quelques exemples.
3. Indiquez les endroits et les mots dans le texte qui montrent qu'Adèle, la femme rusée, utilise la vérité comme moyen de désarmer son amant.
4. Quelle est votre impression générale du texte: est-il anti-féminin ou anti-masculin ou ni l'un ni l'autre?

Un Roman^L médiéval: Tristan et Iseut

One of the world's best-known love tales, the story of Tristan and Isolde has inspired numerous literary treatments in several languages, and even an opera by Wagner. The story was created as a *roman* or medieval romance and has come down to us in a series of episodes, with various writers at different times and places contributing incidents and thus gradually forming the total masterpiece. The French prose version presented here was written at the end of the nineteenth century by the medieval scholar Joseph Bédier (1864–1938). He actually created yet another version by reconstructing the entire legend from all the major French and foreign fragments.

The plot is well known: Mark, king of Cornwall, commissions his nephew Tristan to bring back from Ireland the fair Isolde, whom he has chosen as his queen. Tristan accomplishes his mission, but as the ship heads back to Cornwall he and Isolde mistakenly partake of a magic potion, destined for Mark and his bride, that unites in eternal love the two who consume it together. Isolde marries Mark, but she and Tristan cannot deny their love. In the following excerpt, Tristan and Isolde have decided to live apart in an effort to preserve Isolde's marriage to Mark. This separation, however, leads only to anguish and sorrow.

Un geste d'amour

Tristan se réfugia en *Galles*, sur la terre du noble duc Gilain. Le duc était jeune, puissant, débonnaire; il l'accueillit comme un *hôte* bienvenu. Pour lui faire honneur et joie, il n'*épargna* nulle peine; mais ni les aventures ni les fêtes ne purent apaiser l'angoisse de Tristan.

Un jour qu'il était assis aux côtés du jeune duc, son cœur était si douloureux qu'il soupirait sans même s'en apercevoir. Le duc, pour adoucir sa peine, commanda d'apporter dans sa chambre privée son jeu favori qui, par *sortilège*, aux heures tristes, charmait ses yeux et son cœur. Sur une table recouverte d'une *pourpre* noble et riche, on plaça son chien Petit-Crû. C'était un chien enchanté: il venait au duc de l'île d'*Avallon*; une *fée* le lui avait envoyé comme un présent d'amour. *Nul ne saurait* par des paroles assez habiles décrire sa nature et sa beauté. Son *poil* était coloré de nuances si merveilleusement disposées que l'on ne savait nommer sa couleur; son *encolure* semblait d'abord plus blanche que neige, sa *croupe* plus verte que feuille de *trèfle*, l'un de ses flancs rouge comme l'*écarlate*, l'autre jaune comme le *safran*, son ventre bleu comme le *lapis-lazuli*, son dos rosé; mais quand on le regardait plus longtemps, toutes ces couleurs dansaient aux yeux et *muaient*, tour à tour blanches et vertes, jaunes, bleues, pourprées, sombres ou fraîches. Il portait au cou, suspendu à une chaînette d'or, un *grelot* au *tintement* si gai, si

Carcassonne,
une ville médiévale

clair, si doux, qu'à *l'ouïr* le cœur de Tristan s'attendrit, s'apaisa, et que sa peine *se fondit. Il ne lui souvint plus* de tant de misères endurées pour la reine; car telle était la merveilleuse vertu du grelot: le cœur, à l'entendre sonner si doux, si gai, si clair, oubliait toute peine. Et tandis que Tristan, ému par le sortilège, caressait la petite bête enchantée qui lui prenait tout son chagrin et dont la *robe*, au toucher de sa main, semblait plus douce qu'une *étoffe* de *samit*, il songeait que ce serait là un beau présent pour Iseut. Mais que faire? Le duc Gilain aimait Petit-Crû par-dessus toute chose, et nul n'aurait pu l'obtenir de lui, ni par ruse, ni par prière.

Un jour, Tristan dit au duc:

«Sire, que donneriez-vous à qui délivrerait votre terre du géant Urgan le *Velu*, qui *réclame* de vous de si lourds tributs?

—En vérité, je donnerais à choisir à son vainqueur, parmi mes richesses, celle qu'il tiendrait pour la plus précieuse; mais nul n'osera s'attaquer au géant.

—Voilà merveilleuses paroles, reprit Tristan. Mais le bien ne vient jamais dans un pays que par les aventures, et, pour tout l'or de *Pavie*, je ne renoncerais à mon désir de combattre le géant.

—Alors, dit le duc Gilain, que le Dieu né d'une Vierge vous accompagne et vous défende de la mort!»

Tristan atteignit Urgan le Velu dans son *repaire*. Longtemps ils combattirent furieusement. Enfin la prouesse *triompha de* la force, l'épée agile de la lourde *massue*, et Tristan, ayant *tranché* le poing droit du géant, le rapporta au duc:

«Sire, en récompense, ainsi que vous l'avez promis, donnez-moi Petit-Crû, votre chien enchanté!

—Ami, qu'as-tu demandé? Laisse-le moi et prends plutôt ma sœur et la moitié de ma terre.

—Sire, votre sœur est belle, et belle est votre terre; mais c'est pour gagner votre chien-fée que j'ai attaqué Urgan le Velu. Souvenez-vous de votre promesse!

Prends-le donc; mais sache que tu m'as enlevé la joie de mes yeux et la gaieté de mon cœur!»

Tristan *confia* le chien à un *jongleur* de Galles, sage et rusé, qui le porta de sa part en *Cornouailles*.

Le jongleur parvint à *Tintagel* et le remit secrètement à *Brangien*. La reine s'en réjouit grandement, donna en récompense dix marcs d'or au jongleur et dit au roi que la reine d'Irlande, sa mère, envoyait ce cher présent. *Elle fit ouvrer* pour le chien, *par un orfèvre*, une *niche* précieusement incrustée d'or et de *pierreries* et, partout où elle allait, le portait avec elle, en souvenir de son ami. Et chaque fois qu'elle le regardait, tristesse, angoisse, regrets s'effaçaient de son cœur.

Elle ne comprit pas d'abord la merveille: si elle trouvait une telle douceur à le contempler, c'était, pensait-elle, parce qu'il lui venait de Tristan; c'était, sans doute, la pensée de son ami qui endormait ainsi sa peine. Mais un jour elle connut que c'était un sortilège, et que seul le tintement du grelot charmait son cœur.

«Ah! pensa-t-elle, *convient-il* que je connaisse le réconfort, tandis que Tristan est malheureux? Il aurait pu garder ce chien enchanté et oublier ainsi toute douleur; par belle courtoisie, il a mieux aimé me l'envoyer, me donner sa joie et reprendre sa misère. Mais *il ne sied pas* qu'il en soit ainsi; Tristan, je veux souffrir aussi longtemps que tu souffriras.»

Elle prit le grelot magique, le fit tinter une dernière fois, le détacha doucement; puis, par la fenêtre ouverte, elle le lança dans la mer.

Joseph Bédier, *Le Roman de Tristan et Iseut*

Vocabulaire

Galles = le pays de Galles: *Wales*

l'hôte (m) *guest* (hôte = *host or guest, depending on the context*)

épargner *to spare*

le **sortilège** *magic spell*

la **pourpre** *crimson cloth*

Avallon *the earthly paradise to which King Arthur and other heroes were carried at death*

la **fée** *fairy*

Nul ne saurait *no one could possibly*

le **poil** *hair*

l'encolure (f) *neck and shoulders*

la **croupe** *hindquarters*

le **trèfle** *clover*

l'écarlate (f) *scarlet*

le **safran** *saffron* (*saffron yellow = yellow orange*)

le **lapis-lazuli** *lapis lazuli: a deep-blue stone*

muer *to molt, to cast off one's skin*

le **grelot** *bell*

le **tintement** *jingling*

à l'ouïr *upon hearing it*

se **fondre** *to dissolve*

Il ne lui souvint plus *he no longer remembered*

la **robe** *the coat* (*of an animal*)

l'étoffe (f) *fabric*

le **samit** *samite: a heavy silk fabric worn in the Middle Ages*
le **Velu** *the Hairy*
réclamer *to exact*
Pavie *Pavia (in Italy)*
le **repaire** *lair, den*
triompher de *to triumph over*
la **massue** *club, bludgeon*
trancher *to cut off*
confier *to entrust*
le **jongleur** *itinerant minstrel or entertainer*

Cornouailles *Cornwall*
Tintagel *a castle, the legendary birthplace of King Arthur*
Brangien *the handmaid and confidante of Queen Isolde*
Elle fit ouvrir par un orfèvre *she had a goldsmith make*
la **niche** *doghouse*
les **pierreries** (f) *gems*
convient-il *is it fitting*
il ne sied pas *it is not fitting*

INTELLIGENCE DU TEXTE

1. Comment le duc Gilain a-t-il accueilli Tristan?
2. Qu'est-ce que le duc a commandé pour adoucir la peine de Tristan?
3. Qui était ce Petit-Crû et d'où venait-il?
4. De quelle couleur était son poil?
5. Quelle était la merveilleuse vertu du grelot que Petit-Crû portait au cou?
6. À quoi songeait Tristan tandis qu'il caressait la petite bête enchantée?
7. Qu'a-t-il proposé de faire pour obtenir le petit chien?
8. Comment explique-t-on le triomphe de Tristan?
9. Quelle preuve de sa victoire Tristan a-t-il rapportée au duc Gilain?
10. Comment la reine Iseut a-t-elle expliqué le présent qu'elle venait de recevoir?
11. Qu'est-ce qui arrivait à Iseut chaque fois qu'elle regardait le petit chien?
12. Comment s'expliquait-elle d'abord cette merveille?
13. Qu'est-ce qu'Iseut a fait du grelot quand elle a su que c'était un sortilège?

APPRÉCIATION DU TEXTE

1. Le moyen âge a donné naissance à la notion de l'amour courtois (*courtly love*), qui imposait à l'amant le dévouement le plus complet, et même tyrannique, pour sa dame. Entre les deux, en effet, il devait régner la plus grande inégalité: qu'elle partage ou non son amour—et souvent, dans les romans courtois de l'époque, elle se montrait indifférente et même dédaigneuse—l'amant devait l'adorer d'une ferveur presque religieuse, et accomplir pour elle toute sorte de sacrifices et d'exploits héroïques. Jusqu'à quel point l'amour de Tristan et Iseut réalise-t-il l'idéal de l'amour courtois? Décrivez la nature de leur amour.
2. Ce drame d'amour se situe dans un pays de conte de fées. Citez quelques éléments merveilleux dans le texte.

3. Relevez (*point out*) dans le texte les éléments purement médiévaux.
4. Comment jugez-vous la façon dont Tristan a obtenu le petit chien? A-t-il été honnête ou peut-on l'accuser de tromperie? A-t-il abusé de la bonté de son hôte? Si oui, pourquoi? Avait-il raison d'agir ainsi?

Gustave Flaubert

Gustave Flaubert (1821–80) is one of the great writers of world literature, and the novel *Madame Bovary* (1857) is generally acknowledged as his masterpiece. Flaubert devoted his entire life almost exclusively to reading and writing. Except for occasional travels, he stayed on his property near Rouen in Normandy, where he worked assiduously at his novels, composing slowly and painstakingly. Obsessed with stylistic perfection, with finding *le mot juste*,[L] he habitually wrote several versions of each paragraph, then subjected them all to the final test of an oral declamation. Flaubert is recognized as the foremost exponent of French realism.[L] Though basically romantic by nature (see Romanticism[L]), he strove for perfect objectivity in expression, suppressing his own personality as much as possible. Since he sought to reproduce life exactly as it is, he insisted on rigid observation and minute documentation. Considering his lofty aspirations and demanding standards, it is not surprising that he took more than four and a half years to create *Madame Bovary*.

Emma Bovary, the middle-class heroine of this novel, believed that in marrying a doctor she was assuring herself of a glamorous social life. Her luxurious dreams are not realized, however, as her dull husband Charles shares no such desires, but rather immerses himself in the daily preoccupations of his profession. Seeking to live out her fantasies, Emma turns to adultery, spends money extravagantly, and in a gesture of ultimate despair commits suicide by swallowing arsenic. In the following excerpt, Mme Bovary's drab existence has just been revitalized by a festive ball at a neighboring château. She particularly recalls one dance where a viscount dazzled her. Spurred by this memory, Emma resorts once again to fanciful dreams that, in her disturbed state, allow her to escape the mediocrity of the real world she lives in.

Une femme rêveuse_____

Elle s'acheta un plan de Paris, et, du bout de son doigt, sur la carte, elle faisait des courses dans la capitale. Elle remontait les boulevards, s'arrêtant à chaque *angle*, entre les lignes des rues, devant les *carrés* blancs qui *figurent* les maisons.

Elle s'*abonna à* la *Corbeille*, journal des femmes, et au *Sylphe des Salons*. Elle dévorait, sans en rien passer, tous les *comptes rendus* de premières représentations, de *courses* et de soirées, s'intéressait au début d'une chanteuse, à l'ouverture d'un magasin. Elle savait les *modes* nouvelles, l'adresse des bons tailleurs, les *jours de Bois ou d'Opéra*. Elle étudia, dans *Eugène Sue*, des descriptions d'*ameublements*; elle lut *Balzac* et *George Sand*, y cherchant des *assouvissements* imaginaires pour ses *convoitises* personnelles. À table même, elle apportait son livre, et elle tournait les feuillets, pendant que Charles mangeait en lui parlant. Le souvenir du vicomte revenait toujours dans ses lectures. Entre lui et les personnages inventés, elle établissait des *rapprochements*.

Paris, plus vaste que l'Océan, *miroitait* donc aux yeux d'Emma dans une atmosphère *vermeille*. Dans les *cabinets* de restaurants où l'on soupe après minuit riait, à la clarté des bougies, la foule *bigarrée* des gens de lettres et des actrices. Ils étaient, ceux-là, prodigues comme des rois, pleins d'ambitions idéales et de *délires* fantastiques. C'était une existence au-dessus des autres, entre ciel et terre, dans les *orages*, quelque chose de sublime. Quant au reste du monde, il était perdu, sans place précise et comme n'existant pas. Plus les choses, d'ailleurs, étaient voisines, plus sa pensée *s'en détournait*. Tout ce qui l'entourait immédiatement, campagne ennuyeuse, petits bourgeois imbéciles, médiocrité de l'existence, lui semblait une exception dans le monde, un *hasard* particulier où elle se trouvait prise, tandis qu'au delà s'*étendait à perte de vue* l'immense pays des félicités et des passions. Elle *confondait*, dans son désir, les sensualités du luxe avec les joies du cœur, l'élégance des habitudes et les délicatesses du sentiment. Ne fallait-il pas à l'amour, comme aux plantes indiennes, des terrains préparés, une température particulière?

Gustave Flaubert, Madame Bovary

Vocabulaire

l'**angle** (m) *corner*
le **carré** *square*
figurer *to represent*
s'**abonner à** *to subscribe to*

Corbeille, Sylphe des Salons *fashionable magazines of the time*
le **compte rendu** *account, report*
la **course** *horse race*

la **mode** *fashion*
les **jours de Bois ou d'Opéra** *days of special events at the Bois de Boulogne or the Opera*
Eugène Sue, Balzac, George Sand *successful novelists of the time*
les **ameublements** (m) *furnishings (of a home)*
l'**assouvissement** (m) *fulfillment*
la **convoitise** *desire, covetousness*
le **rapprochement** *comparison, parallel*

miroiter *to gleam, to sparkle*
vermeil *bright red*
le **cabinet** *small room*
bigarré *motley, varied*
le **délire** *delusion*
l'**orage** (m) *storm*
se **détourner de** *to turn aside from*
le **hasard** *accident, circumstance*
s'**étendait à perte de vue** *extended as far as the eye could see*
confondre *to blend together, to make no distinction between*

INTELLIGENCE DU TEXTE

1. Qu'est-ce que Mme Bovary faisait, grâce à son plan de Paris?
2. À quel genre de publication s'est-elle abonnée?
3. Que dévorait-elle dans ces publications?
4. Pour quelles raisons lisait-elle les écrivains littéraires (Sue, Balzac, Sand)?
5. Décrivez ce qui se passait à table chez les Bovary.
6. Qui entrait toujours dans les lectures d'Emma Bovary?
7. Comment Mme Bovary imaginait-elle la vie des gens de lettres et des actrices?
8. Où se situait le reste du monde?
9. En quoi consistait le monde qui l'entourait immédiatement?
10. Faites voir le contraste chez Emma Bovary entre le monde qui l'entourait immédiatement et le monde de ses rêves.
11. Que confondait-elle dans son désir?
12. D'après elle, que fallait-il à l'amour?

APPRÉCIATION DU TEXTE

1. S'agit-il, dans cet extrait, d'un thème réaliste ou romantique? Est-ce que la façon de traiter ce thème est réaliste ou romantique? Expliquez vos réponses en tirant vos preuves du texte de Flaubert.
2. Emma Bovary confond le rêve et la réalité. Dressez une liste des mots et/ou expressions que Flaubert utilise pour décrire le monde du rêve et une seconde liste des mots et/ou expressions qui reflètent la réalité.
3. Flaubert avait l'habitude de déclamer ses phrases pour s'assurer de leur perfection. Prenez, par exemple, le dernier paragraphe de la sélection et lisez-le vous aussi à haute voix en faisant voir votre compréhension et votre appréciation du texte.

Exercices de grammaire

I. Présent de l'indicatif.

A. *Complétez les phrases suivantes en donnant la forme correcte du verbe au* **présent de l'indicatif.**

1. «Je ne _____ (mentir) pas,» répond Boubouroche.
2. Adèle et Boubouroche _____ (connaître) tous deux l'appartement qu'habite Adèle.
3. «Tu es bête! Tu m' _____ (ennuyer)!»
4. Adèle et André _____ (prendre) Boubouroche pour une poire.
5. Dès qu'il voit de la lumière, il _____ (courir) au bahut.
6. Le duc Gilain _____ (recevoir) Tristan comme un hôte bienvenu.
7. Ni aventures ni fêtes ne _____ (pouvoir) apaiser l'angoisse de Tristan.
8. «Si je _____ (combattre) le géant, que me donnerez-vous?»
9. C'est la reine d'Irlande qui _____ (envoyer) ce cher présent à sa fille.
10. Si Tristan _____ (souffrir), Iseut veut souffrir elle aussi.

B. *Mettez les verbes au* **temps présent** *et traduisez vos réponses.*

1. Paris _____ (miroiter) aux yeux d'Emma depuis bien des mois.
2. Depùis quand est-ce qu'Emma _____ (être) victime du hasard?
3. Emma _____ (venir de) assister à un bal chez le vicomte.
4. Elle _____ (être en train de) tourner les feuillets de son livre tandis que Charles _____ (manger).
5. Depuis combien de temps _____ (rêver) -t-elle d'échapper à la médiocrité de l'existence?

II. L'impératif.

A. *Complétez les phrases suivantes en mettant les verbes à* **l'impératif.**

1. «Sire, en récompense, _____ (give me) Petit-Crû, votre chien enchanté.»
2. «Ami, qu'as-tu demandé? _____ (Leave him to me) et _____ (take) plutôt ma sœur et la moitié de ma terre.»
3. «_____ (Take him) donc; mais _____ (know) que tu m'as enlevé la joie de mes yeux et la gaieté de mon cœur.»

B. *Mettez chacun des verbes suivants à* **l'impératif** *à la personne indiquée et traduisez votre réponse en anglais.*

1. se détromper (2e pers., sing.)
2. ne pas être méchant (2e pers., sing.)
3. n'en plus parler (1e pers., plur.)
4. venir voir (2e pers., sing.)

III. Pronoms personnels. *Complétez les phrases suivantes en employant la forme convenable* (appropriate) *du pronom personnel.*

1. Le cœur de Tristan était si douloureux qu'il soupirait sans même s'_____ apercevoir.
2. Gilain adorait son petit chien; une fée _____ _____ avait envoyé comme un présent d'amour.
3. Petit-Crû était si merveilleux que quand quelqu'un _____ regardait il lui prenait tout son chagrin.
4. Tristan tient à son idée de combattre le géant; il n'_____ renoncerait pour rien.
5. Iseut porte le petit chien avec _____ partout où elle va.
6. Boubouroche craint qu'on ne se moque de _____.
7. Boubouroche n'est plus bête mais il _____ a été pendant huit ans.
8. Adèle et Boubouroche ont huit années de liaison derrière _____.
9. Boubouroche dit qu'on lui a raconté des choses; en effet, on lui _____ a raconté beaucoup.
10. Pour descendre à la cave, Boubouroche a besoin de la lampe; Adèle _____ _____ apporte.

Vocabulaire satellite: Les Femmes

être amoureux de *to be in love with*
partager *to share*
choyer *to pamper*
le **bonheur** *happiness*
la **tendresse** *tenderness*
la **fidélité** *loyalty*
désintéressé *unselfish*
dévoué *devoted*
être enceinte *to be pregnant*
accoucher de *to give birth to*

ennuyeux *dull, boring*
s'**ennuyer** *to be bored*
la **fantaisie** *imagination, fancy*
le **rêve** *dream*
songer à *to dream of*
l'**évasion** (f) *escape*
s'**évader** *to escape*
échapper à *to escape (from)*
faire face à *to face, to confront*

la **liaison** *affair*
l'**amant** (m) *lover*
la **maîtresse** *mistress*
le **petit ami** *boyfriend*
la **petite amie** *girlfriend*

tromper quelqu'un *to cheat on someone*
la **tromperie** *deception*
infidèle *unfaithful*

soupçonneux *suspicious*
jaloux *jealous*
la **jalousie** *jealousy*
déraisonnable *unreasonable*
impitoyable *pitiless*
chercher querelle à quelqu'un *to try to pick a fight with someone*
se **quereller** ⎫
se **disputer** ⎭ *to quarrel*
la **scène de ménage** *family quarrel*
se **séparer** *to separate*
divorcer d'avec sa femme, son mari *to divorce one's wife, one's husband*
se **remarier** *to remarry*

Pratique de la langue

1. Prêtez une conclusion au texte de *Boubouroche* après que Boubouroche a ouvert la porte du bahut. Jouez les rôles de Boubouroche, d'Adèle et d'André. Puisqu'il y a plusieurs conclusions possibles, deux ou trois groupes d'étudiants pourront offrir chacun leur version.

2. Si Mme Bovary vivait aujourd'hui, en quoi consisterait sa vie quotidienne?

3. L'année dernière un homme, en quittant le Nevada après avoir divorcé d'avec sa septième femme, dans sa frustration a résumé ainsi le caractère général des femmes: «Elles sont frivoles, hargneuses (*nagging*), bavardes, déraisonnables, dépensières (*extravagant*), dominées par leurs émotions et elles manquent de logique.» Est-ce que ce monsieur était complètement fou ou est-ce qu'il faisait preuve de connaissances qui manquent à la majorité des hommes?

4. Est-ce qu'Adèle et Iseut sont des stéréotypes créés par les hommes ou est-ce qu'il existe de telles femmes?

5. Vous êtes-vous jamais plongé délibérément dans un monde de fantaisie pour échapper à la réalité? Dans quelles circonstances? Est-ce que cette évasion vous a fait du bien ou du mal? Expliquez.

6. À débattre: «La fidélité dans le mariage n'est plus essentielle dans notre société contemporaine.» À la fin du débat, comptez les voix des femmes et des hommes séparément, puis comparez.

7. Approuvez-vous cette déclaration de Boubouroche: «On n'empêchera jamais les gens qui aiment d'être jaloux»?

Sujets de discussion ou de composition

1. Quelle est votre conception de l'amour idéal? de l'ami(e) idéal(e)?

2. Tristan et Iseut souffraient d'être séparés. Quel est le rôle de la séparation dans l'amour? L'amour en est-il diminué ou augmenté? Est-ce que les amoureux cesseront de s'aimer s'ils sont séparés très longtemps?

3. Peut-on parler d'une littérature féminine? Si oui, en quoi consiste-t-elle et quelle est sa valeur?

4. Cherche-t-on dans la littérature un moyen d'échapper à la réalité ou un moyen d'y faire face? La littérature a-t-elle jamais influencé votre façon de voir les choses? Citez quelques exemples.

3 *La Famille*

Jules Renard

Prior to the modern period, there are relatively few works in literature where a child is the principal character. Jules Renard (1864–1910) proves to be rather exceptional in his ability to re-create, in *Poil de Carotte* (1902), the world of a young boy living with his two parents, an older brother, and a sister. The novel probably owes much to Renard's own childhood memories, since he too was the "runt of the litter"—the third and last child in the family, born ten years after his parents' marriage.

The portrait drawn by the artist is not very flattering to the parents, least of all to the mother. The author portrays Mme Lepic as a bad parent who rarely shows affection for her son, but inspires constant fear. The boy is continually on the defensive, never knowing whether his mother will turn on him or not. The mother's aggressive role is abetted in great part by the father's taciturnity and disinterest. Renard is careful, however, not to cast Poil de Carotte (Redhead) in an entirely favorable light; boys will be boys and Poil de Carotte is second to none in mischievous pranks, in telling lies, in getting dirty, and even in being thoughtlessly cruel on occasion. In the following excerpt the boy, having refused earlier to run an errand for his mother, now in the mother's absence seeks his father's advice. Their conversation is presented in the form of dialogue in a play.

L'Enfant malheureux

Monsieur Lepic. Qu'est-ce que tu attends pour m'expliquer ta dernière conduite qui chagrine ta mère?

Poil de Carotte. Mon cher papa, j'ai longtemps hésité, mais il faut en finir. Je l'avoue: je n'aime plus maman.

Monsieur Lepic. Ah! À cause de quoi? Depuis quand?

Poil de Carotte. À cause de tout. Depuis que je la connais.

Monsieur Lepic. Ah! c'est malheureux, mon garçon! Au moins, raconte-moi ce qu'elle t'a fait.

Poil de Carotte. Ce serait long. D'ailleurs, ne t'aperçois-tu de rien?

Monsieur Lepic. Si. J'ai remarqué que tu *boudais* souvent.

Poil de Carotte. Ça m'exaspère qu'on dise que je boude. Naturellement, Poil de Carotte ne peut garder une *rancune* sérieuse. Il boude. Laissez-le. Quand il aura fini, il sortira de son coin, calmé, *déridé*. Surtout n'ayez pas l'air de vous occuper de lui. C'est sans importance.

Je te demande pardon, mon papa, ce n'est sans importance que pour les père et mère et les étrangers. Je boude quelquefois, *j'en conviens*, pour la forme, mais il arrive aussi, je t'assure, que je rage énergiquement de tout mon cœur, et je n'oublie plus l'offense.

Monsieur Lepic. Mais si, mais si, tu oublieras *ces taquineries*.

Poil de Carotte. Mais non, mais non. Tu ne sais pas tout, toi, tu restes si peu à la maison.

Monsieur Lepic. Je suis obligé de voyager.

Poil de Carotte (avec suffisance). Les affaires sont les affaires, mon papa. Tes soucis t'absorbent, tandis que maman, *c'est le cas de le dire*, n'a pas *d'autre chien* que moi *à fouetter*. Je *me garde de m'en prendre à* toi. Certainement je n'aurais qu'à *moucharder*, tu me protégerais. Peu à peu, puisque tu l'exiges, je te *mettrai au courant* du passé. Tu verras si j'exagère et si j'ai de la mémoire. Mais déjà, mon papa, je te prie de me conseiller.

Je voudrais me séparer de ma mère.

Quel serait, à ton avis, le moyen le plus simple?

Monsieur Lepic. Tu ne la vois que deux mois par an, aux vacances.

Poil de Carotte. Tu devrais me permettre de les passer à la *pension*. J'y progresserais.

Monsieur Lepic. C'est une faveur réservée aux élèves pauvres. Le *monde* croirait que je t'abandonne. D'ailleurs, ne pense pas qu'à toi. En ce qui me concerne, *ta société me manquerait*.

Poil de Carotte. Tu viendrais me voir, papa.

Monsieur Lepic. Les promenades pour le plaisir coûtent cher, Poil de Carotte.

Poil de Carotte. Tu profiterais de tes voyages forcés. Tu ferais un petit détour.

Monsieur Lepic. Non. Je t'ai traité jusqu'ici comme ton frère et ta sœur, avec le soin de ne privilégier personne. Je continuerai.

Poil de Carotte. Alors, laissons mes études. Retire-moi de la pension, sous prétexte que j'y vole ton argent, et je choisirai un métier.

Monsieur Lepic. Lequel? Veux-tu que je te place comme apprenti chez un *cordonnier*, par exemple?

Poil de Carotte. Là ou ailleurs. Je gagnerais ma vie et je serais libre.

Monsieur Lepic. Trop tard, mon pauvre Poil de Carotte. Me suis-je imposé pour ton instruction de grands sacrifices, afin que tu *cloues des semelles*?

Poil de Carotte. Si pourtant je te disais, papa, que j'ai essayé de me tuer.

Monsieur Lepic. Tu *charges*! Poil de Carotte.

Poil de Carotte. Je te jure que pas plus tard qu'hier, je voulais encore me pendre.

Monsieur Lepic. Et te voilà. Donc tu n'en avais guère envie. Mais au souvenir de ton suicide manqué, tu *dresses* fièrement la tête. Tu t'imagines que la mort n'a *tenté* que toi. Poil de Carotte, l'*égoïsme* te perdra. Tu *tires toute la couverture*. Tu te crois seul dans l'univers.

Poil de Carotte. Papa, mon frère est heureux, ma sœur est heureuse, et si maman n'éprouve aucun plaisir à me taquiner, comme tu dis, je *donne ma langue au chat*. Enfin, pour ta part, tu domines et on te *redoute*, même ma mère. Elle ne peut rien contre ton bonheur. Ce qui prouve qu'il y a des gens heureux parmi l'espèce humaine.

Monsieur Lepic. Petite espèce humaine à tête carrée, tu *raisonnes pantoufle*. Vois-tu clair au fond des cœurs? Comprends-tu déjà toutes les choses?

Poil de Carotte. Mes choses à moi, oui, papa; du moins je tâche.

Monsieur Lepic. Alors, Poil de Carotte, mon ami, renonce au bonheur. Je te *préviens*, tu ne seras jamais plus heureux que maintenant, jamais, jamais.

Poil de Carotte. Ça promet.

Monsieur Lepic. Résigne-toi, *blinde*-toi, jusqu'à ce que *majeur et ton maître*, tu puisses t'*affranchir*, nous *renier* et changer de famille, sinon de caractère et d'humeur. D'ici là, essaie de *prendre le dessus*, étouffe ta sensibilité et observe les autres, ceux même qui vivent le plus près de toi: tu t'amuseras; je te garantis des surprises consolantes.

Poil de Carotte. Sans doute, les autres ont leurs peines. Mais je les plaindrai demain. Je réclame aujourd'hui la justice pour mon compte. Quel sort ne serait préférable au mien? J'ai une mère. Cette mère ne m'aime pas et je ne l'aime pas.

—Et moi, crois-tu donc que je l'aime? dit avec brusquerie M. Lepic impatienté.

À ces mots, Poil de Carotte lève les yeux vers son père. Il regarde longuement son visage dur, sa barbe épaisse où la bouche est rentrée comme honteuse d'avoir trop parlé, son front *plissé*, ses *pattes d'oie* et ses *paupières* baissées qui lui donnent l'air de dormir en marche.

Un instant Poil de Carotte s'empêche de parler. Il a peur que sa joie secrète et cette main qu'il saisit et qu'il garde presque de force, tout ne s'envole.

Puis il ferme le poing, menace le village qui s'*assoupit* là-bas dans les ténèbres, et il lui crie *avec emphase*:

—Mauvaise femme! *te voilà complète.* Je te déteste.

—Tais-toi, dit M. Lepic, c'est ta mère, après tout.

—Oh! répond Poil de Carotte, redevenu simple et prudent, je ne dis pas ça parce que c'est ma mère.

Jules Renard, *Poil de Carotte*

Vocabulaire

bouder *to brood*
la **rancune** *grudge*
déridé *cheered up (lit., unwrinkled)*
j'en conviens *I grant you*
ces taquineries (f) *this teasing*
avec suffisance *with self-assurance*
c'est le cas de le dire *now's the time to say it*
avoir d'autres chiens à fouetter *to have other fish to fry (lit., other dogs to whip)*
se **garder de** *to be careful not to*
s'**en prendre à** *to lay the blame on*
moucharder *to inform on someone*
mettre au courant *to bring someone up to date*
la **pension** *boarding school*
le **monde** *people*
ta société me manquerait *I would miss your company*
le **cordonnier** *shoemaker*
clouer des semelles *to nail soles*
charger *to lay it on thick, to exaggerate*
dresser *to raise*
tenter *to tempt*
l'**égoïsme** (m) *selfishness*

tirer toute la couverture *to take more than one's share (lit., to grab all the blankets)*
donner sa langue au chat *to give up guessing*
redouter *to fear*
petite espèce humaine à tête carrée *you poor little blockhead*
raisonner pantoufle *to reason like a jackass*
prévenir *to warn*
Ça promet *some prospect!*
blinder *to armor-plate*
majeur et ton maître *adult and master of your fate*
s'**affranchir** *to free oneself*
renier *to repudiate*
prendre le dessus *to get over it*
plissé *wrinkled*
les **pattes d'oie** *crow's-feet (wrinkles at the outer corners of the eyes)*
la **paupière** *eyelid*
s'**assoupir** *to doze*
avec emphase *bombastically*
te voilà complète *now you've shown your true colors*

INTELLIGENCE DU TEXTE

1. Qu'est-ce que Poil de Carotte avoue à son père?
2. Depuis quand n'aime-t-il plus sa mère?
3. Pour qui la bouderie de Poil de Carotte est-elle sans importance?
4. Pourquoi M. Lepic reste-t-il si peu à la maison?
5. Est-ce que Mme Lepic, elle, a des soucis qui l'absorbent?
6. Quel conseil Poil de Carotte demande-t-il à son père?
7. Pour quelles raisons M. Lepic ne permet-il pas à Poil de Carotte de passer ses vacances à la pension?
8. Pourquoi refuserait-il de faire un petit détour vers la pension pour rendre visite à son fils?
9. Quelle autre solution Poil de Carotte propose-t-il?
10. Quelle est l'objection de M. Lepic?
11. À quoi songeait Poil de Carotte pas plus tard qu'hier?
12. Pourquoi M. Lepic considère-t-il son fils égoïste?
13. Selon Poil de Carotte, en quoi consiste le bonheur de Mme Lepic?
14. À propos de bonheur, qu'est-ce que M. Lepic conseille à son fils?

15. Avant de devenir majeur et son propre maître, qu'est-ce que Poil de Carotte doit essayer de faire?
16. Quand son fils continue à se plaindre, qu'est-ce que M. Lepic avoue brusquement?
17. Pourquoi Poil de Carotte s'empêche-t-il de parler?

APPRÉCIATION DU TEXTE

1. La dernière phrase du texte est celle-ci: «Je ne dis pas ça parce que c'est ma mère.» Quel est le sens de cette phrase?
2. Que pensez-vous des conseils que M. Lepic donne à son fils? Jugez de l'attitude du père d'après ce qu'il dit à Poil de Carotte.
3. Renard présente son récit sous forme d'action théâtrale. Jouez les trois scènes suivantes entre le père et son fils:
   a. début de la conversation où l'on discute la conduite de Poil de Carotte, sa bouderie et la situation actuelle dans la famille.
   b. Poil de Carotte propose plusieurs façons de se séparer de sa mère; réactions du père.
   c. on analyse l'égoïsme de Poil de Carotte; conseils du père; révélation finale de M. Lepic.

Honoré de Balzac

Just as children are somewhat perplexed about their social role, so too even the mature adult may struggle to define the limits of parental obligation. The latter theme receives remarkable treatment in the novel *Le Père Goriot* (1834), whose author, Honoré de Balzac (1799–1850), is a literary giant known the world over. The collective title that he adopted for his works— *La Comédie humaine*—gives some idea of the projected scope of his undertaking. Just as Dante's *Divine Comedy* surveyed the three realms of the hereafter, so Balzac set out to paint a huge fresco of this world that would embrace all the society of his time and classify all social types—a gigantic enterprise with scientific as well as literary pretentions, that can be seen as a forerunner of the more doctrinaire naturalism[L] of Zola. Between the years 1829 and 1848 Balzac published ninety-one novels, creating a world inhabited by over two thousand characters, many of whom appear in several works. Balzac carefully situated his characters, emphasizing through minute descriptions the importance of environment. Against these detailed backgrounds the novelist often showed people motivated by a single desire, a driving passion that obsessed them and drained all their vital energy. Love, money, and ambition predominate among these passions.

The following excerpt is from *Le Père Goriot*. The principal character, Goriot, an old widower who had made a fortune in vermicelli, has devoted his entire life to the welfare of his two daughters, the comtesse Anastasie de

Restaud and the baronne Delphine de Nucingen. They have spent the money as quickly as he has given it to them, and now at last, when they come to his modest boarding house for more, they learn his resources have been drained. In their frustration the two sisters turn on each other.

Un père idolâtre

—Delphine! cria la comtesse en faisant un pas vers elle.

—Je te dis la vérité *quand* tu me calomnies, répliqua froidement la baronne.

—Delphine! tu es une . . .

Le père Goriot s'*élança*, retint la comtesse et l'empêcha de parler en lui couvrant la bouche avec sa main.

—Mon Dieu! mon père, à quoi donc avez-vous touché ce matin? lui dit Anastasie.

—Eh! bien, oui, j'ai tort, dit le pauvre père en s'*essuyant* les mains à son pantalon. Mais je ne savais pas que vous viendriez, je *déménage*.

Il était heureux de s'être attiré un reproche qui détournait sur lui la colère de sa fille.

—Ah! reprit-il en s'asseyant, vous m'avez *fendu* le cœur. Je me meurs, mes enfants! Le *crâne me cuit* intérieurement comme s'il avait du feu. Soyez donc gentilles, aimez-vous bien! Vous me feriez mourir. Delphine, Nasie, allons, vous aviez raison, vous aviez tort toutes les deux. Voyons, *Dedel*, reprit-il en portant sur la baronne des yeux pleins de larmes, il lui faut douze mille francs, cherchons-les. Ne vous regardez pas comme ça. Il se mit à genoux devant Delphine.

—Demande-lui pardon pour me faire plaisir, lui dit-il à l'oreille, elle est la plus malheureuse, voyons?

—Ma pauvre Nasie, dit Delphine épouvantée de la sauvage et folle expression que la douleur imprimait sur le visage de son père, j'ai eu tort, embrasse-moi . . .

—Ah! vous me mettez du *baume* sur le cœur, cria le père Goriot. Mais où trouver douze mille francs? Si je me proposais comme *remplaçant*?

—Ah! mon père! dirent les deux filles en l'entourant, non, non.

—Dieu vous récompensera de cette pensée,

notre vie n'y suffirait point! n'est-ce pas, Nasie? reprit Delphine.

—Et puis, pauvre père, ce serait une goutte d'eau, fit observer la comtesse.

—Mais on ne peut donc rien faire de son sang? cria le vieillard désespéré. Je me *voue* à celui qui te sauvera, Nasie! je tuerai un homme pour lui. Je ferai comme *Vautrin*, j'irai au *bagne*! je ... Il s'arrêta *comme s'il eût été foudroyé.* Plus rien! dit-il en s'*arrachant* les cheveux. Si je savais où aller pour voler, mais il est encore difficile de trouver un vol à faire. Et puis il faudrait du monde et du temps pour prendre la Banque. Allons, je dois mourir, je n'ai plus qu'à mourir. Oui, je ne suis plus bon à rien, je ne suis plus père! non. Elle me demande, elle a besoin! et moi, misérable, je n'ai rien. Ah! tu t'es fait des *rentes viagères*, vieux *scélérat*, et tu avais des filles! Mais tu ne les aimes donc pas? *Crève*, crève comme un chien que tu es! Oui, je suis au-dessous d'un chien, un chien ne se conduirait pas ainsi! Oh! ma tête! elle *bout*!

—Mais, papa, crièrent les deux jeunes femmes qui l'entouraient pour l'empêcher de se frapper la tête contre les murs, soyez donc raisonnable.

Honoré de Balzac, *Le Père Goriot*

Vocabulaire

quand *whereas*
s'**élancer** *to spring forward*
essuyer *to wipe*
déménager *to move*
fendre *to break*
le **crâne me cuit** *my head is boiling*
Dedel *Goriot's pet name for Delphine*
le **baume** *balm*
le **remplaçant** *substitute (for military service)*
se **vouer** *to pledge oneself*

Vautrin *another boarder at the boarding-house, an escaped convict*
le **bagne** *penitentiary*
comme s'il eût été foudroyé *as if he had been struck by lightning*
arracher *to tear out*
la **rente viagère** *life annuity*
le **scélérat** *villain*
crever (argot) *to croak, to die (lit., to burst)*
bout *from* bouillir, *to boil*

INTELLIGENCE DU TEXTE

1. Comment le père Goriot empêche-t-il la comtesse de parler?
2. Où s'essuie-t-il les mains?

3. Pourquoi a-t-il les mains sales?
4. Pour quelle raison est-il heureux de s'attirer un reproche?
5. En quels termes le père Goriot exprime-t-il le malaise que lui causent ses deux filles?
6. Qui avait raison et qui avait tort, selon lui?
7. Que fait le père Goriot devant Delphine?
8. Pourquoi Delphine est-elle épouvantée?
9. Que crie le père Goriot lorsque Delphine demande pardon à sa sœur?
10. Qu'est-ce que le père Goriot est prêt à faire pour celui qui sauvera sa fille?
11. Pourquoi est-il obligé de rejeter l'idée d'un vol?
12. Pourquoi dit-il qu'il n'est plus père?
13. Le père Goriot se considère un «vieux scélérat.» Pourquoi?
14. Quel genre de mort se souhaite-t-il?
15. Pourquoi Delphine et Nasie entourent-elles leur père?

APPRÉCIATION DU TEXTE

1. Les filles du père Goriot finissent par lui demander d'être «raisonnable.» Croyez-vous qu'il le soit? Citez des détails du texte pour illustrer votre point de vue.
2. Cet extrait du *Père Goriot* possède une qualité dramatique non seulement grâce au dialogue mais aussi à cause des nombreux gestes du vieillard. Faites voir comment le désespoir de Goriot se traduit de façon visible.
3. Admirez-vous la dévotion de Goriot pour ses filles? Dites ce que vous approuvez chez lui et ce que vous désapprouvez.
4. Est-ce qu'il y a de l'humour, voulu ou non de l'auteur, dans cette scène? Est-ce que le personnage de Goriot—tellement dramatique—risque parfois de tomber dans la farce? Est-ce qu'il y tombe ou non, à votre avis? Expliquez.

Un fabliau du moyen âge

Few people question the obligations incumbent upon parents: if they bring children into the world, they must care for them. But what are the children's duties toward their aging parents? This theme is explored in «La Housse partie» (The Divided Blanket), a medieval fabliau by an author known only as Bernier, dating from the thirteenth century. Very popular in the Middle Ages, the fabliau was a short tale in verse whose characters were not animals, as in the case of the fable, but humans: contemporary people in everyday scenes. There was much humor and satire,[L] often at the expense of deceived husbands, women, and priests. The fabliau could be quite bawdy —like those in Chaucer's *Canterbury Tales*—but it could also point a serious moral.

The text that follows is a twentieth-century prose version translated from Old French verse. In the story a rich bourgeois has negotiated a marriage for his only son. To ensure their daughter's security, the bride's family insisted that he surrender all his wealth and possessions to his son before the marriage. He agreed and the wedding took place, following which he moved in with the young couple and lived with them for some twelve years. He now has a grandson.

Le Vieillard rejeté

Le grand-père devint très vieux au point qu'il ne pouvait marcher qu'avec un bâton. Son fils en vint à souhaiter sa mort, parce qu'il lui *était à charge*; la dame, orgueilleuse et méchante, ne cessait de répéter à son mari: «Mon ami, par amour pour moi, je vous prie de *donner congé à* votre père. Sur la foi que je dois à l'âme de ma mère, je ne mangerai plus rien, tant que je le verrai chez nous. Au plus tôt, donnez-lui congé.»—«Dame, dit le mari, pour vous, je le ferai.»

Comme il redoute et craint sa femme, il va vite trouver son père et lui dit: «Père, allez-vous-en. Je ne sais que faire de vous, et de *votre séjour*; allez vivre ailleurs. On vous a *hébergé* et nourri en cet *hôtel* pendant plus de douze ans. Mais faites ce que vous voudrez; allez où bon vous semblera.»

Le vieillard l'entend, pleure et *maudit* tout le temps qu'il a vécu: «Ha Dieu! mon beau fils, que me dis-tu? Pour Dieu, laisse-moi me coucher près de la porte. Je ne te demande rien, ni feu, ni *couverture*, ni *tapis*, simplement un peu de *paille* sous cet *appentis*.»

«Beau sire père, dit le fils, pourquoi tant de sermons! faites vite, allez-vous-en; si ma femme entrait, elle serait en fureur.»

«Mon fils, où veux-tu que j'aille? Je n'ai même pas un poisson sans valeur.»

«Vous irez à travers Paris; il y a des milliers de gens qui trouvent bien leur subsistance. Vous aurez malchance si vous n'y découvrez votre nourriture. Essayez, beaucoup de gens, qui vous connaissent, vous prêteront leur hôtel.»

«Me le prêteront-ils, eux, alors que toi, mon fils, tu me refuses le tien?»

Le vieillard a tant de douleur, que *peu s'en faut*

que son cœur ne crève. Il a grand peine à se lever, tant il est faible. Il quitte l'hôtel en pleurant.

«Mon fils, dit-il en partant, je te confie à Dieu, puisque tu veux que je m'en aille. Pourtant donne-moi un morceau de couverture (ce n'est pas une chose bien chère) pour me défendre contre le froid. Il ne me reste, pour me couvrir, qu'une robe; le froid, c'est la chose que je crains le plus.»

Et le fils qui refuse de donner, lui dit: «Je n'en ai pas, mon père. Où la prendre? où la voler?»

«Beau doux fils, tout le cœur me tremble et je crains tant le froid. Donne-moi une de tes couvertures de cheval?» Le fils voit qu'il ne se *débarrassera* de son père qu'en lui *baillant* quelque chose.

Il appelle son enfant, qui vite accourt: «Que voulez-vous, père?»

«Mon fils, l'étable est ouverte; apporte à ton grand-père une couverture, qui est sur mon cheval noir. Il s'en fera un manteau; choisis la meilleure.»

L'enfant, qui était de bon vouloir, dit: «Venez avec moi, grand-père.» Le *prud'homme* suit tristement, péniblement son petit-fils.

L'enfant a trouvé une couverture, la plus grande, la plus neuve, la meilleure. Il la plie en deux, la *partage* avec un couteau du mieux qu'il peut et en donne une moitié à son grand-père.

«Qu'en ferai-je, mon enfant? Pourquoi l'as-tu partagée en deux? Tu l'as fait à grande cruauté. Ton père me l'avait promise entière. J'irai me plaindre auprès de lui.»

«Allez où vous voudrez, vous n'aurez rien de plus de moi.»

Le vieillard quitte l'étable et va droit à son fils: «Va voir comment on respecte tes ordres. Corrige ton enfant qui ne te redoute, ni te craint. Tu ne t'aperçois pas qu'il retient la moitié de la couverture.»

«Va, dit le père à son enfant, Dieu t'inspire mauvais dessein, donne-la-lui tout entière.»

«Je ne le ferai certainement pas. De quoi vous plaignez-vous? je vous en garde la moitié. Si un jour j'en suis le maître, vous n'en aurez pas davantage; je vous la partagerai. Comme il vous donna autrefois tout son *avoir*, je veux le vôtre pour moi-même. Vous n'obtiendrez de moi que ce que vous lui avez abandonné. Vous le laissez mourir dans la misère. Si je vis, vous mourrez pauvre.»

Le père se met à soupirer. Il réfléchit aux paroles de son enfant. Il a compris la leçon. Tournant ses regards vers le prud'homme, il lui dit: «Restez ici; c'est le diable qui m'avait *tendu un piège*. S'il plaît à Dieu, cela ne sera pas. Je vous fais à toujours le seigneur et le maître de cet hôtel. Si ma femme ne veut pas céder, je vous ferai bien servir ailleurs. Vous aurez une couverture et un *oreiller*. Et par saint Martin, je vous le redis, je ne boirai de vin, ni ne mangerai bonne nourriture que si vous en avez autant; vous aurez une chambre bien fermée, un bon feu de cheminée, une robe riche comme la mienne. Vous fûtes bon, vis-à-vis de moi. Par vous, beau doux père, je reçus tout votre avoir.»

Bernier, «La Housse partie»

Vocabulaire

être à charge *to be a burden*
donner congé à *to dismiss, to tell someone to leave*
votre séjour *your staying with us*
héberger *to lodge*
l'**hôtel** (m) *town house, mansion*
maudire *to curse*
la **couverture** *blanket*
le **tapis** *rug*
la **paille** *straw*

l'**appentis** (m) *lean-to, shed*
peu s'en faut *very nearly*
se **débarrasser de** *to get rid of*
bailler (obsolete) = donner
le **prud'homme** (obsolete) *wise and upright man*
partager *to divide*
l'**avoir** (m) *property*
tendre un piège à *to set a trap for*
l'**oreiller** (m) *pillow*

INTELLIGENCE DU TEXTE

1. Indiquez l'état de santé du vieillard.
2. Pourquoi son fils souhaite-t-il sa mort?
3. Quelle demande la dame répète-t-elle à son mari?
4. Pourquoi le mari obéit-il à sa femme?
5. Quelle est la réaction du vieillard quand on lui demande de s'en aller?
6. Quelle prière adresse-t-il à son fils?
7. Selon le fils, comment le père va-t-il trouver une nouvelle demeure?
8. Quelle est la réponse du vieillard à cette suggestion?
9. Qu'est-ce que le vieillard demande à son fils en partant?
10. Que craint-il le plus?
11. Comment le fils va-t-il pouvoir se débarrasser de son père?
12. Qu'est-ce que l'enfant va chercher à l'étable?
13. Que fait l'enfant ensuite?

14. Comment l'enfant explique-t-il ses actions?

15. Comment sait-on que le père réfléchit bien aux paroles de son enfant?

APPRÉCIATION DU TEXTE

1. Très souvent le fabliau se termine par une morale. Écrivez en deux ou trois phrases la morale de «La Housse partie.» Puis comparez votre version à la conclusion authentique que vous trouverez à la fin de ce chapitre (page 47). Êtes-vous d'accord avec la pensée de l'auteur? Expliquez.

2. Généralement, le fabliau se caractérise par l'humour et la satire.[L] En trouvez-vous dans «La Housse partie,» ou fait-il exception?

3. Dans ce petit drame il y a quatre personnages: le grand-père, le père, la mère et le fils. Avec l'aide d'un narrateur qui établira le cadre de l'action et qui annoncera la morale à la fin, préparez une représentation de «La Housse partie.» Il n'est pas nécessaire d'utiliser les paroles mêmes du texte mais il faut rester fidèle à l'esprit qui y règne.

Exercices de grammaire

I. *Complétez, si nécessaire, par l'*article défini, indéfini *ou* partitif

1. Le père de Poil de Carotte reste très peu à _____ maison.

2. Il doit voyager beaucoup parce que _____ affaires sont _____ affaires.

3. Poil de Carotte est _____ pensionnaire; la pension où il habite n'est pas pour _____ élèves pauvres.

4. Qu'est-ce que _____ monde croirait si on retirait Poil de Carotte de la pension?

5. Le père refuse de placer son fils comme _____ apprenti chez un cordonnier parce qu'il s'est imposé _____ grands sacrifices pour son instruction.

6. Il y a pourtant _____ gens heureux dans ce monde.

7. On recommande à Poil de Carotte d'observer _____ autres et il aura _____ surprises consolantes.

8. Poil de Carotte dresse _____ tête, ferme _____ poing et ouvre _____ bouche pour réclamer _____ justice.

9. _____ père Goriot avait deux filles, _____ comtesse Anastasie et _____ baronne Delphine.

10. _____ colère est un mouvement qu'Anastasie ne peut pas contrôler.

11. La tête de Goriot bout comme si elle avait _____ feu; _____ douleur imprime une expression sauvage sur le visage du père.

12. Nasie et Dedel avaient raison toutes _____ deux.

13. Le vieillard désespéré s'arracha _____ cheveux.

14. Il faut _____ temps pour trouver douze mille francs.

15. Goriot avoue qu'il n'est plus _____ père.
16. Il a _____ filles qui lui demandent beaucoup _____ choses.
17. La dame prie son mari de donner _____ congé au vieillard.
18. Le grand-père ne demande ni _____ feu, ni _____ couverture, ni _____ tapis.
19. Il veut simplement un peu de _____ paille près de _____ porte.
20. _____ milliers de _____ gens trouvent bien leur subsistance à Paris.
21. On va laisser mourir le vieillard dans _____ misère.
22. Le fils croyait que beaucoup de _____ gens prêteraient leur hôtel à son père.
23. Le vieillard a tant de _____ douleur qu'il quitte l'hôtel en pleurant.
24. «Vous n'aurez rien _____ plus de moi,» dit le petit garçon.

Vocabulaire satellite: La Famille

le **chef de famille**   *head of the family*
  aîné   *elder*
  cadet   *younger*
  plus âgé   *older*
le **jumeau**⎱
la **jumelle**⎰   *twin*
  l'**enfant unique** (m, f)   *only child*
  majeur   *of full legal age, of age*
  mineur   *not of full legal age, under age*

le **beau-père**   *father-in-law*
la **belle-mère**   *mother-in-law*
le **gendre**   *son-in-law*
la **belle-fille**   *daughter-in-law*

  l'**orphelin**(e) (m, f)   *orphan*
le **veuf**   *widower*
la **veuve**   *widow*

se **marier avec**   *to marry*
se **charger de**   *to take upon oneself*
s'**entraider**   *to help one another*

le **foyer**   *"home"*
  l'**esprit de famille** (m)   *family spirit*
le **bien-être**   *well-being*
la **conduite**   *conduct, behavior*

  élever un enfant   *to raise a child*
se **dévouer à**   *to devote oneself to*
  gâter un enfant   *to spoil a child*
  elle me manque   *I miss her*

avoir droit à *to have a right to*
obéir, désobéir à *to obey, to disobey*
gronder *to scold*
bouder *to sulk*

le **manque de communication** *lack of communication*
le **fossé entre les générations** *generation gap*
  combler un fossé *to bridge a gap*

la **qualité** *good quality, virtue*
le **défaut** *bad quality, defect*

  vieillir *to grow old*
le **grand âge** *old age*
la **maison de repos** *rest home*

Pratique de la langue

1. À votre avis, est-ce qu'une mère ou un père doit mériter l'amour de son enfant, ou est-ce que l'amour filial est quelque chose de tout à fait naturel auquel les parents ont droit? Est-ce qu'un enfant doit juger sa mère et son père comme il juge toute autre personne?

2. Est-ce que ce prétendu (*alleged*) fossé entre les générations dont on parle tant existe véritablement? Si oui, citez des exemples précis. Y a-t-il, par exemple, certains sujets que vous n'osez pas aborder (*take up*) avec vos parents? Lesquels? À qui la faute? Ce fossé est-il donc inévitable? Comment le combler?

3. Faites le portrait de votre famille actuelle. Quel est le rôle de chacun des membres? Quelles sont les qualités qui contribuent à l'unité de la famille?

4. Présentez une petite scène dramatique où deux étudiantes implorent le secours financier de leur papa. Il s'agit vraiment d'un cas d'urgence (le bal de la semaine prochaine, par exemple). Malheureusement, le pauvre papa ressemble beaucoup au père Goriot, car lui aussi est sans argent. Il aura sans doute beaucoup de peine à faire accepter la réalité à ses deux filles.

5. Dressez le bilan (*balance sheet*) de votre famille. Dans la colonne gauche énumérez les reproches que vous adressez à vos parents. Dans la colonne droite comptez les compliments que vous devez leur faire. Puis adoptez la perspective de vos parents et tâchez de vous évaluer vous-même (toujours en deux colonnes) comme eux le feraient.

6. Peut-on concevoir une vie de famille intime où chacun des membres conserve pourtant son indépendance? Décrivez une telle situation.

7. Pour qu'il y ait une famille, faut-il qu'il y ait des enfants? Expliquez.

8. Croyez-vous que de nos jours c'est au détriment des enfants que père

et mère ont tous deux un travail qui les éloigne (*takes them away from*) de la maison? Est-ce que la vie de famille en souffre?

Sujets de discussion ou de composition

1. Quelles sont, à votre avis, les qualités d'une mère et d'un père idéals? Est-il possible d'être trop bon? Tracez le portrait d'une mère exagérée.

2. Voulez-vous être vous-même parent un jour? Est-ce qu'on est né parent ou est-ce qu'un bon parent se forme petit à petit? En quoi consistera votre formation? Comment comptez-vous préparer votre futur rôle?

3. Le grand âge présente certains problèmes de nos jours à cause de la longévité. Que fait-on des vieux aujourd'hui? Est-ce que les solutions actuelles vous semblent bonnes? Si non, proposez-en d'autres.

4. À débattre: «La famille n'est plus la base de la société.»

Conclusion de «La Housse partie»—

Seigneurs, vous trouvez ici une preuve évidente que le fils *sortit* son père de la mauvaise voie où il était engagé. Tous ceux qui ont des enfants à marier doivent s'en inspirer.

Ils ne doivent jamais oublier que les enfants sont sans pitié. Ils se condamnent aux plus cruels *ennuis*, s'ils ne peuvent se *suffire* à eux-mêmes. S'ils commettent l'erreur de donner leurs biens à *autrui*, ils doivent s'en corriger.

Bernier, qui est un maître en la matière, leur fournit un exemple dans ce fabliau. *Qu'ils* en profitent.

Vocabulaire

sortir *to get someone out of*
les **ennuis** (m) *vexations*
se **suffire** *to support oneself*

autrui *others*
Qu'ils *let them*

2ème PARTIE

Modes de Vie

4 *Ville et Campagne*

Montesquieu

Charles-Louis de Secondat, baron de La Brède et de Montesquieu (1689–1755), is well known to students of political science as the man who wrote *L'Esprit des lois* (1748). This work, the culmination of twenty years of research and writing, established its author as one of the most original thinkers of his age and as an advocate of social reform. It was to guarantee individual rights and liberties that Montesquieu, the first of the great *philosophes*,[L] determined to study the nature of law. In the process he developed several important theories: he was, for instance, the first to stress the effect of climate on people, and the need to adjust laws accordingly. His philosophy of the separation of powers in government influenced to no small degree the framing of the American Constitution.

Among students of literature, Montesquieu's reputation rests also on his first important publication, *Les Lettres persanes* (1721), a masterpiece of social, political, and religious satire.[L] In his inimitable witty manner, the author takes a penetrating look at the French society of his day—a venture that presented certain risks to the writer. The autocratic reign of Louis XIV (1661–1715), with its strong emphasis on censorship, had just ended, and the French did not yet dare to criticize their institutions openly. Wisely, Montesquieu had his book published anonymously in Amsterdam. For added protection—and in an effort, no doubt, to make his work more entertaining—he devised the central scheme of two traveling Persians, Usbek and Rica, who spend some eight years in France and communicate their fresh Oriental impressions to the folks at home by means of informative letters. Ostensibly, the author could in no way be held responsible for the critical views of these foreigners. Furthermore, Montesquieu had the letters discuss the mundane squabbles in the harem, which, in the absence of Usbek and Rica, had been left in the charge of the head eunuch. This was another shield for the author: how could anyone take seriously any matter treated in such a frivolous book?

The epistolary form of *Les Lettres persanes* allows Montesquieu to move quickly from one topic to another without dwelling on any. Nevertheless, the fascinating aspects of life in the French capital receive frequent and varied treatment. In the selection that follows, Rica talks about the strange sights in this fashionable city.

Les Caprices de la mode parisienne

Je trouve les caprices de la mode, chez les Français, étonnants. Ils ont oublié comment ils étaient habillés cet été; ils *ignorent* encore plus comment ils le seront cet hiver. Mais, surtout, *on ne saurait croire* combien il en coûte à un mari pour mettre sa femme à la mode.

Que me servirait de te faire une description exacte de leur habillement et de leurs *parures*? Une mode nouvelle viendrait détruire tout mon ouvrage, comme celui de leurs ouvriers, et, avant que tu n'eusses reçu ma lettre, tout serait changé.

Une femme qui quitte Paris pour aller passer six mois à la campagne en revient aussi antique que si elle s'y était oubliée trente ans. Le fils *méconnaît* le portrait de sa mère, tant l'habit avec lequel elle est peinte lui paraît étranger; il s'imagine que c'est quelque Américaine qui y est représentée, ou que le peintre a voulu exprimer quelqu'une de ses fantaisies.

Quelquefois les *coiffures* montent *insensiblement*, et une révolution les fait descendre tout à coup. Il a été un temps que leur hauteur immense mettait le visage d'une femme au milieu d'elle-même. Dans un autre, c'était les pieds qui occupaient cette place: les *talons* faisaient un piédestal, qui les tenait en l'air. Qui pourrait le croire? Les architectes ont été souvent obligés de hausser, de baisser et d'élargir les portes, selon que les parures des femmes exigeaient d'eux ce changement, et les règles de leur art ont été *asservies à* ces caprices. On voit quelquefois sur un visage une quantité prodigieuse de *mouches*, et elles disparaissent toutes le lendemain. Autrefois, les femmes *avaient de la taille* et des dents; aujourd'hui, il n'en est pas question. Dans cette changeante nation, *quoi qu'en disent les mauvais plaisants*, les filles se trouvent *autrement faites* que leurs mères.

Il en est des manières et de la façon de vivre comme des modes; les Français changent de mœurs selon l'âge de leur roi. Le Monarque pourrait même *parvenir à* rendre la Nation grave, s'il l'avait *entrepris*. Le Prince imprime le caractère de son esprit à la Cour; la Cour, à la Ville; la Ville, aux provinces. L'âme du Souverain est un *moule* qui donne la forme à toutes les autres.

Montesquieu, *Les Lettres persanes*

Vocabulaire

ignorer *to not know, to be unaware*
on ne saurait croire *one couldn't believe*
la **parure** *jewelry, adornment*
méconnaître *to not recognize*
la **coiffure** *hair style (of women)*
insensiblement *imperceptibly, bit by bit*
le **talon** *heel*
asservi à *subjected to*
la **mouche** *beauty spot (common in*

eighteenth-century feminine make-up, used to adorn the face)
avaient de la taille *had a figure*
quoi qu'en disent les mauvais plaisants *no matter what the practical jokers say*
autrement faites *made differently*
il en est de *it is the same with*
parvenir à *to manage to*
entreprendre *to undertake*
le **moule** *mold*

INTELLIGENCE DU TEXTE

1. Pour quelles raisons Rica s'étonne-t-il des caprices de la mode chez les Français?
2. Pourquoi ne servirait-il à rien de faire une description exacte de leur habillement et de leurs parures?
3. Qu'est-ce qui arrive à une femme qui passe six mois à la campagne?
4. Pourquoi le fils méconnaît-il le portrait de sa mère?
5. Que s'imagine-t-il?
6. Quel est l'effet des coiffures montées très haut?
7. Montrez comment les caprices de la mode ont affecté les architectes.
8. De quoi les femmes se parent-elles le visage?
9. Outre (*besides*) les modes, quels autres éléments de la vie parisienne changent constamment?
10. Expliquez le sens de la dernière phrase du texte.

APPRÉCIATION DU TEXTE

1. Par quels détails Montesquieu donne-t-il l'impression que la mode change souvent?

2. Étudiez l'usage de l'hyperbole[L] et de l'humour dans ce texte.
3. Comment Montesquieu passe-t-il de la dictature de la mode à la dictature du roi?
4. Citez des exemples de modes exagérées chez les femmes et chez les hommes à l'époque actuelle. Les approuvez-vous? Pourquoi ou pourquoi pas?

Charles Baudelaire

Charles Baudelaire (1821–67) is known the world over for his collection of poems, *Les Fleurs du mal* (1857), in which he examined in great detail his inner moods and torments. Baudelaire had a special name—*spleen*—for the profound anguish that plagued him: an anguish nourished by his unattainable ideals, his financial difficulties, his lack of religious faith, his acute awareness of mortality. He was haunted by the idea of time slipping away, carrying with it his unfulfilled aspirations. In alcohol and drugs he sought deliverance, however temporary, from his spleen, but realized that perhaps death alone held the answer. His poetry often expresses dreams of traveling to a distant world—the world of artistic pleasure—in yet another effort at escape.

Les Fleurs du mal do not constitute all of Baudelaire's work, though in his own time they gave him notoriety: brought into court by the authorities, he was forced to withdraw from the volume six poems that were sexually explicit in content. Even before *Les Fleurs du mal*, however, Baudelaire had earned a reputation as one of the first modern art critics. He had also translated into French most of the short stories of Edgar Allan Poe, with whom he felt a particular kinship. But what remains as one of his most important innovations is *Le Spleen de Paris*, published posthumously in 1869. This work consists of some fifty "petits poèmes en prose," an emerging genre that Baudelaire was among the first to develop. In the dedication of *Le Spleen de Paris*, Baudelaire states: "Quel est celui de nous qui n'a pas, dans ses jours d'ambition, rêvé le miracle d'une prose poétique, musicale sans rythme et sans rime, assez souple et assez heurtée (*rich in contrasts*) pour s'adapter aux mouvements lyriques de l'âme, aux ondulations de la rêverie, aux soubresauts (*jolts*) de la conscience? C'est surtout de la fréquentation des villes énormes, c'est du croisement (*meshing*) de leurs innombrables rapports que naît cet idéal obsédant." Baudelaire was thus one of the first major writers whose work was inspired by the modern city. He loved the city as a perfectly artificial creation not of nature but of man.

In "Le Mauvais Vitrier," a selection from *Le Spleen de Paris*, Baudelaire offers not only a glimpse of one of the glaziers who once walked the streets of Paris, their glass panes on their back, crying their wares, but also an insight into the character of one eccentric Parisian: Charles Baudelaire.

Le Mauvais Vitrier

Il y a des natures purement contemplatives et tout à fait impropres à l'action, qui cependant, sous une impulsion mystérieuse et inconnue, *agissent* quelquefois avec une rapidité dont elles se seraient crues elles-mêmes incapables.

Le moraliste et le médecin, qui *prétendent* tout savoir, ne peuvent pas expliquer d'où vient si subitement une si folle énergie à ces âmes paresseuses et voluptueuses, et comment, incapables d'accomplir les choses les plus simples et les plus nécessaires, elles trouvent à une certaine minute un courage de luxe pour exécuter les actes les plus absurdes et souvent même les plus dangereux.

Un de mes amis, le plus inoffensif rêveur qui ait existé, a mis une fois le feu à une forêt pour voir, disait-il, si le feu prenait avec autant de facilité qu'on l'affirme généralement. Dix fois de suite, l'expérience manqua; mais, à la onzième, elle réussit beaucoup trop bien.

Un autre allumera un cigare à côté d'un *tonneau* de *poudre*, pour voir, pour savoir, pour tenter la destinée, pour *se contraindre* lui-même à *faire preuve d*'énergie, pour faire le *joueur*, pour connaître les plaisirs de l'anxiété, pour rien, par caprice, *par désœuvrement*.

J'ai été plus d'une fois victime de ces crises et de *ces élans*, qui nous autorisent à croire que des Démons malicieux se *glissent* en nous et nous font accomplir, *à notre insu*, leurs plus absurdes volontés.

Un matin je m'étais levé *maussade*, triste, fatigué d'*oisiveté*, et poussé, me semblait-il, à faire quelque chose de grand, une *action d'éclat*; et j'ouvris la fenêtre, hélas!

La première personne que j'aperçus dans la rue, ce fut un vitrier dont le cri perçant, discordant, monta jusqu'à moi à travers la lourde et sale atmosphère parisienne. Il me serait d'ailleurs impossible de dire pourquoi je fus pris à l'égard de ce pauvre homme d'une haine aussi soudaine que despotique.

«—Hé! hé!» et je lui criai de monter. Cependant je réfléchissais, non sans quelque gaieté, que, la chambre étant au sixième étage et l'escalier fort étroit, l'homme devait éprouver quelque peine à opérer son ascension et *accrocher en maint endroit* les angles de sa fragile marchandise.

Enfin il parut: j'examinai curieusement toutes ses *vitres*, et je lui dis: «—Comment? vous n'avez pas de *verres* de couleur? des verres roses, rouges, bleus, des vitres magiques, des vitres de paradis? Impudent que vous êtes! vous osez vous promener dans des quartiers pauvres, et vous n'avez pas même de vitres qui fassent voir la vie en beau!» Et je le poussai vivement vers l'escalier, où il *trébucha* en *grognant.*

Je m'approchai du balcon et je me saisis d'un petit pot de fleurs, et quand l'homme reparut *au débouché de la porte*, je laissai tomber perpendiculairement mon engin de guerre sur le *rebord* postérieur de ses *crochets*; et le choc le renversant, il acheva de *briser* sous son dos toute sa pauvre fortune ambulatoire qui rendit le bruit éclatant d'un palais de cristal crevé par la *foudre.*

Et, ivre de ma folie, je lui criai furieusement: «La vie en beau! la vie en beau!»

Ces plaisanteries nerveuses ne sont pas sans péril, et on peut souvent les payer cher. Mais qu'importe l'éternité de la damnation *à qui a trouvé* dans une seconde l'infini de la *jouissance*?

Charles Baudelaire, *Le Spleen de Paris*

Vocabulaire

le **vitrier** *glazier, glassman*
 agir *to act*
 prétendre *to claim*
le **tonneau** *keg*
la **poudre** *gunpowder*
se **contraindre** *to force himself*
 faire preuve de *to display*
le **joueur** *gambler*
 par désœuvrement *for want of something to do*
 ces élans (m) *these impulses*
se **glisser** *to slip, to steal*
 à notre insu *without our knowledge*
 maussade *glum, sullen*
 l'**oisiveté** (f) *idleness*
une **action d'éclat** *a brilliant action*

 accrocher en maint endroit *to catch in many a spot*
la **vitre** *windowpane*
le **verre** *glass*
 trébucher *to stumble*
 grogner *to grumble*
 au débouché de la porte *in the doorway*
le **rebord** *rim*
le **crochet** *rack (for carrying panes on his back)*
 briser *to smash*
la **foudre** *thunderbolt*
 à qui a trouvé = à celui qui a trouvé
la **jouissance** = le plaisir

INTELLIGENCE DU TEXTE

1. Qu'est-ce que le moraliste et le médecin ne peuvent pas expliquer?
2. Pourquoi un des amis du narrateur a-t-il mis le feu à une forêt? Est-ce que son expérience a réussi?
3. Quels motifs peuvent bien porter une personne à allumer un cigare à côté d'un tonneau de poudre?
4. Quel était l'état d'esprit du narrateur en se levant un bon matin?
5. Qu'est-ce qui a attiré son attention sur le vitrier?
6. Quel sentiment est né spontanément chez lui à l'égard de ce pauvre homme?
7. Expliquez la gaieté du narrateur pendant qu'il faisait monter le vitrier.
8. Quel reproche lui a-t-il fait?
9. Décrivez ce que le narrateur a fait quand le vitrier a reparu au débouché de la porte.
10. Pour quelle raison le narrateur a-t-il risqué une telle aventure?

APPRÉCIATION DU TEXTE

1. Quelle est l'image de la ville que nous donne Baudelaire?
2. Décrivez vos sentiments à l'égard du narrateur. Comment est-il? Quels termes influencent votre attitude?
3. «Le Mauvais Vitrier» est un des *Petits Poèmes en prose*. Qu'est-ce qu'il y a de poétique dans cette prose?
4. Que signifie, à votre avis, l'expression «la vie en beau»?
5. On a signalé dans «Le Mauvais Vitrier»—comme dans d'autres textes de la littérature moderne—ce qu'on appelle l'*humour noir*: c'est-à-dire, l'humour qui n'est ni rose ni gris (ni gai ni mélancolique) mais désespéré, troublant, malicieux, cruel. Il provoque le rire sans y participer, car c'est une forme de colère, de revanche, un moyen de s'adapter à un monde hostile ou absurde. Trouvez-vous qu'il y a de l'humour noir dans ce texte? Citez-en des exemples. Contre quoi cet esprit de colère et de revanche s'exerce-t-il? Comment permet-il au poète de «s'adapter» au monde?

Robert Desnos

Robert Desnos[1] (1900–45) was one of the first surrealists in the 1920s. Surrealism[1] was a literary and artistic movement that sought to express the actual functioning of the human mind "automatically," without the artificial external controls of reason, aesthetics, or morality. Desnos proved to be a very gifted medium who could sink at will into his unconscious by means of hypnotic dreams. The intangible links between the dream world and reality

---

[1]The two *s*'s are pronounced: (dɛsnɔs).

consistently fascinated him, and he later turned to radio and motion pictures as other means of studying them. During the Nazi occupation in World War II Desnos joined the Resistance, and worked especially on underground publications. In 1944 the Gestapo arrested and imprisoned him, first on French soil, then in the notorious concentration camp of Buchenwald and eventually, as the Allies advanced, in Czechoslovakia, where he died of typhus just one month after the liberation of the prison camp.

Surrealism did not mark all of Desnos's literary production. Some of his poems give free rein to a personal lyricism that reflects his basic optimism and intense love of life. In the poem entitled "10 juin 1936" a pastoral setting inspires considerations on life, death, love, happiness, and misery, with a subtle final implication of the time-honored *carpe diem* theme: pluck the flower of today.

10 juin 1936

Au détour du chemin
Il étendit la main,
Devant le beau matin.

Le ciel était si clair
Que les nuages dans l'air
Ressemblaient à l'*écume* de la mer.

Et la fleur des pommiers
Blanchissait dans les *prés*
Où séchait le *linge* lavé.

La *source* qui chantait,
Chantait la vie qui passait
Au long des prés, au long des *haies*.

Et la forêt à l'horizon,
Où verdissait le *gazon*,
Comme une cloche était pleine de sons.

La vie était si belle,
Elle entrait si bien dans ses *prunelles*
Dans son cœur et dans ses oreilles,

Qu'il éclata de rire:
Il rit au monde et aux soupirs
Du vent dans les arbres en fleur.

Il rit à l'odeur de la terre,
Il rit au linge des *lavandières*,
Il rit aux nuages passant dans l'air.

Comme il riait en haut de la colline,
Parut la fille *de belle mine*
Qui venait de la maison voisine.

Et la fille rit aussi
Et quand son rire s'*évanouit*
Les oiseaux chantaient à nouveau.

Elle rit de le voir rire
Et les *colombes* qui se *mirent*
Dans le bassin aux calmes eaux
Écoutèrent son rire
Dans l'air s'évanouir.

Jamais plus ils ne se revirent.

Elle passa souvent sur le chemin
Où l'homme tendit la main
À la lumière du matin.

Maintes fois il se souvint d'elle
Et sa mémoire trop fidèle
Se reflétait dans ses prunelles.

Maintes fois elle se souvint de lui
Et dans l'eau profonde du *puits*
C'est son visage qu'elle revit.

Les ans passèrent un à un
En pâlissant comme au matin
Les cartes qu'un joueur tient dans sa main.

Tous deux *pourrissent* dans la terre,
Mordus par les vers sincères.
La terre emplit leur bouche pour les faire
taire.

Peut-être s'appelleraient-ils dans la nuit,
Si la mort n'avait horreur du bruit:
Le chemin reste et le temps fuit.

Mais chaque jour le beau matin
Comme un œuf tombe dans la main
Du passant sur le chemin.

Chaque jour le ciel est si clair
Que les nuages dans l'air
Sont comme l'écume sur la mer.

Morts! *Épaves sombrées* dans la terre,
Nous ignorons vos misères
Chantées par les *solitaires*.

Nous nageons, nous vivons,
Dans l'air pur de chaque saison.
La vie est belle et l'air est bon.

Robert Desnos, Fortunes

Vocabulaire

l'**écume** (f) *foam*
le **pré** *meadow*
le **linge** *laundry. In France, peasant women still wash clothes in streams and dry them on the ground.*
la **source** *spring (of water)*
la **haie** *hedge*
le **gazon** *grass*
la **prunelle** *pupil (of the eye)*
la **lavandière** *washerwoman*

de **belle mine** *attractive, wholesome*
s'**évanouir** *to vanish*
la **colombe** *dove*
se **mirer** *to admire oneself (as in a mirror)*
le **puits** *well*
pourrir *to rot*
épaves sombrées *wreckage sunk*
le **solitaire** *hermit*

INTELLIGENCE DU TEXTE

1. Pourquoi le jeune homme du poème a-t-il étendu la main?
2. Jusqu'à quel point le ciel était-il clair?
3. Quel rapport y a-t-il entre la fleur des pommiers et le linge lavé?
4. Que faisait la source?
5. À quoi le poète compare-t-il la forêt? Pourquoi?
6. Comment la vie entrait-elle dans l'homme?
7. À quoi a-t-il ri?
8. À quel moment a paru la fille de belle mine?
9. Pourquoi la fille a-t-elle ri?
10. Quand se sont-ils revus?
11. Comment sait-on qu'ils se sont souvenus l'un de l'autre?
12. Comment sont-ils maintenant?
13. Pourquoi ne s'appellent-ils pas dans la nuit?
14. Qu'est-ce qui se passe chaque jour?
15. De qui ignorons-nous les misères?
16. Pourquoi nageons-nous, pourquoi vivons-nous?

APPRÉCIATION DU TEXTE

1. La comparaison joue un rôle important dans la poésie. Quelles sont les comparaisons qu'emploie le poète dans ce poème?
2. Un des thèmes importants de ce poème, c'est la permanence, que le poète développe par contraste. Faites voir ce contraste en dressant une liste d'éléments permanents et d'éléments éphémères.

3. Montrez la façon dont Desnos fait appel aux sens dans l'appréciation de la campagne.
4. Les vers de ce poème sont groupés en tercets. Y a-t-il une exception? Pour quelle raison?
5. Quel est le rôle du rire dans ce poème? De quel genre de rire s'agit-il?
6. Quel est le thème central de ce poème?

Exercices de grammaire

I. *Mettez les verbes en italiques au* **passé composé.**

Je *me lève* triste et maussade ce matin. Presque insensiblement des démons malicieux *se glissent* en moi pour me faire accomplir leurs plus absurdes volontés. D'abord je ne *me crois* pas capable de telles actions. Je *m'approche* cependant du balcon pour me contraindre à agir. Un vitrier *se promène* au même instant sous la fenêtre. Voilà ma victime!

II. *Mettez les verbes en italiques au* **passé composé.**

Un matin je m'étais levé maussade, triste, fatigué d'oisiveté, et poussé, me semblait-il, à faire quelque chose de grand, une action d'éclat; et j'*ouvris* la fenêtre, hélas!

La première personne que j'*aperçus* dans la rue, ce *fut* un vitrier dont le cri perçant, discordant, *monta* jusqu'à moi à travers la lourde et sale atmosphère parisienne. Il me serait d'ailleurs impossible de dire pourquoi je *fus* pris à l'égard de ce pauvre homme d'une haine aussi soudaine que despotique. Je lui *criai* de monter.

Enfin il *parut*; j'*examinai* curieusement toutes ses vitres, et je lui *dis*: «—Comment? vous n'avez pas de verres de couleur?» Et je le *poussai* vivement vers l'escalier, où il *trébucha* en grognant.

III. *Écrivez le paragraphe suivant à* **l'imparfait.**

Il en est des manières et de la façon de vivre comme des modes; les Français changent de mœurs selon l'âge de leur roi. Le Monarque peut même parvenir à rendre la Nation grave. Le Prince imprime le caractère de son esprit à la Cour; la Cour, à la Ville; la Ville, aux provinces. L'âme du Souverain est un moule qui donne la forme à toutes les autres.

IV. *Complétez les phrases suivantes à* **l'imparfait** *ou* **au passé composé,** *comme il convient.*

1. Le ciel _____ (was) si clair que les nuages _____ (resembled) à l'écume de la mer.

2. Le linge lavé _____ (was drying) dans les prés.
3. La forêt _____ (was) pleine de sons.
4. La vie _____ (was) si belle qu'il _____ (burst out) de rire.
5. Comme il _____ (was laughing), une jeune fille _____ (appeared).
6. Elle aussi _____ (laughed) quand elle _____ (saw) rire le jeune homme.
7. Ils _____ (never saw each other again).
8. Maintes fois·il _____ (remembered) d'elle.
9. Les ans _____ (passed) un à un.
10. Ils _____ (did not call to one another) dans la nuit parce que la mort _____ (had a horror) du bruit.
11. Le chemin _____ (has remained) et le temps _____ (has fled).

Vocabulaire satellite: Ville et Campagne

LA VILLE

le **citadin**   *city dweller*
le **piéton**   *pedestrian*
la **foule**   *crowd*
le **clochard**   *bum*

le **quartier**   *neighborhood*
les **taudis** (m)   *slums*
l'**immeuble** (m)   *apartment building*
le **gratte-ciel**   *skyscraper*
le **grand magasin**   *department store*

le **trottoir**   *sidewalk*
le **métro**   *subway*
la **circulation intense**   *heavy traffic*
l'**embouteillage** (m)   *traffic jam*

se **précipiter**   *to rush*
  bousculer   *to jostle*

les **commodités** (f)   *conveniences*
les **distractions** (f)   *recreation, entertainment*
le **train de vie**   *way of life, life style*
le **trafic des stupéfiants**   *drug traffic*
la **vie culturelle**   *cultural life*
la **vie anonyme**   *impersonal life, anonymity*

le **campagnard**   *country dweller*
le **paysan**   *farmer*

la **ferme**   *farm*
le **champ**   *field*
le **pré**   *meadow*
la **plage**   *beach*
la **terre**   *earth*
la **montagne**   *mountain*

se **détendre**   *to relax*
se **baigner**   *to go swimming*
se **promener**   *to stroll*
s'**égarer** }
se **perdre** }   *to get lost*

l'**innocence** (f)   *innocence*
les **moeurs simples** (f)   *simple customs,*
    simple way of life
la **tranquillité**   *peace, quiet*
la **santé**   *health*
l'**oisiveté** (f)   *idleness*

l'**ennui** (m)   *boredom*
l'**esprit étroit** (m)   *narrow-mindedness*

Pratique de la langue

1. Préparez une présentation orale d'une ou deux minutes sur un des sujets suivants:
    a. Vous êtes à la campagne depuis des mois, seul, désœuvré, à mourir d'ennui. Vous avez enfin l'occasion de rentrer en ville. Comment y passerez-vous votre première journée?
    b. Vous êtes surchargé de travail, la vie citadine vous harasse. Heureusement vous disposez de trente jours que vous comptez passer à la campagne. Que ferez-vous le premier jour de vos vacances?
2. Vous venez de recevoir votre diplôme universitaire et vous avez deux offres d'emploi à considérer, une à La Nouvelle-Orléans à salaire moyen et l'autre à Terre Haute, dans l'état d'Indiana, à un salaire beaucoup plus élevé. Quelle situation allez-vous accepter?
3. Baudelaire aimait les femmes maquillées de la ville. Êtes-vous pour ou contre le maquillage (*make-up*)?
4. Avez-vous jamais agi par impulsion, comme le narrateur du deuxième texte? Avez-vous jamais accompli une tâche dont vous ne vous croyiez pas capable? Racontez cette action insolite (*unusual*).

5. Y a-t-il dans la nature de l'homme un élément sadique? Donnez quelques exemples de cruauté humaine. Est-ce que les personnes qui font de telles choses sont normales ou exceptionnelles? .

6. Est-ce que le temps qu'il fait affecte votre humeur? Expliquez.

Sujets de discussion ou de composition

1. Traitez un des sujets suivants:
   a. Malgré tout ce qu'on dit, la vie campagnarde finit par rendre les gens bornés d'esprit (*narrow-minded*), naïfs, ignorants, stupides, abrutis (*doltish*).
   b. Malgré quelques petits inconvénients sans importance, la vie citadine de nos jours offre une surabondance d'activités intellectuelles et artistiques, la fréquentation de milieux variés, etc., même le goût du risque. Ceux qui ignorent ces activités, ces distractions, ces richesses, et même ces dangers, ne savent pas vivre.

2. Jean-Jacques Rousseau a longtemps conseillé le retour à la nature, la fuite des villes malsaines. Êtes-vous d'accord avec lui? Croyez-vous qu'il est plus facile d'être bon à la campagne que dans la ville? Citez les raisons de votre choix.

3. La vie de banlieue offre-t-elle un compromis acceptable: urbanité citadine, charme de la campagne? Ou est-ce qu'on n'y goûte pleinement ni l'un ni l'autre tout en s'installant dans un conformisme bourgeois effroyable? Commentez.

4. Vous êtes un vitrier ambulant dans le Paris d'autrefois. Vous circulez dans les rues, des vitres sur le dos. Un jour un monsieur excentrique--un poète, on vous dira plus tard—vous salue de sa fenêtre tout en haut et vous dit de monter chez lui. (Racontez l'histoire du «Mauvais Vitrier» du point de vue du vitrier. À la fin de l'incident, quelle est votre réaction, votre revanche?)

5. Le voyageur persan Rica visite l'Amérique actuelle. Est-il choqué, amusé, indigné, confus, effrayé, charmé, bouleversé? Composez la lettre qu'il écrit à un ami chez lui où il donne ses premières impressions de l'Amérique.

5 Les Classes sociales

La Bruyère

Jean de La Bruyère (1645–96) lived his entire life under the reign of Louis XIV, one of France's most powerful monarchs. French society under Louis was rigidly structured, with clear distinctions between the *noblesse*, the *bourgeoisie*, and the *peuple*. La Bruyère was born into the Parisian middle class, but near the age of forty he was hired as tutor for the grandson of the Prince de Condé, one of the greatest nobles of the time. From that moment on, La Bruyère lived among the privileged and saw life from a unique vantage point, appreciating the truly noble while at the same time viewing upstarts less worthy than himself. He published his reflections on society in the form of maxims and portraits, under the title *Les Caractères de Théophraste, traduits du grec, avec les caractères et les mœurs de ce siècle* (1688).

Despite his borrowing of the form (as implied in the title) from the Greek philosopher Theophrastus of the fourth century, B.C., his work was in great part original. Much of the instant success of *Les Caractères* can be attributed to the excellent individual portraits sketched by the author; in fact, numerous keys circulated, alleging to identify their real-life models. At the same time, however, and more importantly, La Bruyère belongs to the established French tradition of the *moralistes*,[L] observers of social manners (*les mœurs*) who discern in the people of a given era those general traits that typify human behavior in all ages. La Bruyère wrote during the period of French classicism,[L] a literary movement whose great concern was the study of universal man. Though he did not possess the philosophical breadth necessary to arrive at a major synthesis, he created for future generations succinct and unforgettable portraits which demonstrate that human nature remains ever the same.

The selection that follows is taken from Chapter 6, "Des Biens de fortune." It illustrates the conscious artistry of the author, who, exploiting the rhetorical advantages of a parallel development, situates his characters in real life surroundings, fixes the reader's attention, then makes his point with a final pithy remark containing the key to the entire passage.

La Clef du succès

Giton a le *teint* frais, le visage plein et les joues pendantes, l'œil fixe et assuré, les épaules larges, l'*estomac* haut, la *démarche* ferme et délibérée; il parle avec confiance, il fait répéter celui qui l'*entretient*, et il ne goûte que médiocrement tout ce qu'il lui dit; il *déploie* un ample mouchoir et se *mouche* avec grand bruit; il crache fort loin et il *éternue* fort haut; il dort le jour, il dort la nuit, et profondément; il *ronfle* en compagnie. Il occupe à table et à la promenade plus de place qu'un autre; il tient le milieu en se promenant avec ses égaux, il s'arrête et l'on s'arrête, il continue de marcher et l'on marche: tous se *règlent* sur lui; il interrompt, il *redresse* ceux qui ont la parole; on ne l'interrompt pas, on l'écoute aussi longtemps qu'il veut parler, on est de son avis, on croit les nouvelles qu'il *débite*. S'il s'assied, vous le voyez s'*enfoncer* dans un fauteuil, croiser les jambes l'une sur l'autre, froncer le sourcil, abaisser son chapeau sur ses yeux pour ne voir personne, ou le *relever* ensuite et découvrir son front par fierté et par audace. Il est *enjoué*, grand rieur, impatient, présomptueux, *colère*, *libertin*, politique, mystérieux sur les affaires du temps; *il se croit* des talents et de l'esprit: il est riche.

Phédon a les yeux *creux*, le teint *échauffé*, le corps *sec* et le visage maigre; il dort peu et d'un sommeil fort léger: il est *abstrait*, rêveur, et *il a avec de l'esprit l'air d'un stupide*; il oublie de dire ce qu'il sait, ou de parler d'événements qui lui sont connus, et, s'il le fait quelquefois, il s'*en tire mal*, il croit *peser à* ceux à qui il parle, il conte brièvement, mais froidement, il ne se fait pas écouter, il ne fait point rire; il applaudit, il sourit à ce que les autres lui disent, il est de leur avis; il court, il vole pour leur rendre de petits services, il est *complaisant*, flatteur, *empressé*; il est mystérieux sur ses affaires, quelquefois menteur; il est superstitieux, scrupuleux, timide; il marche doucement et légèrement, il semble craindre de *fouler* la terre; il marche les yeux baissés, et il n'ose les lever sur ceux qui passent; il n'est jamais du nombre de ceux qui forment un cercle pour discourir, il se met derrière celui qui parle, *recueille* furtivement ce qui se dit, et il se retire si on le regarde; il n'occupe point de lieu, il ne tient point de place; il va les épaules *serrées*, le chapeau abaissé sur ses yeux pour n'être point vu, il se *replie* et se *renferme* dans son manteau; il n'y a point de rues ni de galeries si *embarrassées* et si remplies de monde où il ne trouve moyen de passer sans effort et de se *couler* sans être aperçu. Si on le prie de s'asseoir, il se met à peine sur le bord d'un *siège*, il parle bas dans la conversation, et il articule mal; libre néanmoins sur les affaires publiques, *chagrin* contre le siècle, médiocrement *prévenu des ministres* et du ministère; il n'ouvre la bouche que pour répondre; il *tousse*, il se mouche sous son chapeau, il crache presque sur soi, et il attend qu'il soit seul pour éternuer, ou, si cela lui arrive, c'est *à l'insu de* la compagnie, *il n'en coûte à personne* ni salut ni compliment: il est pauvre.

La Bruyère, *Les Caractères*

Vocabulaire

le **teint** *complexion*
l'**estomac** (m) *stomach*
la **démarche** *step, walk*
   entretenir *to converse with*
   déployer *to unfold*
se **moucher** *to blow one's nose*
   éternuer *to sneeze*
   ronfler *to snore*
se **régler** *to regulate oneself*
   redresser *to correct*
   débiter *to tell*
s'**enfoncer** *to sink*
le **relever** *to push it back up*
   enjoué *lively, jovial*
   colère *irascible, quick to anger*
   libertin *free-thinking (i.e., without conventional religious faith)*
   il se croit *he thinks he has*
   creux *sunken*
   échauffé *irritated*

sec *lean*
abstrait *absent-minded*
il a avec de l'esprit l'air d'un stupide *though intelligent, he appears to be a fool*
s'**en tirer mal** *to come off badly*
peser à *to impose on (lit., to weigh)*
complaisant *affable, obliging*
empressé *eager, attentive*
fouler *to tread*
recueillir *to take in (i.e., hear)*
serré *pressed together*
se **replier** *to coil up*
se **renfermer** *to shut oneself up*
embarrassé *crowded*
se **couler** *to slip by*
le **siège** *seat*
chagrin *bitter*
prévenu des ministres *biased in favor of ministers*

tousser *to cough*
à l'insu de *unknown to*

il n'en coûte à personne *it costs no one*

INTELLIGENCE DU TEXTE

1. Donnez la description de Giton.
2. Comment se comporte-t-il en conversation?
3. Quelle attitude est révélée par sa façon de se moucher, de cracher, d'éternuer et de ronfler?
4. Décrivez une promenade de Giton avec ses amis.
5. Comment s'assied-il?
6. Esquissez (*sketch*) le caractère de Giton.
7. Faites la description de Phédon.
8. Comment se comporte-t-il, lui, en conversation?
9. Comment marche-t-il?
10. Décrivez les activités de Phédon dans un cercle de discussion.
11. Pourquoi ne l'aperçoit-on pas parmi la foule?
12. Comparez sa façon de s'asseoir à celle de Giton.
13. Décrivez la façon d'éternuer de Phédon.

APPRÉCIATION DU TEXTE

1. La richesse ou la pauvreté d'une personne affecte sa conduite en société, ses rapports avec les autres. Quels sont les traits chez Giton et chez Phédon qui illustrent ce point?
2. En comparant les portraits de Giton et de Phédon, montrez que le procédé de rhétorique utilisé par La Bruyère ici, c'est le parallélisme.
3. Dans ce passage, l'auteur ne se déclare ouvertement ni en faveur du riche, ni en faveur du pauvre. Il dessine un portrait objectif. A-t-on l'impression, cependant, qu'il porte le lecteur à juger? En faveur de qui? Et comment?

Molière

Jean-Baptiste Poquelin (1622–73), known by his pseudonym Molière, is one of the great names in the history of comedy. The director of his own theater company at an early age, and one of its leading actors as well, he spent a twelve-year apprenticeship in the provinces, and had begun to stage some of his own plays as early as 1653. Once his troupe was firmly established in Paris in 1658, Molière began to write regularly. The first in an imposing series of successes was his one-act comedy, *Les Précieuses ridicules* (1659). Among the many plays that followed were *L'École des femmes* (1662), *Don Juan* (1665), *Le Misanthrope* (1666), *L'Avare* (1668), *Tartuffe* (1669), *Le Bourgeois gentilhomme* (1670), *Les Femmes savantes*

(1672), *Le Malade imaginaire* (1673). Ironically, it was while playing the title role in this last play that Molière was stricken and died.

Molière revolutionized French comic theater, freeing it from restricting conventions and giving it a stature hitherto reserved for tragedy alone. With Molière the characters on stage ceased to be the stereotypes of slapstick farce[L] and were instead drawn from real-life studies. Like La Bruyère, he was a penetrating observer of human nature who—true to the tenets of classicism[L]—depicted the mores of his time with emphasis on the universal traits common to all men everywhere. Molière never neglected humor, but knew that comedy, to have lasting value, must do more than simply induce laughter. He utilized it for the meaningful study of man, bringing full light to bear on human foibles, on ridiculous characters who act contrary to reason and common sense.

Le Bourgeois gentilhomme, commissioned by Louis XIV to entertain his court, illustrates the inane conduct of a rich bourgeois of Paris who aspires to be other than what he is. In the rigid society of his time, M. Jourdain's obsession with becoming a gentleman—that is, a noble—isolates him completely from reality. In the following scene the would-be gentleman has hired a philosophy teacher who, given his student's level, is forced to set aside philosophical considerations and concentrate on more basic principles.

L'Instruction d'un parvenu_____

Le Maître de Philosophie. Que voulez-vous donc que je vous apprenne?

M. Jourdain. Apprenez-moi l'*orthographe*.

Le Maître de Philosophie. Très volontiers.

M. Jourdain. Après, vous m'apprendrez l'almanach, pour savoir quand il y a de la lune, et quand il n'y en a point.

Le Maître de Philosophie. Soit. Pour bien suivre votre pensée, et traiter cette matière *en philosophe*, il faut commencer, selon l'ordre des choses, par une exacte connaissance de la nature des lettres et de la différente manière de les prononcer toutes. Et *là-dessus* j'ai à vous dire que les lettres sont divisées en voyelles, ainsi dites voyelles parce qu'elles expriment les *voix*; et en consonnes, ainsi appelées consonnes parce qu'elles sonnent avec les voyelles et *ne font que marquer* les diverses articulations des voix. Il y a cinq voyelles ou voix, A, E, I, O, U.

M. Jourdain. J'entends tout cela.

Le Maître de Philosophie. La voix A se forme en ouvrant fort la bouche: A.

M. Jourdain. A, A. Oui.

Le Maître de Philosophie. La voix E se forme en *rapprochant* la *mâchoire d'en bas* de celle d'en haut: A, E.

M. Jourdain. A, E, A, E. Ma foi! oui. Ah! que cela est beau!

Le Maître de Philosophie. Et la voix I, en rapprochant encore davantage les mâchoires l'une de l'autre, et *écartant* les deux coins de la bouche vers les oreilles: A, E, I.

M. Jourdain. A, E, I, I, I, I. Cela est vrai. Vive la science!

Le Maître de Philosophie. La voix O se forme en rouvrant les mâchoires et rapprochant les lèvres par les deux coins, le haut et le bas: O.

M. Jourdain. O, O. Il n'y a rien de plus *juste*. A, E, I, O, I, O. Cela est admirable! I, O, I, O.

Le Maître de Philosophie. L'ouverture de la bouche fait justement comme un petit rond qui représente un O.

M. Jourdain. O, O, O. Vous avez raison, O. Ah! La belle chose que de savoir quelque chose!

Le Maître de Philosophie. La voix U se forme en rapprochant les dents sans les joindre entière-ment, et *allongeant* les deux lèvres *en dehors*, les approchant aussi l'une de l'autre, sans les joindre tout à fait: U.

M. Jourdain. U, U. Il n'y a rien de plus véritable, U.

Le Maître de Philosophie. Vos deux lèvres s'allongent comme si vous *faisiez la moue*; d'où vient que, si vous la voulez faire à quelqu'un et vous moquer de lui, *vous ne sauriez lui dire que U*.

M. Jourdain. U, U. Cela est vrai. Ah! *que n'ai-je étudié* plus tôt pour savoir tout cela!

Le Maître de Philosophie. Demain, nous verrons les autres lettres, qui sont les consonnes.

M. Jourdain. Est-ce qu'il y a des choses aussi curieuses qu'à celles-ci?

Le Maître de Philosophie. Sans doute. La con-sonne D, par exemple, se prononce *en donnant du bout de la langue* au-dessus des dents d'en haut: DA.

M. Jourdain. DA, DA. Oui. Ah! les belles choses! les belles choses!

Le Maître de Philosophie. L'F, en appuyant les dents d'en haut sur la lèvre de dessous: FA.

M. Jourdain. FA, FA. C'est la vérité. Ah, mon père et ma mère, *que je vous veux de mal*!

Le Maître de Philosophie. Et l'R, en portant le bout de la langue jusqu'au haut du *palais*; de sorte qu'étant *frôlée* par l'air qui sort avec force, *elle lui cède* et revient toujours au même endroit, faisant une manière de tremblement: R, RA.

M. Jourdain. R, R, RA; R, R, R, R, R, RA. Cela est vrai. Ah! l'*habile* homme que vous êtes! et que j'ai perdu de temps! R, R, R, RA.

Le Maître de Philosophie. Je vous expliquerai *à fond* toutes ces curiosités.

M. Jourdain. Je vous en prie. Au reste, il faut que je vous fasse une confidence. Je suis amoureux d'une personne de grande qualité; et je souhaiterais *que vous m'aidassiez* à lui écrire quelque chose dans un petit *billet* que je veux laisser tomber à ses pieds.

Le Maître de Philosophie. Fort bien.

M. Jourdain. Cela sera galant; oui.

Le Maître de Philosophie. Sans doute. Sont-ce des vers que vous lui voulez écrire?

M. Jourdain. Non, non, point de vers.

Le Maître de Philosophie. Vous ne voulez que de la prose?

M. Jourdain. Non, je ne veux ni prose ni vers.

Le Maître de Philosophie. Il faut bien que ce soit l'un ou l'autre.

M. Jourdain. Pourquoi?

Le Maître de Philosophie. Par la raison, monsieur, qu'il n'y a pour s'exprimer que la prose ou les vers.

M. Jourdain. Il n'y a que la prose ou les vers?

Le Maître de Philosophie. Non, monsieur. Tout ce qui n'est point prose est vers, et tout ce qui n'est point vers est prose.

M. Jourdain. Et comme l'on parle, qu'est-ce que c'est donc que cela?

Le Maître de Philosophie. De la prose.

M. Jourdain. Quoi! quand je dis, «Nicole, apportez-moi mes *pantoufles* et me donnez mon bonnet de nuit,» c'est de la prose?

Le Maître de Philosophie. Oui, monsieur.

M. Jourdain. Par ma foi, il y a plus de quarante ans que je dis de la prose *sans que j'en susse rien*;

et je vous suis le plus obligé du monde de m'avoir appris cela. Je voudrais donc lui mettre dans un billet: Belle marquise, vos beaux yeux me font mourir d'amour; mais je voudrais que cela fût mis d'une manière galante, que cela fût tourné gentiment.

Le Maître de Philosophie. *Mettre que* les feux de ses yeux réduisent votre cœur en cendres, que vous souffrez nuit et jour pour elle les violences d'un . . .

M. Jourdain. Non, non, non; je ne veux point tout cela. Je ne veux que ce que je vous ai dit: Belle marquise, vos beaux yeux me font mourir d'amour.

Le Maître de Philosophie. Il faut bien *étendre* un peu la chose.

M. Jourdain. Non, vous dis-je; je ne veux que ces seules paroles-là dans le billet, mais tournées à la mode, bien arrangées comme il faut. Je vous prie de me dire un peu, pour voir, les diverses manières dont on les peut mettre.

Le Maître de Philosophie. On les peut mettre, premièrement, comme vous avez dit: Belle marquise, vos beaux yeux me font mourir d'amour. Ou bien: D'amour mourir me font, belle marquise, vos beaux yeux. Ou bien: Vos yeux beaux d'amour me font, belle marquise, mourir. Ou bien: Mourir vos beaux yeux, belle marquise, d'amour me font. Ou bien: Me font vos yeux beaux mourir, belle marquise, d'amour.

M. Jourdain. Mais, de toutes ces façons-là, laquelle est la meilleure?

Le Maître de Philosophie. Celle que vous avez dite: Belle marquise, vos beaux yeux me font mourir d'amour.

M. Jourdain. Cependant je n'ai point étudié, et j'ai fait cela *tout du premier coup.* Je vous remercie de tout mon cœur, et vous prie de venir demain de bonne heure.

Le Maître de Philosophie. Je n'y manquerai pas.

Molière, *Le Bourgeois gentilhomme*

Vocabulaire

l'**orthographe** (f) *spelling*
Soit *so be it*
en philosophe *as a philosopher*

là-dessus *on that subject*
la **voix** *sound*
ne font que marquer *only serve to*

indicate

J'entends *I understand*
rapprocher *to bring together*
la **mâchoire d'en bas** *the lower jaw*
écarter *to spread apart*
juste *accurate, correct*
allonger en dehors *to extend outward, to protrude*
faire la moue *to pout*
vous ne sauriez lui dire que U *you would only have to say "U" to him*
que n'ai-je étudié *why didn't I study*
en donnant du bout de la langue *by striking with the tip of the tongue*
que je vous veux de mal *I'll never forgive you*

le **palais** *palate, roof of the mouth*
frôler *to graze, to touch slightly in passing*
elle lui cède *it gives way to it*
habile *clever*
à fond *thoroughly*
que vous m'aidassiez = que vous m'aidiez
le **billet** *note*
la **pantoufle** *slipper*
sans que j'en susse rien *without my knowing anything about it*
Mettre que *Write that*
étendre *to stretch out*
tout du premier coup *with the very first attempt*

INTELLIGENCE DU TEXTE

1. Quelles sont les deux grandes divisions des lettres, selon le maître?
2. Expliquez l'origine des deux termes «voyelles» et «consonnes.»
3. Reproduisez chacune des cinq voyelles en suivant les préceptes du maître de philosophie.
4. De quelle façon M. Jourdain peut-il très facilement faire la moue à quelqu'un?
5. Quels sont ses sentiments envers ses parents? Expliquez.
6. Quelle confidence M. Jourdain fait-il au maître de philosophie?
7. Est-ce que M. Jourdain veut écrire de la prose ou des vers?
8. Selon le maître de philosophie, qu'est-ce que c'est que la prose? qu'est-ce que c'est que les vers?
9. Quel est le message que M. Jourdain veut mettre dans son billet?
10. Pourquoi demande-t-il l'aide du maître de philosophie?
11. De quoi M. Jourdain est-il fier finalement?

APPRÉCIATION DU TEXTE

1. Indiquez dans le texte tous les endroits où Molière semble ridiculiser les prétentions de M. Jourdain. Notez la diversité des moyens employés.
2. De toutes les façons d'exprimer le message d'amour de M. Jourdain, laquelle est la meilleure? Pourquoi?
3. Jouez la leçon de phonétique du *Bourgeois gentilhomme*.
4. Faites le portrait de M. Jourdain d'après cette scène. Comment est-il? Quels sont ses défauts, ses qualités?

Antoine de Saint-Exupéry

The works of Antoine de Saint-Exupéry (1900–44) reflect the personal experience of the author and his reflection on it. A pilot in the early days of aviation, Saint-Exupéry faced the dangers of the pioneer penetrating unexplored territories. From the isolated perspective of his cockpit, he became acutely aware of the bonds that unite all men, particularly in times of crisis. His first work, *Courrier-Sud* (1928), recalls his adventures as a commercial pilot flying between Toulouse, France, and Dakar, in Senegal. The better-known *Vol de nuit* (1931) evokes the first night flights between Europe and South America, and the perils to which the pilots were subjected. In 1939 Saint-Exupéry published his most popular work, *Terre des hommes,* in which he meditates on what the airplane has taught man about himself: his capacities, his limitations, his responsibilities to his fellow humans, his noble destiny. The book abounds in tense, dramatic scenes and lyric passages as the pilot narrates his dangerous ventures and, once the risk has been run, measures the meaning of his actions, the reasons for his choices. During World War II Saint-Exupéry served as a military pilot and in July 1944, while on a reconnaissance mission, disappeared without a trace. The circumstances of his death were probably foreshadowed in *Pilote de guerre* (1942), which describes the musings of an aviator on a dangerous assignment. Two other works, published posthumously, complete Saint-Exupéry's limited production: *Le Petit Prince* (1945) and *Citadelle* (1948).

The following passage is the concluding chapter of *Terre des hommes.* The author ponders man's great potential and wonders how it is that, despite the variety of talents with which humanity is endowed, many men will never achieve the fullness of their being.

Victimes de la société

Il y a quelques années, au cours d'un long voyage en chemin de fer, j'ai voulu visiter la *patrie en marche* où je m'enfermais pour trois jours, prisonnier pour trois jours de ce bruit de *galets* roulés par la mer, et je me suis levé. J'ai traversé vers une heure du matin le train dans toute sa longueur. Les sleepings étaient vides. Les *voitures de première* étaient vides.

Mais les voitures de troisième *abritaient* des centaines d'ouvriers polonais *congédiés* de France et qui *regagnaient* leur Pologne. Et je remontais les couloirs en *enjambant* des corps. Je m'arrêtai pour regarder. Debout sous les *veilleuses*, j'apercevais dans ce *wagon* sans divisions, et qui ressemblait à une *chambrée, qui sentait la caserne ou le commissariat*, toute une population confuse et *barattée* par les mouvements du *rapide*. Tout un peuple enfoncé dans les mauvais songes et qui regagnait sa misère. De grosses têtes rasées roulaient sur le bois des *banquettes*. Hommes, femmes, enfants, tous se retournaient de droite

à gauche, comme attaqués par tous ces bruits, toutes ces *secousses* qui les menaçaient dans leur *oubli*. Ils n'avaient point trouvé l'hospitalité d'un bon sommeil.

Et voici qu'ils me semblaient avoir à demi perdu qualité humaine, *ballottés* d'un bout de l'Europe à l'autre par les courants économiques, *arrachés à* la petite maison du Nord, au minuscule jardin, aux trois pots de géranium que j'avais remarqués autrefois à la fenêtre des mineurs polonais. Ils n'avaient rassemblé que les ustensiles de cuisine, les couvertures et les rideaux, dans des paquets mal *ficelés* et *crevés de hernies*. Mais tout ce qu'ils avaient caressé ou charmé, tout ce qu'ils avaient réussi *à apprivoiser* en quatre ou cinq années de séjour en France, le chat, le chien et le géranium, ils avaient dû les sacrifier et ils n'emportaient avec eux que ces *batteries de cuisine*.

Un enfant *tétait* une mère si *lasse* qu'elle paraissait endormie. La vie se transmettait dans l'absurde et le désordre de ce voyage. Je regardai le père. Un *crâne* pesant et nu comme une pierre. Un corps plié dans l'inconfortable sommeil, emprisonné dans les vêtements de travail, fait de *bosses* et de *creux*. L'homme était pareil à un *tas de glaise*. Ainsi, la nuit, des *épaves* qui n'ont plus de forme, pèsent sur les bancs des *halles*. Et je pensai: le problème ne réside point dans cette misère, dans cette saleté, ni dans cette laideur. Mais ce même homme et cette même femme se sont connus un jour et l'homme a souri sans doute à la femme: il lui a, sans doute, après le travail, apporté des fleurs. Timide et *gauche*, il tremblait peut-être de se voir dédaigné. Mais la femme, par coquetterie naturelle, la femme sûre de sa grâce, se plaisait peut-être à l'inquiéter. Et l'autre, qui n'est plus aujourd'hui qu'une *machine à piocher ou à cogner*, *éprouvait* ainsi dans son cœur l'angoisse délicieuse. Le mystère, c'est qu'ils soient devenus ces paquets de glaise. Dans quel *moule* terrible ont-ils passé, marqués par lui comme par une *machine à emboutir*? Un animal vieilli conserve sa grâce. Pourquoi cette belle *argile* humaine est-elle *abîmée*?

Et je poursuivis mon voyage parmi ce peuple dont le sommeil était *trouble comme un mauvais*

lieu. Il flottait un bruit vague fait de *ronflements rauques,* de *plaintes* obscures, du *raclement des godillots* de ceux qui, *brisés* d'un côté, essayaient l'autre. Et toujours *en sourdine* cet *intarissable* accompagnement de galets retournés par la mer.

Je m'assis en face d'un couple. Entre l'homme et la femme, l'enfant, *tant bien que mal,* avait fait son creux et il dormait. Mais il se retourna dans le sommeil, et son visage m'apparut sous la veilleuse. Ah! quel adorable visage! Il était né de ce couple-là une sorte de fruit *doré.* Il était né de *ces lourdes hardes* cette réussite de charme et de grâce. Je me penchai sur ce front *lisse,* sur cette douce moue des lèvres, et je me dis: voici un visage de musicien, voici Mozart enfant, voici une belle promesse de la vie. Les petits princes des légendes n'étaient point différents de lui: protégé, entouré, cultivé, *que ne saurait-il devenir!* Quand il naît par mutation dans les jardins une rose nouvelle, voilà tous les jardiniers qui s'*émeuvent.* On isole la rose, on cultive la rose, on la favorise. Mais il n'est point de jardinier pour les hommes. Mozart enfant sera marqué comme les autres par la machine à emboutir. Mozart fera ses plus hautes joies de musique *pourrie, dans la puanteur des cafés-concerts.* Mozart est condamné.

Et je regagnai mon wagon. Je me disais: ces gens ne souffrent guère de leur *sort.* Et ce n'est point la charité ici qui me tourmente. Il ne s'agit point de s'*attendrir sur une plaie éternellement rouverte.* Ceux qui la portent ne la sentent pas. C'est quelque chose comme l'espèce humaine et non l'individu qui est blessé ici, qui est *lésé.* Je ne crois guère à la pitié. Ce qui me tourmente, c'est le point de vue du jardinier. Ce qui me tourmente, ce n'est point cette misère, dans laquelle, après tout, on s'installe aussi bien que dans la paresse. Des générations d'Orientaux vivent dans la *crasse* et s'y *plaisent.* Ce qui me tourmente, les *soupes populaires* ne le guérissent point. Ce qui me tourmente, ce ne sont ni ces creux, ni ces bosses, ni cette laideur. C'est un peu, dans chacun de ces hommes, Mozart assassiné.

Seul l'Esprit, s'il souffle sur la glaise, peut créer l'Homme.

Antoine de Saint-Exupéry, *Terre des hommes*

Vocabulaire

la **patrie en marche** *the country in motion (i.e., the train)*

le **galet** *pebble*

la **voiture de première** *first-class coach. Prewar trains had three classes: first, second, and third.*

abriter *to shelter*

congédier *to dismiss, to send away*

regagner *to return to*

enjamber *to step over*

la **veilleuse** *night light*

le **wagon** *coach (of a train)*

la **chambrée** *barracks room*

qui sentait la caserne ou le commissariat *which smelled of the barracks or the police station*

baratté *churned*

le **rapide** *express train*

la **banquette** *bench*

la **secousse** *jolt*

l'**oubli** (m) *oblivion, forgetfulness*

ballotté *tossed about*

arraché à *torn from*

ficelé *tied (with string)*

crevé de hernies *split with ruptures*

apprivoiser *to tame*

batteries de cuisine *sets of kitchen utensils*

téter *to suck*

las *weary*

le **crâne** *skull*

la **bosse** *hump*

le **creux** *hollow*

un **tas de glaise** *a heap of clay*

l'**épave** (f) *stray person, derelict*

les **halles** (f) *marketplaces*

gauche *awkward*

une **machine à piocher ou à cogner** *a machine for digging or banging*

éprouver *to experience*

le **moule** *mold*

une **machine à emboutir** *a stamping machine*

l'**argile** (f) *clay*

abîmé *damaged, ruined*

trouble comme un mauvais lieu *restless like a brothel*

ronflements (m) **rauques** *raucous snores*

la **plainte** *moan, groan*

le **raclement des godillots** *scraping of the boots*

brisé *tired out, stiff*

en sourdine *with muted strings*

intarissable *unceasing*

tant bien que mal *somehow or other*

doré *golden*

ces lourdes hardes *these heavy old clothes*

lisse *smooth*

que ne saurait-il devenir! *what couldn't he become!*

s'émouvoir *to be moved*

pourri *rotten*

dans la puanteur des cafés-concerts *in the foul atmosphere of cabarets*

le **sort** *fate*

s'attendrir sur une plaie éternellement rouverte *to be moved by an eternally reopened wound*

lésé *wounded, stricken*

la **crasse** *filth, squalor*

se **plaire** *to thrive*

la **soupe populaire** *soup kitchen (to feed the needy)*

INTELLIGENCE DU TEXTE

1. Où se passe cet incident?
2. Décrivez ce que le narrateur a trouvé en troisième.
3. Pourquoi ces ouvriers semblaient-ils avoir à demi perdu qualité humaine?
4. Qu'est-ce qu'ils emportaient avec eux? Qu'est-ce qu'ils abandonnaient?
5. Quel portrait du père nous donne le narrateur?
6. Quel scénario le narrateur imagine-t-il entre cet homme et cette femme?
7. Sur quel mystère le narrateur réfléchit-il?

8. Quels bruits entend-on sur ce train?
9. Quelle impression le visage de l'enfant crée-t-il sur le narrateur?
10. Pourquoi les hommes n'ont-ils pas les mêmes avantages que les roses?
11. Pourquoi ne s'agit-il point de s'attendrir sur ces ouvriers?
12. Selon le narrateur, qu'est-ce qui est blessé ici?

APPRÉCIATION DU TEXTE

1. Dans ce passage, Saint-Exupéry obtient des effets remarquables au moyen du contraste entre le réalisme et l'idéalisme. Citez deux endroits dans le texte où l'avenir semblait prometteur.
2. Saint-Exupéry accumule toute une série de détails pour créer une impression de misère extrême. Dressez la liste de ces détails.
3. Que pensez-vous de la métaphore[L] de la glaise, de l'argile? La trouvez-vous juste, convenable, riche?
4. Que veut dire la dernière phrase du texte?

Exercices de grammaire

I. Les interrogatifs.
A. *Formulez les questions qui donnent lieu aux réponses suivantes.*
   modèle: Il regarda *le père.* —→
   Qui est-ce qu'il regarda?
   ou: **Qui regarda-t-il?**

1. Giton fait répéter *celui qui l'entretient.*
2. *Tous* se règlent sur lui.
3. Phédon est mystérieux sur *les affaires du temps.*
4. Il oublie de dire *ce qu'il sait.*
5. Il ne parle pas d'*événements qui lui sont connus.*
6. Il croit peser à *ceux à qui il parle.*
7. Il faut commencer par *une exacte connaissance de la nature des lettres.*
8. M. Jourdain est amoureux d'*une personne de grande qualité.*
9. *De grosses têtes rasées* roulaient sur le bois des banquettes.
10. Un rapide, *c'est un train à marche aussi accélérée que possible.*

B. *Complétez les phrases suivantes.*

1. _____ (What) il craint de fouler?
2. Sur _____ (which) personnes n'ose-t-il pas lever les yeux?
3. Derrière _____ (whom) se met-il?
4. _____ (What) voulez-vous donc que je vous apprenne?
5. _____ (What) sont les cinq voyelles?
6. _____ (What is) une consonne?
7. De toutes ces façons-là, _____ (which one) est la meilleure?

8. _____ (What) avait-on remarqué autrefois à la fenêtre des mineurs polonais?

9. Par _____ (what) étaient-ils ballottés d'un bout de l'Europe à l'autre?

10. _____ (Who) éprouvait ainsi dans son cœur l'angoisse délicieuse?

II. Les négatifs. *Complétez les phrases suivantes.*

1. M. Jourdain veut savoir quand il y a de la lune et quand _____ (there isn't any).

2. Le maître de philosophie _____ (teaches nothing new) à M. Jourdain.

3. _____ (No one) les entend parce qu'ils sont seuls.

4. M. Jourdain _____ (wants only) de la prose.

5. Le maître de philosophie croit qu'il _____ (wants neither prose nor verse).

6. Ainsi, la nuit, des épaves qui _____ (no longer have any form), pèsent sur les bancs des halles.

7. _____ (There is no) jardinier pour les hommes.

8. Le pauvre ouvrier _____ (is no longer) qu'une machine à piocher ou à cogner.

9. Ces gens _____ (hardly suffer) de leur sort.

10. _____ (It's not a question of) s'attendrir sur une plaie éternellement rouverte.

Vocabulaire satellite: Les Classes sociales

LA NOBLESSE

l'**ancien régime** (m) *the old regime (the monarchy before 1789)*

la **monarchie absolue** *absolute monarchy*

le **chevalier** *knight*

le **courtisan** *courtier*

le **gentilhomme** *nobleman*

le **comte**, la **comtesse** *count, countess*

le **duc**, la **duchesse** *duke, duchess*

le **marquis**, la **marquise** *marquis, marquise*

être né riche *to be born rich*

fréquenter la cour *to frequent the court*

se **sentir supérieur** *to feel superior*

prêter secours aux arts *to support the arts*

les **privilèges** (m) **de la naissance** *privileges of birth*

LA BOURGEOISIE
la **classe moyenne** *middle class*

l'**homme d'affaires** (m) *businessman*
le **banquier** *banker*
l'**industriel** (m) *manufacturer, industrialist*
les **professions libérales** *liberal professions*
le **patron** *employer*
le **fonctionnaire** *civil servant*
le **marchand** *shopkeeper, dealer*

l'**arriviste** (m, f) *go-getter*
le **parvenu** *upstart*

vivre de ses rentes *to live on one's income, to be retired*
aisé *well-off*
pratique *practical*
ambitieux *ambitious*
conformiste *conformist*

LE PEUPLE
la **classe ouvrière** *working class*
l'**ouvrier** (m) *worker*
le **salarié** *wage earner*

gagner sa vie *to earn one's living*
travailler dur *to work hard*
joindre les deux bouts *to make ends meet*
tirer le diable par la queue *to be hard up*
le **travail manuel** *manual labor*
les **métiers manuels** *trades*

le **syndicat** *labor union*
faire la grève *to be on strike*
le **gréviste** *striker*

le **chômage** *unemployment*
le **chômeur** *unemployed person, man out of work*

Pratique de la langue

1. Un homme d'affaires américain s'est enrichi en préparant une lotion qui fait pousser les cheveux même sur les têtes les plus chauves (*bald*). Malgré sa fortune, il a beaucoup de peine à se faire accepter parmi les autres riches de la ville. Lui et sa femme manquent de savoir-faire, mais vous, vous en avez. Quelles leçons de bonnes manières pouvez-vous donner à ce couple de nouveaux riches bien intentionnés mais plutôt bêtes? Que direz-vous à Monsieur? et à Madame?

2. N'est-il pas vrai qu'à l'intérieur de chacun de nous repose le germe d'une grandeur méconnue, grandeur qui n'attend que l'occasion propice (*propitious*) pour se manifester? Soyez franc: ne trouvez-vous pas que vous êtes un peu Mozart assassiné? Racontez votre génie secret, révélez votre talent caché.

3. Dans la France d'autrefois il existait trois grandes classes sociales: la noblesse, la bourgeoisie et le peuple. Est-ce qu'elles existent toujours dans la France de nos jours? Est-ce qu'il existe dans la société américaine actuelle l'équivalent de chacune de ces classes sociales? Commentez.

4. On dirait que la bourgeoisie est la classe dominante de notre époque. Mais ce mot «bourgeois» est employé souvent au sens péjoratif, et certains groupes—les nobles d'autrefois, les ouvriers, les artistes, les intellectuels, et les étudiants (en effet, des fils de bourgeois!)—ont considéré les bourgeois comme ennemis. Pourquoi cette haine de la bourgeoisie? Qu'est-ce que chacun de ces groupes lui reproche?

5. À débattre: «Il faut avoir de l'argent pour vivre heureux.»

Sujets de discussion ou de composition

1. Quelles sont les qualités que notre société estime? Les approuvez-vous?

2. Tracez un des portraits suivants à la façon de La Bruyère:
   a. le professeur et l'étudiant
   b. le capitaliste et le révolutionnaire
   c. la femme traditionaliste et la femme émancipée
   d. le père de famille et le fils (deuxième année à l'université)

3. Quelle est votre définition personnelle du succès?

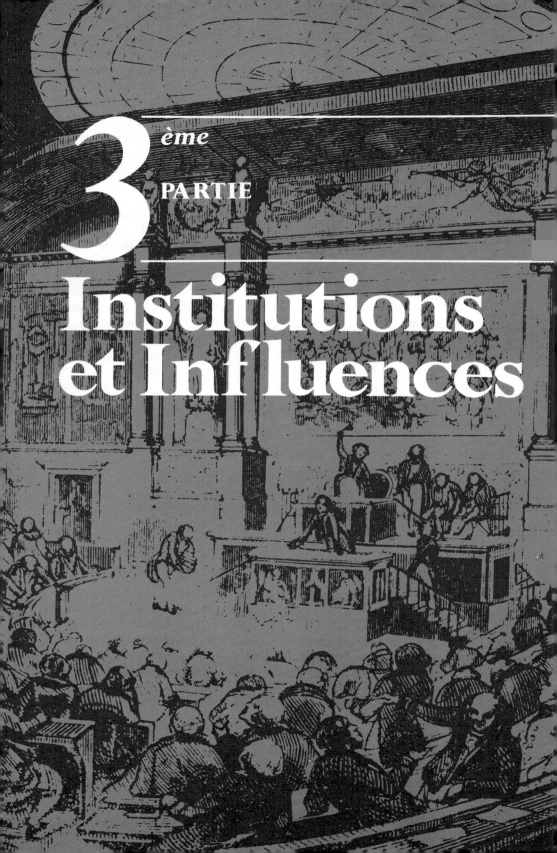

3ème PARTIE

Institutions et Influences

6 La Justice et la Loi

Voltaire

In France as elsewhere, down through the centuries art and literature have felt the attraction of two opposite tendencies: *l'art pour l'art*[L] (art for art's sake), which puts the cult of aesthetic perfection above concern with the problems of one's time, and *engagement*[L] (commitment), the involvement of the artist and writer in the political and social issues of his day. The eighteenth century in France was a time of *engagement*, when writers were much preoccupied with social problems. It was called the Age of Enlightenment because it boasted of a new awareness of man's accomplishments and an unswerving faith in his unlimited potential. The obvious injustice of racism and intolerance, so detrimental to man's progress and happiness, was exposed by most of the major writers of the century, who were themselves *philosophes*[L]—enlightened thinkers who criticized the customs and institutions of the day on the basis of science and reason.

François-Marie Arouet, known as Voltaire (1694–1778), was the most famous author of his age, a man who so completely dominated his century that he became a legend in his own time. A prolific writer, he tried his hand at almost every conceivable literary genre, including poetry, tragedy, comedy, history, and the epic. He is best known today as an author of *contes philosophiques*, and among these, *Candide*. The *conte philosophique* was thus named because it examined the meaningful issues of the day not in the dry manner of a philosophical treatise, but in a lively narrative style, laced with wit and humor, that would appeal to great numbers of readers.

In *Candide* Voltaire deals with the theme of evil in the world, and seeks to refute the philosophy of optimism then prevalent. As formulated by the German philosopher Leibnitz (1646–1716), this philosophy held that God is good, that of all the possible worlds He might have created, He must surely have chosen the best. Voltaire belies this by having his hero, Candide, encounter an impressive array of natural disasters, social evils, and personal misfortunes, then conclude that idle philosophical speculation can in no way solve these problems. In the following selection, Candide is wandering through South America with Cacambo, a valet and traveling companion whom he met in Cádiz. In this particular episode we see Candide appalled at the visible effects of slavery. And what is even more effective, we hear the very words of a black slave who fails to see what human traits separate master and slave, both of whom are, as he puts it, "sons of Adam." Voltaire's characteristic ready wit has yielded in this instance to an emotional outcry against the injustice of slavery.

Un Esclave noir

Voltaire

En approchant de la ville, ils rencontrèrent un nègre étendu par terre, n'ayant plus que la moitié de son habit, c'est-à-dire d'un *caleçon* de *toile* bleue; il manquait à ce pauvre homme la jambe gauche et la main droite. «Eh mon Dieu! lui dit Candide en hollandais, que fais-tu là, mon ami, dans l'état horrible où je te vois?—J'attends mon maître, monsieur Vanderdendur, le fameux *négociant*, répondit le nègre. —Est-ce monsieur Vanderdendur, dit Candide, qui t'a traité ainsi? —Oui, Monsieur, dit le nègre, c'est l'usage. On nous donne un caleçon de toile *pour tout vêtement* deux fois l'année. Quand nous travaillons aux *sucreries*, et que la *meule* nous attrape le doigt, on nous coupe la main; quand nous voulons nous enfuir, on nous coupe la jambe: je me suis trouvé dans les deux cas. C'est à ce prix que vous mangez du sucre en Europe. Cependant, lorsque ma mère me vendit *dix écus patagons* sur la côte de Guinée, elle me disait: «Mon cher enfant, *bénis* nos *fétiches*, adore-les toujours, ils te feront vivre heureux; tu as l'honneur d'être esclave de nos seigneurs les blancs, et tu fais par là la fortune de ton père et de ta mère.» Hélas! je ne sais pas si j'ai fait leur fortune, mais ils n'ont pas fait la mienne. Les chiens, les singes et les *perroquets* sont mille fois moins malheureux que nous. Les fétiches hollandais qui m'ont converti me disent tous les dimanches que nous sommes tous enfants d'Adam, blancs et noirs. Je ne suis pas généalogiste: mais si ces prêcheurs disent vrai, nous sommes tous *cousins issus de germains*. Or vous m'avouerez qu'on ne peut pas *en user avec* ses parents d'une manière plus horrible.

—O *Pangloss*! s'écria Candide, tu n'avais pas deviné cette abomination; *c'en est fait*, il faudra qu'à la fin je renonce à ton optimisme. —Qu'est-ce qu'optimisme? disait Cacambo. —Hélas! dit Candide, c'est la rage de *soutenir* que tout est bien quand on est mal.» Et il versait des larmes en regardant son nègre, et, en pleurant, il entra dans *Surinam*.

Voltaire, *Candide*

Vocabulaire

le **caleçon** *shorts, drawers*
la **toile** *cloth*
le **négociant** *dealer*
  pour tout vêtement *as our only clothes*
la **sucrerie** *sugar refinery*
la **meule** *grindstone*
  dix écus patagons *for ten Patagonian crowns (coins)*
  bénir *to bless*
le **fétiche** *fetish. Here it designates the missionaries; its use reveals the nearly idolatrous attitude of the* speaker.
le **perroquet** *parrot*
  cousins issus de germains *second cousins*
  en user avec *treat*
  Pangloss *philosopher friend of Candide, a stubborn proponent of the theory of the best of possible worlds.*
  c'en est fait *that does it!*
  soutenir *to insist*
  Surinam *Dutch Guiana*

INTELLIGENCE DU TEXTE

1. Décrivez «l'état horrible» dans lequel se trouve le nègre.
2. Comment l'esclave parvient-il à se vêtir?
3. Comment a-t-il perdu une jambe? une main?
4. Quel profit le travail de l'esclave porte-t-il aux peuples d'Europe?
5. Comment le nègre est-il entré en esclavage?
6. Quelle était l'attitude de sa mère en le vendant?
7. En quels termes l'esclave exprime-t-il son malheur?
8. Selon lui, pourquoi devrait-il avoir, lui aussi, le droit de vivre heureux?
9. Quelle est la réaction de Candide devant ce pauvre nègre?
10. En quels termes Candide définit-il alors l'optimisme?

APPRÉCIATION DU TEXTE

1. Citez les arguments les plus importants que présente le nègre sur la question de l'esclavage.

2. On a beaucoup parlé de l'ironie de Voltaire. Qu'est-ce que c'est que l'ironie? En trouvez-vous dans ce texte? Si oui, citez des exemples. Comment est cette ironie—douce et souriante, mordante et sauvage, ou comment?
3. Voltaire aurait pu traiter le thème de l'esclavage dans un essai philosophique. Est-ce que le conte philosophique vous semble un moyen plus efficace? Pour quelles raisons?

Jean-Paul Sartre

Intolerance, of course, was not an exclusive phenomenon of the eighteenth century. Jean-Paul Sartre (1905–   ), among other contemporary writers, has analyzed another manifestation of man's injustice: antisemitism. Sartre is the very well-known exponent of the philosophy of existentialism,[L] which stirred a great deal of interest in the years following World War II. Sartre illustrated his philosophical theses in novels (*La Nausée*, 1938) and in plays (*Les Mouches*, 1943; *Huis Clos*, 1944), making his ideas more accessible to the layman. Sartre stresses the absolute freedom of man, who has no preconceived essence but rather must define himself through his acts: «Seuls les actes décident de ce qu'on a voulu» (*Huis Clos*). Sartre's philosophy is activist in outlook, emphasizing *engagement*, the necessity for man to act, to become involved and never to give up, despite the difficult choices that must be made.

Sartre himself thoroughly lived his commitment, totally embracing the causes he deemed just. Especially after 1945, his political involvement became even more important to him than his literary production. He openly questioned, for example, the government's resort to violence in the prolonged colonial wars in Vietnam and Algeria. Without being a Communist, Sartre has been definitely an intellectual of the Left. Like Voltaire, he has tried to be the conscience of his time and has therefore become a controversial figure: during the Algerian crisis right-wing extremists set off bombs in his Paris apartment.

In *Réflexions sur la question juive* (1954) Sartre describes antisemitism as a passion, as something that exists in the mind of the prejudiced person, and not as a reflection of reality. As an essayist and a philosopher, the author speaks openly and presents his ideas in an orderly manner. Yet the reader is not lost in philosophical subtleties, but rather is led to witness the very real workings and consequences of antisemitism on a daily level.

L'Antisémitisme

D'ailleurs, c'est bien autre chose qu'une pensée. C'est d'abord une passion. Sans doute peut-il se présenter sous forme de proposition théorique. L'antisémite «modéré» est un homme courtois qui

Jean-Paul Sartre

vous dira doucement: «Moi, je ne déteste pas les Juifs. J'estime simplement préférable, pour telle ou telle raison, qu'ils prennent une part réduite à l'activité de la nation.» Mais, l'instant d'après, si vous avez gagné sa confiance, il ajoutera avec plus d'abandon: «Voyez-vous, il doit y avoir «quelque chose» chez les Juifs: ils me gênent physiquement.» L'argument, que j'ai entendu cent fois, vaut la peine d'être examiné. D'abord il *ressortit à* la logique passionnelle. Car enfin imaginerait-on quelqu'un qui dirait sérieusement: «Il doit y avoir quelque chose dans la tomate, puisque j'ai horreur d'en manger.» Mais *en outre*, il nous montre que l'anti-sémitisme, sous ses formes les plus tempérées, les plus évoluées reste une *totalité syncrétique* qui s'exprime par des discours d'*allure* raisonnable, mais qui peut *entraîner* jusqu'à des modifications corporelles. Certains hommes sont frappés soudain d'*impuissance* s'ils apprennent de la femme avec qui ils font l'amour qu'elle est Juive. Il y a un dégoût du Juif, comme il y a un dégoût du Chinois ou du nègre chez certaines gens. Et ce n'est donc pas du corps que naît cette répulsion puisque vous pouvez fort bien aimer une Juive si vous ignorez sa race, mais elle vient au corps par l'esprit; c'est un engagement de l'âme, mais si profond et si total qu'il s'étend au physiologique, comme c'est le cas dans l'hystérie.

Cet engagement n'est pas provoqué par l'expérience. J'ai interrogé cent personnes sur les raisons de leur antisémitisme. La plupart se sont *bornées à* m'énumérer les défauts que la tradition prête aux Juifs. «Je les déteste parce qu'ils sont *intéressés*, intrigants, *collants*, *visqueux*, sans tact, etc.» —«Mais, du moins, en fréquentez-vous quelques-uns?» —«Ah! *je m'en garderais bien!*» Un peintre m'a dit: «Je suis hostile aux Juifs parce que, avec leurs habitudes critiques, ils encouragent nos domestiques à l'indiscipline.» Voici des expériences plus précises. Un jeune acteur sans talent prétend que les Juifs l'ont empêché de faire carrière dans le théâtre en le maintenant dans les *emplois subalternes*. Une jeune femme me dit: «J'ai eu des *démêlés* insupportables avec des *fourreurs*, ils m'ont volée, ils ont brûlé la fourrure que je leur avais confiée. Eh bien, ils étaient tous Juifs.» Mais pourquoi a-t-elle choisi de haïr les Juifs plutôt que les fourreurs? Pourquoi les Juifs ou les fourreurs plutôt que tel Juif, tel fourreur particulier? C'est qu'elle portait en elle une prédisposition à l'antisémitisme. Un collègue, au lycée, me dit que les Juifs «l'*agacent*» à cause des mille injustices que des corps sociaux «*enjuivés*» commettent en leur faveur. «Un Juif a été reçu à l'*agrégation* l'année où j'ai été *collé* et vous ne me ferez pas croire que ce type-là, dont le père venait de *Cracovie* ou de *Lemberg*, comprenait mieux que moi un poème de *Ronsard* ou une *églogue* de Virgile.» Mais il avoue, par ailleurs, qu'il *méprise* l'agrégation, que c'est «la *bouteille à l'encre*» et qu'il n'a pas préparé le *concours*. Il dispose donc, pour expliquer son *échec*, de deux systèmes d'interprétation, comme ces fous qui, lorsqu'ils se laissent aller à leur délire, prétendent être roi de Hongrie et qui, si on les interroge brusquement, avouent qu'ils sont *cordonniers*. Sa pensée *se meut* sur deux plans, sans qu'il en conçoive la moindre *gêne*. Mieux, il lui arrivera de justifier sa paresse passée en disant qu'on serait vraiment trop bête de préparer un examen où on reçoit les Juifs de préférence aux bons Français. D'ailleurs, il venait vingt-septième sur la liste définitive. Ils étaient vingt-six avant lui, douze reçus et quatorze refusés. *Eût-on exclu* les Juifs du concours, en *eût-il été* plus avancé? Et même s'il eût été le premier des non admissibles, même si, en éliminant un des candidats reçus, il eût eu sa chance d'être pris, pourquoi eût-on éliminé le Juif Weil plutôt que le *Normand* Matieu ou le *Breton* Arzell? Pour que mon collègue s'indignât, il fallait qu'il eût adopté par avance une certaine idée du Juif, de sa nature et de son rôle social. Et pour qu'il décidât qu'entre vingt-six concurrents plus heureux que lui, c'était le Juif qui lui volait sa place, il fallait qu'il eût donné à priori, pour la conduite de sa vie, la préférence aux raisonnements passionnels. Loin que l'expérience engendre la notion de Juif, c'est *celle-ci* qui *éclaire* l'expérience au contraire; si le Juif n'existait pas, l'antisémite l'inventerait.

Jean-Paul Sartre, *Réflexions sur la question juive*

Vocabulaire

ressortir à   *to come under the heading of*

en outre   *besides*

une totalité syncrétique   *a whole made up of disparate elements*

l'allure (f)   *appearance*

entraîner à *to lead to*
l'impuissance (f) *impotence*
se **borner à** *to confine oneself to*
intéressé *self-seeking*
collant *sticky*
visqueux *slimy*
je m'en garderais bien! *I wouldn't think of it! (lit., I would be careful not to)*
les **emplois subalternes** (m) *minor roles*
le **démêlé** *dispute*
le **fourreur** *furrier*
agacer *to irritate*
enjuivé *under Jewish influence*
l'**agrégation** (f) *a postgraduate degree, roughly comparable to the American Ph.D., awarded to a select few after competitive exams*
collé *flunked*
Cracovie, Lemberg *Cracow, Lemberg (Polish cities)*

Ronsard *best-known French poet of the sixteenth century*
l'**églogue** (f) *eclogue (a pastoral poem)*
mépriser *to despise*
la **bouteille à l'encre** *mere spilling of ink on a page (lit., the bottle of ink)*
le **concours** *examination*
l'**échec** (m) *failure*
le **cordonnier** *shoemaker*
se **meut** *from* se mouvoir
la **gêne** *embarrassment*
Eût-on exclu = si l'on avait exclu
eût-il été = aurait-il été
le **Normand** *the Norman (from Normandy)*
le **Breton** *the Breton (from Brittany)*
celle-ci *the latter*
éclairer *to illuminate*

INTELLIGENCE DU TEXTE

1. Selon Sartre, l'antisémitisme n'est pas une pensée. Qu'est-ce que c'est, alors?
2. Comment l'antisémite «modéré» présente-t-il d'abord son attitude?
3. Quel est ce «quelque chose» que l'antisémite trouve chez les Juifs?
4. Quelle image Sartre emploie-t-il pour montrer le ridicule de l'argument de l'antisémite?
5. Par quelle sorte de discours l'antisémitisme s'exprime-t-il?
6. Citez un exemple de modification corporelle entraînée par l'antisémitisme.
7. Qu'est-ce qui prouve que ce dégoût du Juif ne naît pas du corps?
8. De quelle façon cette répulsion ressemble-t-elle à l'hystérie?
9. Que répondent les gens lorsqu'on les interroge sur les raisons de leur antisémitisme?
10. En quoi consiste la plainte du jeune acteur contre les Juifs? Est-elle bien fondée?
11. D'après vous, la jeune femme qui a eu les démêlés avec les fourreurs manifestait-elle son antisémitisme?
12. De quoi se plaignait le jeune homme qui avait été collé à l'agrégation?
13. Quels sont les véritables sentiments de ce jeune homme vis-à-vis de l'agrégation?
14. Expliquez les deux systèmes d'interprétation dont il dispose pour expliquer son échec.
15. D'après l'ordre des candidats sur la liste définitive, notre jeune homme a-t-il eu raison d'en vouloir aux (*hold a grudge against*) Juifs? Expliquez.
16. Quelle est la conclusion de Sartre?

1. Sartre a choisi de s'exprimer au moyen du genre littéraire de l'essai, où il ne prétend pas traiter à fond la matière mais ne fait qu'offrir quelques réflexions sur certains aspects de la question. Appréciez cependant le développement logique de sa pensée en traçant un schéma de ses idées suivant l'ordre dans lequel il les présente.
2. L'art de persuader consiste non seulement à présenter des arguments solides mais aussi à les rendre plus efficaces par des illustrations concrètes, justes et frappantes. Examinez les expériences précises citées par Sartre et dites ce que vous en pensez.

Albert Camus

The notion of a trial is a very familiar one to contemporary readers in view of the notoriety accorded many cases by the press, radio, and television. One of the most celebrated trials in twentieth-century literature is that of Meursault, the "stranger." Albert Camus (1913–60), essayist and playwright, is perhaps best known for his novels: *L'Étranger* (1942), *La Peste* (1947), and *La Chute* (1956). One of his most intriguing characters is the central figure of his first novel, Meursault, who in a quarrel kills a man he doesn't know, and is put on trial for his life. Camus himself, some thirteen years after the publication of *L'Étranger*, gave further insight into the nature of Meursault's existence:

«J'ai résumé *L'Étranger*, il y a longtemps, par une phrase dont je reconnais qu'elle est très paradoxale: «Dans notre société tout homme qui ne pleure pas à l'enterrement (*funeral*) de sa mère risque d'être condamné à mort.» Je voulais dire seulement que le héros du livre est condamné parce qu'il ne joue pas le jeu. En ce sens, il est étranger à la curiosité où il vit, il erre, en marge (*on the fringe*), dans les faubourgs de la vie privée, solitaire, sensuelle. Et c'est pourquoi des lecteurs ont été tentés de la considérer comme une épave (*wreck, derelict*). On aura cependant une idée plus exacte du personnage, plus conforme en tout cas aux intentions de son auteur, si l'on se demande en quoi Meursault ne joue pas le jeu. La réponse est simple: il refuse de mentir. Mentir ce n'est pas seulement dire ce qui n'est pas. C'est aussi, c'est surtout, dire plus que ce qui est et, en ce qui concerne le cœur humain, dire plus qu'on ne sent. C'est ce que nous faisons tous, tous les jours, pour simplifier la vie. Meursault, contrairement aux apparences, ne veut pas simplifier la vie. Il dit ce qu'il est, il refuse de majorer (*overvalue*) ses sentiments, et aussitôt la société se sent menacée. On lui demande par exemple de dire qu'il regrette son crime, selon la formule consacrée. Il répond qu'il éprouve à cet égard plus d'ennui que de regret véritable. Et cette nuance le condamne.»[1]

---

[1]Albert Camus, *L'Étranger*, ed. Germaine Brée and Carlos Lynes, Jr. (New York: Appleton-Century-Crofts, Inc., 1955), p. vii.

The following excerpt from *L'Étranger* shows how Meursault is convicted. Rather than stressing the facts of the slaying, the prosecution sketches a portrait of the accused for the jury. It does this by calling as witnesses the director and the concierge of the home where Meursault had put his aged mother until her death; then, as a third witness, it produces his girlfriend Marie. Meursault has refused to lie, refused to play society's game, to do what he was "supposed to do" according to the norms, therefore he is an outcast who does not belong, and for whom there can be but one fate. Society condemns him to death.

Le Procès d'un étranger

J'ai essuyé la *sueur* qui couvrait mon visage et je n'ai repris un peu conscience du lieu et de moi-même que lorsque j'ai entendu appeler le directeur de l'*asile*. On lui a demandé si maman se plaignait de moi et il a dit que oui mais que c'était un peu la *manie* de ses pensionnaires de se plaindre de *leurs proches*. Le *président* lui a fait préciser si elle me reprochait de l'avoir mise à l'asile et le directeur a dit encore oui. Mais cette fois, il n'a rien ajouté. À une autre question il a répondu qu'il avait été surpris de mon calme le jour de l'enterrement. On lui a demandé ce qu'il entendait par calme. Le directeur a regardé alors le bout de ses souliers et il a dit que je n'avais pas voulu voir maman, je n'avais pas pleuré une seule fois et j'étais parti *aussitôt* après l'enterrement sans me *recueillir* sur sa tombe. Une chose encore l'avait surpris: un *employé des pompes funèbres* lui avait dit que je ne savais pas l'âge de maman. Il y a eu un moment de silence et le président lui a demandé si c'était bien de moi qu'il avait parlé. Comme le directeur ne comprenait pas la question, il lui a dit: «C'est la loi.» Puis le président a demandé à l'*avocat général* s'il n'avait pas de question à poser au témoin et le procureur s'est écrié: «Oh! non, cela suffit,» *avec un tel éclat* et un tel regard triomphant dans ma direction que, pour la première fois depuis bien des années, j'ai eu une envie stupide de pleurer parce que j'ai senti combien j'étais détesté par tous ces gens-là.

Après avoir demandé au jury et à mon avocat s'ils avaient des questions à poser, le président a entendu le concierge. Pour lui comme pour tous les autres, le même cérémonial s'est répété. En arrivant, le concierge m'a regardé et il a détourné les yeux. Il a répondu aux questions qu'on lui posait. Il a dit que je n'avais pas voulu voir maman, que j'avais fumé, que j'avais dormi et que j'avais pris du café au lait. J'ai senti alors quelque chose qui soulevait toute la salle et, pour la première fois, j'ai compris que j'étais coupable. On a fait répéter au concierge l'histoire du café au lait et celle de la cigarette. L'avocat général m'a regardé avec une *lueur* ironique dans les yeux. À ce moment, mon avocat a demandé au concierge s'il n'avait pas fumé avec moi. Mais le procureur s'est élevé avec violence contre cette question: «Quel est le criminel ici et quelles sont ces méthodes qui consistent à salir les témoins de l'accusation pour minimiser des témoignages qui n'en demeurent pas moins *écrasants.*» Malgré tout, le président a demandé au concierge de répondre à la question. Le vieux a dit d'un air embarrassé: «Je sais bien que j'ai eu tort. Mais je n'ai pas osé refuser la cigarette que Monsieur m'a offerte.» En dernier lieu, on m'a demandé si je n'avais rien à ajouter. «Rien, ai-je répondu, seulement que le témoin a raison. Il est vrai que je lui ai offert une cigarette.» Le concierge m'a regardé alors avec un peu d'étonnement et une sorte de gratitude. Il a hésité, puis il a dit que c'était lui qui m'avait offert le café au lait. Mon avocat a triomphé *bruyamment* et a déclaré que les *jurés* apprécieraient. Mais le procureur a tonné au-dessus de nos têtes et il a dit: «Oui, MM. les jurés apprécieront. Et ils concluront qu'un étranger pouvait proposer du café, mais qu'un fils devait le refuser devant le corps de celle qui lui avait donné le jour.» Le concierge a regagné son banc.

Marie est entrée. Elle avait mis un chapeau et elle était encore belle. Mais je l'aimais mieux avec ses cheveux libres. De l'endroit où j'étais, je devinais le poids léger de ses seins et je reconnaissais sa lèvre inférieure toujours un peu *gonflée.* Elle semblait très nerveuse. Tout de suite, on lui a demandé depuis quand elle me connaissait. Elle a indiqué l'époque où elle travaillait chez nous. Le président a voulu savoir quels étaient ses rapports avec moi. Elle a dit qu'elle était mon amie. À une autre question, elle a répondu qu'il était vrai qu'elle devait m'épouser. Le procureur *qui feuilletait un dossier* lui a demandé brusquement de quand datait notre liaison. Elle a indiqué la date. Le procureur a

Albert Camus

remarqué d'un air indifférent qu'il lui semblait que c'était le lendemain de la mort de maman. Puis il a dit avec quelque ironie qu'il ne voudrait pas insister sur une situation délicate, qu'il comprenait très bien les scrupules de Marie mais (et ici son accent s'est fait plus dur) que son devoir lui commandait de s'élever au-dessus des *convenances*. Il a donc demandé à Marie de résumer cette journée *où je l'avais connue*. Marie ne voulait pas parler, mais devant l'insistance du procureur, elle a dit notre *bain*, notre sortie au cinéma et notre rentrée chez moi. L'avocat général a dit qu'à la suite des déclarations de Marie à l'*instruction*, il avait consulté les programmes de cette date. Il a ajouté que Marie elle-même dirait quel film on passait alors. *D'une voix presque blanche*, en effet, elle a indiqué que c'était un film de *Fernandel*. Le silence était complet dans la salle *quand elle a eu fini*. Le procureur s'est alors levé, très grave et d'une voix que j'ai trouvée vraiment *émue*, le doigt tendu vers moi, il a articulé lentement: «Messieurs les jurés, le lendemain de la mort de sa mère, cet homme prenait des bains, commençait une liaison irrégulière, et allait rire devant un film comique. Je n'ai rien de plus à vous dire.» Il s'est assis, toujours dans le silence. Mais, tout d'un coup, Marie a éclaté en sanglots, a dit que ce n'était pas cela, qu'il y avait autre chose, qu'on la forçait à dire le contraire de ce qu'elle pensait, qu'elle me connaissait bien et que je n'avais rien fait de mal. Mais l'*huissier*, sur un signe du président, l'a emmenée et l'*audience* s'est poursuivie.

Albert Camus, *L'Étranger*

Vocabulaire

la **sueur** *sweat*
l'**asile** (m) *home for the aged*
la **manie** *idiosyncrasy*
  leurs proches *their kin*
le **président** *presiding judge. In France, he puts the questions to witnesses.*
  aussitôt *immediately*
se **recueillir** *to meditate*
un **employé des pompes funèbres** *an*

undertaker's assistant
l'**avocat général** *prosecutor who stands in for* le procureur général *(the public prosecutor). Camus uses the two terms interchangeably.*
  avec un tel éclat *so loudly*
la **lueur** *gleam*
  écrasant *overwhelming*
  bruyamment *boisterously*

le **juré** *juror*
  gonflé *swollen*
  qui feuilletait un dossier *who was leafing through a file*
les **convenances** (f) *social conventions, decorum*
  où je l'avais connue *when I had slept with her*
le **bain** *swim*
  l'**instruction** (f) *preliminary in-vestigation*
  d'une voix presque blanche *in a voice almost without expression*
  Fernandel *a famous French film comedian*
  quand elle a eu fini = quand elle avait fini
  ému *full of feeling*
  l'**huissier** (m) *court attendant*
  l'**audience** (f) *session*

INTELLIGENCE DU TEXTE

1. Pourquoi la mère de Meursault se plaignait-elle de lui?
2. Qu'est-ce qui avait surpris le directeur le jour de l'enterrement? Expliquez.
3. Quelle autre chose avait surpris le directeur?
4. Résumez le témoignage du directeur.
5. Pourquoi Meursault a-t-il eu envie de pleurer?
6. En quoi consiste le témoignage du concierge?
7. Qu'est-ce que Meursault a senti alors? Qu'est-ce qu'il a compris?
8. Pourquoi le concierge a-t-il fumé avec Meursault?
9. À votre avis, est-ce que le témoignage du concierge a été favorable ou défavorable à Meursault? Pourquoi?
10. Décrivez Marie au moment de son entrée dans la salle.
11. Quelle première question a-t-on posée à Marie?
12. En quels termes a-t-elle décrit ses rapports avec Meursault?
13. De quand datait la liaison de Marie et de Meursault? Quelle était l'importance de cette date?
14. Comment Marie a-t-elle résumé sa journée avec Meursault?
15. Quel film passait-on alors au cinéma? Quelle était l'importance de ce détail?
16. Résumez le témoignage de Marie.

APPRÉCIATION DU TEXTE

1. Camus a dit que Meursault a été condamné parce qu'il a refusé de jouer le jeu. Énumérez, d'après les trois témoignages, les cas où Meursault s'est attiré la haine de la société.
2. Remarquez le style du narrateur qui consiste, en général, en une série de phrases déclaratives, courtes et simples. C'est comme s'il s'agissait d'un compte rendu dans un journal: il y a de nombreux détails précis comme dans un bon reportage objectif. Qu'est-ce que cela révèle au sujet du narrateur?

Exercices de grammaire

I. Les adjectifs, les adverbes   *Complétez les phrases suivantes.*

1. Candide rencontre un esclave _____ (in the most horrible state).
2. _____ (The poor man) a perdu une main et une jambe.
3. Heureusement il a encore _____ (the right leg).
4. L'esclave porte pour tout vêtement un caleçon _____ (of blue cloth).
5. Beaucoup d'animaux sont _____ (less unhappy) que lui.
6. C'est _____ (a Dutch preacher) qui a converti l'esclave.
7. Candide considère le nègre comme _____ (a dear brother).
8. Après avoir parlé à l'esclave, Candide n'est pas _____ (as happy) qu'auparavant.
9. Pangloss soutient que les choses vont _____ (well) même quand elles vont _____ (badly).
10. Candide n'avait pas deviné cette abomination, _____ (consequently) renonce-t-il à l'optimisme.

II. *Complétez les phrases suivantes.*

1. Il doit y avoir _____ (something bad) dans la tomate puisque j'ai horreur d'en manger.
2. _____ (Certain men) ont un dégoût du Juif.
3. Sartre nous offre _____ (very precise experiences).
4. Parmi les phénomènes _____ (social), l'antisémitisme existe depuis longtemps.
5. L'antisémite s'exprime sans _____ (the slightest embarrassment).
6. Beaucoup de _____ (young actors) veulent faire carrière dans le théâtre.
7. Les engagements du raciste sont si _____ (deep) et si _____ (total) qu'ils s'étendent au physiologique.
8. Il agit _____ (for such and such a reason).
9. Même sous _____ (its most moderate forms), l'antisémitisme reste une totalité syncrétique.
10. Seuls _____ (the best candidates) sont reçus à l'agrégation.

III. *Mettez les adverbes à la place convenable.*

1. Souvent les gens très cultivés avouent les attitudes les plus déraisonnables. (doucement)
2. J'ai interrogé cent personnes sur les raisons de leurs préjugés. (déjà)
3. Certaines gens portent en eux la prédisposition à la haine. (vraiment)

4. L'expérience a engendré ces notions fausses. (probablement)
5. Il y a des écrivains comme Sartre pour faire réfléchir à ce problème. (heureusement)

IV. *Complétez les phrases suivantes.*

1. Meursault n'a pas pleuré _____ (a single time) à l'enterrement de sa mère.
2. Cependant, pendant son procès, il a eu _____ (a stupid urge) de pleurer.
3. C'était _____ (the first time) depuis bien des années.
4. _____ (Something dangerous) pour Meursault a soulevé la salle.
5. Marie n'était _____ (guilty) de rien.
6. Il y a eu plusieurs témoignages _____ (crushing) contre Meursault.
7. Le concierge _____ (appeared embarrassed).
8. Marie _____ (appeared nervous).
9. Les films de Fernandel sont toujours _____ (very comic).
10. En dernier lieu, Marie a dit que Meursault _____ (had done nothing wrong).

Vocabulaire satellite: La Justice et la Loi

la **loi**   *law (rule, statute)*
le **droit**   *law (the profession, the study); right (moral, legal)*

le **procès**   *trial*
le **tribunal**   *court*
l'**audience** (f)   *session*
la **salle du tribunal**   *courtroom*

le **président**   *presiding judge*
l'**inculpé** (m)   *the accused*
l'**avocat général** (m)
le **procureur général**   } *public prosecutor*
l'**avocat** (m)   *lawyer*
le **jury**   *jury*
le **juré**   *juror*
le **témoin à charge**   *witness for the prosecution*
le **témoin à décharge**   *witness for the defense*
l'**huissier (d'audience)** (m)   *court attendant*

poser une question   *to ask a question*
interroger   *to interrogate*
plaider   *to plead*

prêter serment *to be sworn in*
jurer *to swear*
préciser *to specify*
avouer *to admit*
nier *to deny*
se **parjurer** *to perjure oneself*

trouver coupable, innocent *to find (someone) guilty, innocent*
punir *to punish*
le **témoignage** *testimony*
la **preuve** *proof*
le **mobile** *motive*
les **circonstances atténuantes** (f) *extenuating circumstances*
la **culpabilité** *guilt*
l'**innocence** (f) *innocence*

le **meurtrier** *murderer*
la **peine de mort** *death penalty*
la **guillotine** *guillotine*
la **chaise électrique** *electric chair*
la **potence** *gallows*
le **pénitencier** *penitentiary*
les **travaux forcés à perpétuité** (m) *hard labor for life*

Pratique de la langue

1. Les scènes devant le tribunal sont souvent dramatiques. Préparez une représentation des trois témoignages dans le procès de Meursault en distribuant les rôles suivants: le directeur de l'asile, le président de la cour, l'avocat général (le procureur), Meursault, le concierge, les jurés, l'avocat de Meursault, Marie.

2. Vous êtes journaliste et vous étiez dans la salle du tribunal pendant toute l'affaire Meursault. Vous vous intéressez maintenant à la réaction des gens dans la rue, c'est-à-dire, des étudiants. Préparez une enquête sur ce sujet au moyen d'une série d'entrevues. Interrogez les étudiants en classe pour apprendre leurs vues. S'agit-il de justice ou d'injustice? Meursault a-t-il mérité son sort ou est-il effectivement une victime de la société? Présentez un résumé de vos constatations (*findings*).

3. En France, on tranche la tête des condamnés à mort au moyen de la guillotine. Que pensez-vous de cette méthode d'exécution?

4. Quels sont, d'après vous, quelques facteurs qui expliquent le fait de l'antisémitisme dans le monde actuel?

5. Sartre a fait l'analyse d'un préjugé bien connu: l'antisémitisme. Faites vous-même l'analyse de n'importe quel autre préjugé (qu'il soit racial, sexuel, intellectuel, etc.). Tâchez, comme Sartre, de lui enlever ses

déguisements, ses évasions, ses arguments illogiques, hypocrites, pour le pénétrer à fond.

6. Étant donné la situation actuelle dans le monde, quelle est votre attitude philosophique fondamentale? Êtes-vous optimiste ou pessimiste?

7. À débattre: «La peine de mort est une arme de dissuasion efficace.»

Sujets de discussion ou de composition

1. Malgré les meilleurs efforts des hommes à travers les âges, l'injustice semble se manifester sous diverses formes à chaque époque. Est-ce toujours vrai à l'époque actuelle? Quels sont les exemples les plus frappants de l'injustice contemporaine? Est-ce que ces cas ressemblent à ceux du passé?

2. La loi et la justice: est-ce que ces deux mots sont synonymes? Est-ce que ce sont deux aspects de la même réalité? Est-ce que le fait de l'une assure l'existence de l'autre? Y a-t-il parfois opposition entre les deux termes? Quels sont, en un mot, les rapports qui existent entre elles?

3. Quel est le but de la prison? Quelle doit donc en être la nature?

7 La Politique

Émile Zola

Émile Zola (1840–1902), the major proponent and practitioner of naturalism in France, was much impressed and much influenced by the scientific spirit of the second half of the nineteenth century. He set out to create a new literary genre, the *roman expérimental* (experimental novel), in which the writer would apply to his work the methods of clinical observation and scientific experimentation. He wished to study through his characters "les tempéraments et les modifications profondes de l'organisme sous la pression des milieux et des circonstances." Like Balzac in *La Comédie humaine*, Zola undertook a systematic study of human nature through a lengthy series of novels: *Les Rougon-Macquart: histoire naturelle et sociale d'une famille sous le Second Empire*. From 1871 to 1893, in a realistic and occasionally crude style, he pursued through five generations the pessimistic destiny now of the Rougon side of the family with its history of mental disorders, now of the Macquart side in its struggles with alcoholism. His novel *L'Assommoir* (1877), portraying the ravages of alcohol in a working-class family, was the first to attract widespread attention. His acknowledged masterpiece in the series, *Germinal* (1885), described in a powerful, epic manner the miserable life of miners who are forced to strike against their employers to improve their lot.

Zola became so engrossed in social reform that he was eventually won over to socialism. The celebrated Dreyfus case let him play an active role in the affairs of the nation. In support of the French army captain unjustly accused of treason, Zola published his famous tract, *J'accuse* (1892), for which he was assessed a heavy fine and sentenced to a year in prison—a judgment that he escaped through a brief exile in England. His campaign on behalf of Dreyfus was successful: in the end, the officer was vindicated.

In the following excerpt from *Germinal*,[1] two miners' wives are engaged in their daily gossip when they suddenly catch sight of Mme Hennebeau, the superintendent's wife, accompanied by two visiting dignitaries from Paris, "un monsieur décoré et une dame en manteau de fourrure." Mme Hennebeau is bound and determined to show her guests the excellent conditions that the company, through her husband, provides for its employees. During this inspection of the miners' living quarters, Zola leaves no doubt as to which side he favors: the contrast between the two worlds is evident.

Une Visite charmante

—Qu'est-ce que c'est que ça . . . Tiens! c'est Mme Hennebeau avec des gens. Les voilà qui entrent chez la *Pierronne*.

Du coup, toutes deux *retombèrent sur* la Pierronne. Oh! ça ne manquait jamais, dès que la Compagnie faisait visiter le *coron* à des gens, on les conduisait droit chez celle-là, parce que c'était propre. Sans doute qu'on ne leur racontait pas les histoires avec le *maître porion*. On peut bien être propre, quand on a des amoureux qui gagnent trois mille francs, logés, chauffés, sans compter les cadeaux. Si c'était propre dessus, ce n'était guère propre dessous. Et, tout le temps que les visiteurs restèrent en face, elles en *dégoisèrent*.

—Les voilà qui sortent, dit enfin la Levaque. Ils font le tour . . . Regarde donc, ma chère, je crois qu'ils vont chez toi.

La Maheude fut prise de peur. Qui sait si Alzire avait donné un coup d'éponge à la table? Et sa soupe, à elle aussi, qui n'était pas prête! Elle *balbutia* un «au revoir,» elle *se sauva*, *filant*, rentrant, sans un coup d'œil de côté.

Mais tout *reluisait*. Alzire, très sérieuse, un *torchon* devant elle, s'était mise à faire la soupe, en voyant que sa mère ne revenait pas. Elle avait arraché les derniers *poireaux* du jardin, *cueilli* de l'*oseille*, et elle nettoyait précisément les légumes, pendant que, sur le feu, dans un grand *chaudron*,

[1]*Germinal* was the name given to the seventh month in the new calendar of the First French Republic. It ran from March 21 to April 19, the period of germination in nature. In Zola's novel the title evokes a popular insurrection that occurred in Germinal, Year III after the particularly difficult winter of 1794–95.

chauffait l'eau pour le bain des hommes, quand ils allaient rentrer. Henri et Lénore étaient *sages* par hasard, très occupés à *déchirer* un vieil almanach. Le père Bonnemort fumait silencieusement sa pipe.

Comme la Maheude *soufflait*, Mme Hennebeau frappa.

—Vous permettez, n'est-ce pas? ma brave femme.

Grande, blonde, un peu alourdie dans la maturité superbe de la *quarantaine*, elle souriait avec un effort d'affabilité, sans laisser trop paraître la crainte de *tacher* sa *toilette* de soie bronze, drapée d'une *mante* de velours noir.

—Entrez, entrez, répétait-elle à ses invités. Nous ne gênons personne . . . Hein? est-ce propre encore? et cette brave femme a sept enfants! Tous nos ménages sont comme ça . . . Je vous expliquais que la Compagnie leur loue la maison six francs par mois. Une grande salle au rez-de-chaussée, deux chambres en haut, une *cave* et un jardin.

Le monsieur décoré et la dame en manteau de fourrure, débarqués le matin du train de Paris, ouvraient *des yeux vagues*, avaient sur la face l'*ahurissement* de ces choses brusques, qui les *dépaysaient*.

—Et un jardin, répéta la dame. Mais *on y vivrait*, c'est charmant!

—Nous leur donnons du charbon plus qu'ils n'en brûlent, continuait Mme Hennebeau. Un médecin les visite deux fois par semaine; et, quand ils sont vieux, ils reçoivent des pensions, bien qu'on ne fasse aucune *retenue* sur les salaires.

—Une *Thébaïde*! un vrai *pays de Cocagne*! murmura le monsieur, ravi.

La Maheude s'était précipitée pour offrir des chaises. Ces dames refusèrent. Déjà Mme Hennebeau se lassait, heureuse un instant de se distraire à ce rôle de montreur de bêtes, dans l'ennui de son exil, mais tout de suite *répugnée* par l'odeur *fade* de misère, malgré la propreté choisie des maisons où elle se risquait. Du reste, elle ne répétait que des bouts de phrase entendus, sans jamais s'inquiéter davantage de ce peuple d'ouvriers *besognant* et souffrant près d'elle.

—Les beaux enfants! murmura la dame, qui les trouvait affreux, avec leurs têtes trop grosses, *embroussaillées* de cheveux couleur de *paille*.

Et la Maheude dut dire leur âge, on lui adressa aussi des questions sur Estelle, par politesse. Respectueusement, le père Bonnemort avait retiré sa pipe de la bouche; mais il n'en restait pas moins un sujet d'inquiétude, si ravagé par ses *quarante années de fond*, les jambes raides, la carcasse démolie, la face *terreuse*; et, comme un violent *accès de toux* le prenait, il préféra sortir pour *cracher* dehors, dans l'idée que son crachat noir allait gêner le monde.

Alzire eut tout le succès. Quelle jolie petite ménagère, avec son torchon! On complimenta la mère d'avoir une petite fille déjà si *entendue* pour son âge. Et personne ne parlait de la *bosse*, des regards d'une compassion pleine de malaise revenaient toujours vers le pauvre être infirme.

—Maintenant, conclut Mme Hennebeau, si l'on vous interroge sur nos corons, à Paris, vous pourrez répondre ... Jamais plus de bruit que ça, *mœurs patriarcales*, tous heureux et bien portants comme vous voyez, un endroit où vous devriez venir vous *refaire* un peu, à cause du bon air et de la tranquillité.

—C'est merveilleux, merveilleux! cria le monsieur, dans un élan final d'enthousiasme.

Ils sortirent de l'air enchanté dont on sort d'une *baraque de phénomènes*, et la Maheude qui les accompagnait, demeura sur le seuil, pendant qu'ils repartaient doucement, en causant très haut.

Émile Zola, *Germinal*

Vocabulaire

la **Pierronne**   *the Pierron woman; old lady Pierron. The miners' wives are designated thus; cf.* la Levaque, la Maheude.
Du coup   *all of a sudden*
retomber sur   *to fall back on (in conversation)*
le **coron**   *housing project for miners*
le **maître porion**   *foreman (in a mine)*
dégoiser   *to blab, to rattle on*
balbutier   *to stammer*
se **sauver**   *to run off*
filer   *to make tracks*
reluire   *to gleam*

le **torchon**   *dishcloth*
le **poireau**   *leek*
cueillir   *to pick*
l'**oseille** (f)   *sorrel (a plant used in cooking)*
le **chaudron**   *large pot*
sage   *well-behaved*
déchirer   *to tear up*
souffler   *to catch one's breath*
la **quarantaine**   *forty (age)*
tacher   *to soil*
la **toilette**   *dress*
la **mante**   *mantle*
la **cave**   *cellar*

des yeux vagues *empty eyes*	**quarante années de fond** *forty years in the pits*
l'ahurissement (m) *bewilderment*	**terreux** *ashen, sallow*
dépayser *to disconcert*	un **accès de toux** *a coughing fit*
on y vivrait *you could live in it*	**cracher** *to spit*
la **retenue** *deduction*	**entendu** *capable*
une **Thébaïde** *a secluded retreat*	la **bosse** *hump*
un **pays de Cocagne** *a land of plenty*	**mœurs patriarcales** *a way of life worthy of the Patriarchs (i.e., simple and decent)*
répugné *disgusted*	
fade *stale*	se **refaire** *to recuperate*
besogner *to work*	la **baraque de phénomènes** *freak show*
embroussaillé *disheveled, bushy*	
la **paille** *straw*	

INTELLIGENCE DU TEXTE

1. Pourquoi est-ce qu'on conduisait les gens chez la Pierronne chaque fois qu'on faisait visiter le coron?
2. Comment expliquer la propreté chez la Pierronne?
3. Pourquoi la Maheude s'est-elle sauvée tout à coup?
4. Comment a-t-elle trouvé la situation chez elle en rentrant?
5. Décrivez Mme Hennebeau.
6. Qu'est-ce que Mme Hennebeau fait remarquer chez la Maheude?
7. Quels sont les autres avantages que la Compagnie offre à ses employés?
8. Quelle est la réaction du monsieur de Paris?
9. Pourquoi Mme Hennebeau commençait-elle à se lasser?
10. Comment la dame trouvait-elle les enfants?
11. Pour quelles raisons le père Bonnemort restait-il un sujet d'inquiétude?
12. Qu'est-ce qu'on remarquait à l'égard d'Alzire?
13. Quel est le dernier mot de Mme Hennebeau sur les corons?
14. Comment les visiteurs sont-ils sortis de chez la Maheude?

APPRÉCIATION DU TEXTE

1. Mme Hennebeau fait visiter le coron à des gens apparamment pour leur en faire admirer les conditions. Quels sont les mots ironiques dans le texte qui révèlent au contraire son mépris, son dédain, son attitude hautaine?
2. Quelles impressions créent les quelques paroles prononcées par le monsieur et la dame de Paris?
3. Quelle idée vous faites-vous de la condition sociale de ces mineurs? Quels sont les éléments dans le texte qui contribuent à ce portrait?

André Malraux

From the very moment when, as a young man in his early twenties, André Malraux (1901–1976) left on an archaeological expedition to Indochina, he seems to have been in the thick of the most significant developments of his time. He lived in the Far East from 1923 to 1927, and when he came into contact with Communist revolutionaries there, he gave them active support. Back in Europe in the 1930s, he fought the spread of Nazism and Fascism, joining the republican ranks as an aviator in the Spanish Civil War. During World War II he fought in the tank corps of the French army, was captured by the Germans, and escaped from a prisoner-of-war camp to join the Resistance. In a dramatic switch from his earlier Leftist leanings, he cast his lot with General De Gaulle and after the war, in 1945–46, served as Minister of Information in the provisional government. In 1958 De Gaulle appointed him Minister of Cultural Affairs, a cabinet post that he held for eleven years.

All these varied activities have found expression in Malraux's works. His first important novels, *Les Conquérants* (1928) and *La Voie royale* (1930), present one of his essential themes, the active role that the individual must play in ideological conflicts of a tragic world. Malraux's best-known work, *La Condition humaine* (1933), recounts the 1927 Communist revolution in Shanghai. *Le Temps du mépris* (1936) denounces Nazi totalitarianism, while *L'Espoir* (1937) shows men of principle battling against Fascism in Spain. After World War II, in a series of significant works collected as *Les Voix du silence* (1951), Malraux wrote extensively on the philosophy of art and its importance to man. Mindful of the confrontation of Eastern and Western cultures that he had witnessed in the Orient, he sought to broaden the narrow and predominantly Western European perspective of his readers through an appreciation of the universal role of art as a lasting testimonial to man's nobility.

The following selection from *La Condition humaine* is characteristic of Malraux's novels. Though it appears to deal with ideology and revolution, what is really at stake is the role of the individual in history. The Communist terrorist Tchen is about to give his life in an attempt to blow up the car of the Nationalist leader, Chiang Kai-shek. His act does indeed have political significance, but the overriding consideration is Tchen's attitude vis-à-vis the only absolute reality, death. His deed must ennoble man. To do this, it must be executed with courage and a consciousness of man's solidarity. Whether or not the assassination succeeds (and in fact it does not), the destiny of a human being will thus have been fulfilled.

Un Terroriste

Cette nuit de brume était sa dernière nuit, et il en était satisfait. Il allait *sauter* avec la voiture, *dans un éclair en boule* qui illuminerait une seconde cette avenue hideuse et couvrirait un mur d'une *gerbe de sang*. La plus vieille légende chinoise s'imposa à lui: les hommes sont la vermine de la terre. Il fallait que le terrorisme devînt une mystique. Solitude, d'abord: que le terroriste décidât

seul; toute la force de la police est dans la *délation*; le meurtrier qui agit seul ne risque pas de se dénoncer lui-même. Solitude dernière, car il est difficile à celui qui vit hors du monde de ne pas *rechercher les siens*. Tchen connaissait les objections opposées au terrorisme: répression policière contre les ouvriers, appel au fascisme. La répression ne pourrait être plus violente, le fascisme plus évident. Et peut-être *Kyo* et lui ne pensaient-ils pas pour les mêmes hommes. Il ne s'agissait pas de maintenir dans leur classe, pour la délivrer, les meilleurs des hommes *écrasés*, mais de donner un sens à leur écrasement même: que chacun s'instituât responsable et juge de la vie d'un *maître*. Donner un sens immédiat à l'individu sans espoir et multiplier les *attentats*, non par une organisation, mais par une idée: faire renaître des martyrs. *Peï*, écrivant, serait écouté parce que lui, Tchen, allait mourir: il savait de quel poids pèse sur toute pensée le sang versé pour elle. *Tout ce qui n'était pas son geste résolu* se décomposait dans la nuit derrière laquelle restait *embusquée* cette automobile qui arriverait bientôt. La brume, nourrie par la fumée des *navires*, détruisait peu à peu au fond de l'avenue les trottoirs pas encore vides: des passants *affairés* y marchaient l'un derrière l'autre, se *dépassant* rarement, comme si la guerre eût imposé à la ville un ordre tout-puissant. Le silence général de leur marche rendait leur agitation presque *fantastique*. Ils ne portaient pas de paquets, d'*éventaires*, ne poussaient pas de petites voitures; cette nuit, il semblait que leur activité n'eût aucun but. Tchen regardait toutes ces ombres qui coulaient sans bruit vers le fleuve, d'un mouvement inexplicable et constant; n'était-ce pas le Destin même, cette force qui les poussait vers le fond de l'avenue où l'*arc allumé d'enseignes* à peine visibles devant les ténèbres du fleuve semblait les portes mêmes de la mort? *Enfoncés en perspectives troubles*, les énormes caractères se perdaient dans ce monde tragique et *flou* comme dans les siècles; et, de même que si elle fût venue, elle aussi, non de l'*état-major* mais des temps bouddhiques, la *trompe* militaire de l'auto de Chang-Kaï-Shek commença à *retentir sourdement* au fond de la *chaussée* presque déserte. Tchen *serra* la bombe sous son bras *avec reconnaissance*. Les *phares* seuls sor-

André Malraux

taient de la brume. Presque aussitôt, précédée de la Ford de garde, la voiture entière en *jaillit*; une fois de plus il sembla à Tchen qu'elle avançait extraordinairement vite. Trois *pousses obstruèrent* soudain la rue, et les deux autos ralentirent. Il essaya de retrouver le contrôle de sa respiration. Déjà l'*embarras* était dispersé. La Ford passa, l'auto arrivait: une grosse voiture américaine, flanquée des deux policiers *accrochés à ses marchepieds*; elle donnait une telle impression de force que Tchen sentit que, s'il n'avançait pas, s'il attendait, il s'en *écarterait* malgré lui. Il prit sa bombe par l'*anse* comme une bouteille de lait. L'auto du général était à cinq mètres, énorme. Il courut vers elle avec une joie d'extatique, se jeta dessus, les yeux fermés.

André Malraux, *La Condition humaine*

Vocabulaire

sauter *to blow up*
dans un éclair en boule *in a ball of lightning*
une **gerbe de sang** *a shower of blood*
la **délation** *informers (lit., informing)*
rechercher les siens *to seek out his own people*
Kyo *son of a Communist intellectual, totally dedicated to the Communist ideology*
écrasé *crushed*
le **maître** *teacher*
l'**attentat** (m) *attempt (at assassination, etc.)*
Peï *young intellectual friend of Tchen*
Tout ce qui n'était pas son geste résolu *everything that was not related to his determined act*
embusqué *under cover*
le **navire** *ship*
affairé *busy*
se **dépasser** *to pass one another*
fantastique *eerie*

l'**éventaire** (m) *flat wicker basket, in which a street peddler carries his wares*
l'**arc allumé d'enseignes** *the illuminated archway of shop signs*
Enfoncés en perspectives troubles *settled into blurred backgrounds*
flou *hazy*
l'**état-major** (m) *headquarters*
la **trompe** *horn*
retentir sourdement *to emit muffled blasts*
la **chaussée** *roadway*
serrer *to clasp*
avec reconnaissance *gratefully*
le **phare** *headlight*
jaillir *to spurt, to leap*
le **pousse** *rickshaw*
obstruer *to block*
l'**embarras** (m) *obstacle*
accrochés à ses marchepieds *hanging on the running boards*
s'écarter de *to step away from*
l'**anse** (f) *handle*

INTELLIGENCE DU TEXTE

1. Qu'est-ce que Tchen comptait faire cette nuit?
2. Pourquoi faut-il que le terroriste décide et exécute seul?
3. Quelles sont les objections opposées au terrorisme et comment y répond Tchen?
4. Comment donner un sens à l'écrasement des hommes?
5. Pourquoi est-ce que le monde va écouter ce que Peï écrira?
6. Pourquoi Tchen avait-il beaucoup de peine à apercevoir les trottoirs au fond de l'avenue?
7. Décrivez l'activité des passants.
8. Selon Tchen, quelle force poussait toutes ces formes vers le fond de l'avenue?
9. À quel signe Tchen a-t-il su que la voiture de Chang-Kaï-Shek s'approchait?
10. Quelle est la première impression que crée la voiture chez Tchen?
11. Pourquoi les deux voitures ont-elles ralenti tout à coup?
12. Décrivez la voiture de Chang-Kaï-Shek.
13. Racontez l'attentat de Tchen.

APPRÉCIATION DU TEXTE

1. Tracez le portrait du terroriste Tchen. Montrez sur quelles convictions se base son geste résolu.
2. Étudiez le cadre de cet acte de terrorisme. Est-ce que l'heure, le lieu, le temps qu'il fait ajoutent quelque chose à la mystique de l'acte?
3. Faites voir comment, le moment venu, Tchen reste fidèle à son idée fixe malgré son angoisse naturelle.
4. Y a-t-il des possibilités cinématographiques dans cette scène? Quelles sont-elles?

Louis Aragon

Louis Aragon (1897–) is a poet of exceptionally diversified talent. His first works mark him as one of the founders of surrealism.[L] Very early in his career, however, he met his life's companion Elsa Triolet (1896–1970), who urged him toward a more militant conception of the intellectual. He joined the French Communist Party in 1927 and five years later, when Communism and surrealism proved incompatible, broke with the latter to take an active part in Communist political action. In 1957 he was awarded the Lenin Peace Prize. The Nazi occupation of France and the subsequent Resistance movement provided the best opportunity for Aragon to reveal his gift as a popular poet. In such collections as Le Crève-cœur (1941), Le Cantique à Elsa

(1942), *Les Yeux d'Elsa* (1942) and *La Diane française* (1945), he combines patriotism and love, expressing his devotion both for Elsa and for France. The marriage of these two themes captured the fancy of French readers and inspired numerous song writers.

In his novels Aragon, as an orthodox Communist, embraces that brand of realism[L] termed socialist realism (*le réalisme socialiste*). His plots dwell on the struggle of the classes and on the ideal of a better day promised by the revolution. They blend a realistic description of the world as it presently exists with the dreams of a hopeful tomorrow. Best known are *Les Cloches de Bâle* (1934), *Les Beaux Quartiers* (1936), *Aurélien* (1944), and *La Semaine sainte* (1958).

L'Homme communiste consists of two volumes of essays, published in 1946 and 1953 respectively, in which Aragon discusses the attributes of the Communist, this new champion of twentieth-century society, and the various stages of his formation. As the author points out, the very mention of "Communist" conjures up all sorts of fanciful notions and extreme reactions. If this is true in France, where the Communist Party constitutes a viable minority—it has become, in effect, the party of the workers—it is still more the case in the United States, where the theory of capitalism prevails and Communism remains an "alien" ideology.

Qu'est-ce qu'un communiste?___

Dans mon enfance, il y avait des mots qui me paraissaient purement *relever de* la poésie, de la légende ou de l'histoire gréco-romaine, comme héros, martyr ou athlète. L'idée ne me venait pas que je *pusse* rencontrer dans la rue un monsieur en *veston* qui fût un héros ou un athlète par exemple. C'étaient des mots à mes yeux *démesurés*, sans objet, et peut-être bien des hyperboles. La première fois que je trouvai le mot d'athlète appliqué à un homme vivant dans la presse sportive, j'éprouvai un certain étonnement, comme devant une faute de goût trop évidente.

Eh bien, plus tard, *il m'en souvient* bien, le mot communiste prit place aussi pour moi dans la série de ces mots hyperboliques, inapplicables. Je suis bien sûr que *cette ingénuité n'a pas été mon seul fait*. Beaucoup de gens sans trop le savoir pensent ainsi sur ce sujet. De deux façons. Les uns parce que communisme, communistes sont pour eux des termes si monstrueux qu'ils n'imaginent pas pouvoir plus rencontrer un communiste qu'un satyre ou un parricide. Les autres parce qu'ils se

font au contraire du communiste une si haute idée, qu'ils l'imaginent un peu comme une utopie.

Pour les premiers, je sais bien que j'y puis *ranger* presque toute ma famille, qui bien qu'elle *s'attendît à* tout de ma part, pendant de longues années considéra comme un pur paradoxe que je pusse être membre du parti communiste. Et aussi bien ce *commissaire* du XIVe *arrondissement*, c'était vers 1931, au temps des marches de la faim et des démonstrations de *chômeurs* devant la *Chambre*: j'avais été arrêté, distribuant des tracts, et au bout de deux ou trois heures, cet honorable *fonctionnaire* ayant pris ses renseignements me fit venir et me dit: «Voyons, Monsieur, vous êtes écrivain, vous avez publié douze volumes, et vous distribuez dans la rue des tracts communistes!» Il croyait qu'il y avait erreur. Comme ces officiers de mon régiment en 39, documentés sur mon compte, mais *qui n'en revenaient* pas, parce qu'ils me trouvaient bien élevé. Ou cet officier allemand, chez *Jean-Richard Bloch*, très correct, impressionné qu'il était par la bibliothèque, jusqu'au jour où il découvrit, *lors d'une perquisition* l'horrible vérité: «M. Bloch . . . communiste . . . avec tous ces livres!»

Mais il faut bien dire que pour la deuxième catégorie, ceux qui se font au contraire une haute idée du communiste, le mécanisme du jugement n'est le plus souvent pas différent. C'est une idée à laquelle je tiens, que la plupart des gens, même bien intentionnés, jugent du communisme et des communistes d'après tout ce qui leur en a été dit d'abord, c'est-à-dire la masse de renseignements faux, d'histoires inventées ou faussées qui constituent la monstrueuse propagande anti-communiste. Que bien des gens qui se considèrent comme sympathisants au parti communiste, qui le sont en vérité, n'en ont pas une conception différente de celle qui en était donnée avant-guerre par le journal *Le Matin. Seulement* il arrive que les mêmes faits sont par ces honnêtes gens accentués différemment: ils pensent, somme toute, que si les communistes mangent les petits enfants il doit y avoir de bonnes raisons pour ça, et qu'après tout c'est pour le bien du monde. Ne croyez pas que j'exagère. Je ne me moque, *ce disant*, de personne. Ou il faudrait que je me moque d'abord de moi-même.

Louis Aragon

J'ai mémoire du *chemin parcouru*, et je vous assure que j'ai considéré longtemps comme essentiels au communisme des traits qui lui étaient parfaitement étrangers, et que j'ai défendu les communistes contre ceux qui les attaquaient en légitimant des positions qui n'étaient pas les leurs, et cela pas pendant quelques semaines, pendant des années. même quand j'étais déjà membre du parti.

Car on peut être membre du parti, et avoir des idées absurdes sur le parti, et cela fort honnêtement. Mon cas, en cette matière, n'a rien d'exceptionnel. On entre en quelques minutes dans le parti, mais il est vrai que cela peut prendre très longtemps pour qu'on soit à proprement parler un communiste.

C'est là ce qui dans une certaine mesure justifie les gens qui, par respect de l'idéal communiste, ne considèrent pas les êtres humains qu'ils peuvent rencontrer comme des communistes. Comme je ne pouvais imaginer, enfant, qu'il y eût des athlètes. Mais il y a des athlètes. Et *effectivement* des communistes.

Louis Aragon, *L'Homme communiste*

Vocabulaire

relever de *to issue from*
pusse *imperfect subjunctive*, pouvoir
le **veston** *jacket*
démesuré *extraordinary, huge*
il m'en souvient = je m'en souviens
cette ingénuité n'a pas été mon seul fait *I am not the only one who has been so naïve*
ranger *to rank among, to include*
s'attendre à *to expect*
le **commissaire** *police commissioner*
l'**arrondissement** (m) *subdivision of Paris*
le **chômeur** *unemployed person*
la **Chambre** = la Chambre des députés

le **fonctionnaire** *civil servant*
qui n'en revenaient pas *who couldn't get over it*
Jean-Richard Bloch *a French writer (1884–1947) who, like Aragon, was a Communist*
lors d'une perquisition *on the occasion of an inquiry*
Le Matin *a conservative newspaper of the prewar period*
seulement *however*
ce disant *in saying this*
le **chemin parcouru** *the ground covered*
effectivement *as a matter of fact*

INTELLIGENCE DU TEXTE

1. Donnez des exemples de mots qui, dans l'enfance d'Aragon, étaient à ses yeux des mots démesurés.
2. Quelle a été sa réaction la première fois qu'il a trouvé, dans la presse sportive, le mot d'athlète appliqué à un homme vivant?

3. Quel autre mot a pris place plus tard dans cette série de mots hyperboliques?
4. Quelles sont les deux catégories de réactions au mot «communiste»?
5. Racontez la réaction du commissaire du XIVᵉ arrondissement lorsqu'il a su qu'Aragon était communiste.
6. D'après Aragon, comment la plupart des gens jugent-ils du communisme?
7. Donnez un exemple de la façon dont les gens qui sont sympathisants au parti communiste interprètent les histoires faussées.
8. Faites voir jusqu'à quel point Aragon lui-même a méconnu (*misunderstood*) le parti communiste pendant de nombreuses années.

APPRÉCIATION DU TEXTE

1. Dans cet essai, Aragon compte renseigner le lecteur et peut-être même le convaincre. Il tente de détruire certains mythes au sujet du communisme et surtout de faire voir qu'il existe des communistes en chair et en os. Appréciez le rôle que joue la naïveté dans sa rhétorique.
2. Aragon cite de nombreux exemples de l'étonnement des gens lorsqu'ils apprennent que quelqu'un est communiste. Étudiez l'efficacité de ces exemples: quelles préconceptions du communisme ces gens révèlent-ils par leurs réactions?
3. Aragon veut vaincre la méfiance de ses lecteurs par rapport au communisme. Avant de traiter plus tard dans l'essai la nature du communisme proprement dit, quel argument tire-t-il de l'ignorance qu'on a à ce sujet?

Exercices de grammaire

I. *Complétez les phrases suivantes en mettant les verbes entre parenthèses au* **plus-que-parfait***; puis, traduisez chaque phrase en anglais.*

1. La Maheude fut prise de peur. Qui sait si Alzire _____ (donner) un coup d'éponge à la table?
2. Alzire _____ (se mettre) à faire la soupe, en voyant que sa mère ne revenait pas.
3. Elle _____ (arracher) les derniers poireaux du jardin et elle _____ (cueillir) de l'oseille.
4. La Maheude _____ (se précipiter) pour offrir des chaises.
5. Respectueusement, le père Bonnemort _____ (retirer) sa pipe de la bouche.

II. *Complétez les phrases suivantes en mettant les verbes entre parenthèses au* **futur** *ou au* **conditionnel** *ou au* **plus-que-parfait***.*

1. Maintenant, si l'on vous interroge sur nos corons, vous _____ (pouvoir) répondre.

2. Le jardin de la Maheude est si charmant qu'on y _____ (vivre) si on le pouvait.

3. Si le père Bonnemort _____ (ne pas sortir) pour cracher dehors, son crachat noir aurait gêné le monde.

4. Lorsque les hommes _____ (rentrer) de leur travail, l'eau pour leur bain sera déjà chauffée.

5. Les mineurs recevront des pensions quand ils _____ (être) vieux.

III. *Complétez les phrases suivantes en mettant les verbes entre parenthèses au* **futur** *ou au* **conditionnel** *ou au* **plus-que-parfait**.

1. Tchen allait sauter avec la voiture, dans un éclair en boule qui _____ (would illuminate) une seconde cette avenue hideuse.

2. La répression _____ (would not be) plus violente.

3. Parce que lui, Tchen, allait mourir, l'écrivain Peï _____ (would be listened to).

4. Tchen savait que l'explosion _____ (would cover) le mur d'une gerbe de sang.

5. Si l'auto du général _____ (had advanced) moins vite, Tchen aurait réussi dans sa mission.

6. La brume _____ (had destroyed) peu à peu au fond de l'avenue les trottoirs pas encore vides.

7. La voiture donnait une telle impression de force que Tchen sentit que, s'il n'avançait pas, s'il attendait, il _____ (would not do) ce qu'il était venu faire.

8. Lorsque la trompe militaire de l'auto _____ (begins) à retentir, Tchen se préparera à lancer sa bombe.

9. Si un meurtrier agit seul, il _____ (won't risk) de se dénoncer lui-même.

10. Tchen _____ (will die) avant qu'on puisse lui dire qu'il n'a pas réussi à tuer Chang-Kaï-Shek.

IV. *Complétez les phrases suivantes en employant le verbe* **devoir** *au temps convenable*.

1. Certains mots comme *héros* ou *athlète* _____ (must) relever de la poésie ou de la légende.

2. La première fois que j'ai trouvé le mot *athlète* appliqué à un homme vivant, je _____ (must have) éprouver un certain étonnement.

3. Ils _____ (shouldn't) se faire une si haute idée du communiste.

4. Il _____ (was probably) se moquer de lui-même quand il vous a dit cela.

5. Elle _____ (has to) ranger presque toute sa famille dans la première catégorie.

6. Le mot *communiste* _____ (must) être pour eux un terme monstrueux.

7. Vous _____ (shouldn't have) défendre les communistes en légitimant des positions qui ne sont pas les leurs!

8. Ils croient que les communistes _____ (must) avoir de bonnes raisons, s'ils mangent les petits enfants.

9. Tu _____ (were supposed to) défendre le parti contre tous ceux qui l'attaquaient.

10. Un jour je _____ (had to) avouer que j'étais membre du parti.

11. Nous _____ (are to) distribuer des tracts dans la rue.

12. Ils _____ (will have to) découvrir l'horrible vérité.

13. On _____ (owe) une explication à ces honnêtes gens.

14. Je _____ (had to) combattre ces idées absurdes tous les jours.

15. Un monsieur qui a publié douze volumes _____ (ought not) être communiste!

Vocabulaire satellite: La Politique

l'état (m) *state*
la **patrie** *country, fatherland*
la **monarchie** *monarchy*
la **démocratie** *democracy*
la **république** *republic*
la **dictature** *dictatorship*

le **chef** *leader*
le **dictateur** *dictator*

le **gouvernement** *government*
le **régime** *regime*

exécutif *executive*
judiciaire *judicial*
législatif *legislative*

la **politique** *politics*
le **parti** *party*
le **politicien** *politician*
le **représentant** *representative*
le **pot-de-vin** *bribe*

conservateur *conservative*
modéré *moderate*
libéral *liberal*
radical *radical*
la **Droite** *the Right*
le **Centre** *the Center*
la **Gauche** *the Left*

le **projet de loi** *bill (a prospective law)*
la **loi** *law*

le **citoyen** *citizen*
le **concitoyen** *fellow citizen*
l'**électeur** (m) *voter*

se **présenter comme candidat** *to become a candidate*
    élire *to elect*
    être élu *to be elected*
    prendre le pouvoir *to assume power*
    prendre des mesures *to take measures*
    introduire des réformes *to introduce reforms*
    faire des compromis *to compromise*
    faire de la propagande *to propagandize*
    faire la guerre *to wage war*
    démissionner *to resign*

Pratique de la langue

1. Quelles sont vos réactions personnelles envers le communisme? le socialisme? Connaissez-vous des communistes ou des socialistes?
2. Un groupe de communistes et un groupe de capitalistes viennent de rendre visite à la famille Maheu. Il s'agit de déterminer maintenant, au moyen d'un débat, sous quel système économique les Maheu pourront vivre le plus heureux. Certains étudiants présenteront le point de vue communiste, d'autres le point de vue capitaliste. Les autres étudiants donneront leur avis après avoir entendu tous les arguments.
3. En général, dans tous les partis politiques il y a les modérés et les radicaux, c'est-à-dire, ceux qui acceptent de faire des compromis et ceux qui n'en veulent pas. De quel groupe feriez-vous partie? Pourquoi?
4. Un groupe de terroristes acharnés vient de saisir dans votre pays un avion avec deux cents passagers, vos concitoyens, victimes innocentes qu'ils proposent de tuer à moins que vous ne libériez leurs camarades emprisonnés. En tant que chef du gouvernement, c'est vous qui devez leur répondre. Quelle sera votre décision? Essayez d'en faire apprécier la sagesse (*wisdom*) en présentant toutes vos considérations.
5. Quelles qualités un bon politicien doit-il posséder?
6. Les électeurs de votre région vous ont élu leur représentant. Vous vous rendez compte, cependant, que sur la question de rétablir la peine de mort, vos convictions morales s'opposent à ce que pensent la majorité de vos électeurs. Comment allez-vous voter sur cette question essentielle?

Sujets de discussion ou de composition

1. Laquelle des deux armes est la plus puissante: la plume ou l'épée?
2. Quels genres littéraires sont les plus aptes à servir une fin politique? Citez, si possible, des exemples précis tirés de vos lectures.
3. Supposons que vous êtes une des personnes les plus riches du monde et que vous voulez venir en aide à ceux qui n'ont pas assez d'argent pour vivre convenablement. Que ferez-vous de votre argent?
4. Si vous étiez chef de votre pays pour un mois, quels changements politiques et sociaux opéreriez-vous? Pourquoi?

8 Le Français à l'étranger

Un Canadien: Yves Thériault

Canadian literature of French expression emerged very slowly after the English army under Wolfe had defeated the French under Montcalm in 1759. Not until nearly a century later did the first French Canadian novel worthy of the name appear. It naturally took many more years for able writers to begin expressing a collective consciousness through purely Canadian themes. In today's literature the novel and poetry constitute the most vital forms, while the theater, which came into its own only after 1945, is gaining an increasing audience.

The initial masterpiece of the French Canadian novel, *Maria Chapdelaine,* was written by Louis Hémon, who had come to Canada from France in 1911. Published in Montreal in 1916 and in Paris in 1922, it told the story of people eking out a primitive living in the wilderness. The first major generation of French Canadian novelists appeared in the 1940s. Gabrielle Roy's *Bonheur d'occasion* (1945) marked the emancipation of the novel, henceforth free of the limited traditional themes of the past and able to concentrate on an objective depiction of modern life. There soon developed a literature of revolt whose alienated heroes, oppressed and frustrated, break away from hostile surroundings. As the French Canadian novel continues to grow, it is reflecting more and more the moral crises of an increasingly pluralistic society, and is thus proving its own viability independent of the novel in France.

Yves Thériault (1916–   ) belongs to this generation of novelists who are openly critical of society's restrictions on the individual. His protagonists choose to live apart from a world that in many cases has already rejected them. They give free rein to their basic instincts, meet obstacles head-on, and are not excessively preoccupied with moral considerations.

Prolific, Thériault has written over fifteen hundred texts for radio and television, in addition to numerous novels and short stories. Much of his work has broken new thematic ground. His *Contes pour un homme seul* (1944) introduced the element of eroticism. The novel *Aaron* (1954) treated the conflict of religious values between a young man and the grandfather who had raised him in strict Jewish orthodoxy. *Agakuk* (1958) is a psychological adventure novel dealing with Eskimos in Labrador.

The selection that follows comes from one of the author's earlier works, *La Fille laide* (1950). The laborer Fabien has married Édith, whom society has cast aside because of her ugliness. The two have settled in the mountains with their son, who is both blind and mentally deficient. Fabien and Édith believe they have found a solution for their son's problem.

Un Père et son fils

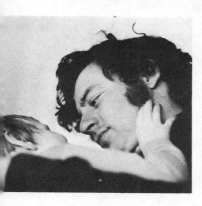

Quand il se sut bien seul, il marcha lentement vers la *source*, murmurant des mots à l'oreille du petit qui *bâillait* dans ses bras, inerte et sans combat, une *loque*.

—Viens, disait-il, viens *mon petiot*. La mort sera douce pour toi . . . Viens . . .

La source apparut sous un *buisson*, claire et limpide, un petit *étang* où nageaient quelques poissons qui partaient ensuite dans le ruisseau allant se jeter dans la Gueuse, allant rejoindre ainsi la grande vie.

—Tu ne vois pas la source, dit Fabien à l'enfant aux yeux morts. Celui qui est derrière le monde, à mener la grande machine, a oublié de te donner des yeux pour la voir, cette source. C'est dommage. Il y a du *couchant* noyé dans l'eau. C'est rouge et rose. L'eau est limpide. *Elle aurait des milles de profond,* et on verrait nager la *truite*.

Ils étaient sur le bord, l'homme et l'enfant, et Fabien tenait le petit sur ses bras étendus, lui parlant *tout contre* la bouche, essayant de lui entrer par ce moyen les mots dans l'esprit.

Mais l'effort était vain.

—C'est la mort . . . continua Fabien. Je dis la mort. On dit un mot qu'on a appris en *tétant* le lait. Vie, mort, plaisir, douleur. On dit les mots et on ne sait plus trop bien ce qu'ils veulent dire. Pour toi, la mort est la vie. Édith, qui est ta mère, et qui t'a fait, elle ne sait pas comme je souffre.

Il resta longtemps devant la source, debout ainsi, tenant l'enfant.

Il ne parlait plus.

Puis il se remit à murmurer, très vite:

—Alors il n'y a que sa chair en toi, il n'y a que la chair de ta mère? Et si c'était ainsi, est-ce que je souffrirais moi aussi? Est-ce que j'aurais cette hésitation du geste? Demain tu ne seras plus sur la grande chaise. Demain, la grande chaise sera vide . . . Non! non! elle ne sera pas vide. J'y serai assis, moi. Nous serons l'un avec l'autre, ce qui restera de toi, le souvenir, et moi. L'un dans l'autre sur la chaise où tu étais toujours. Te haïr, moi? Te haïr parce que tu es ce que tu es? *Allons donc!*

Il s'agenouilla, posa les pieds de l'enfant sur la *berge de sable* doux, près de l'eau.

—Tu auras une mort douce, petit . . .

Il poussait sur le corps de l'enfant, poussait les pieds vers l'eau. Maintenant, les *talons* allaient rejoindre la surface, allaient se baigner dans le fluide froid.

L'enfant *se roidit.*

—Je te dis que ce sera une mort douce, petit. Mourir comme ça serait un bonheur. Pour toi ce sera un bonheur. Avant, après. Tellement mieux que la mort sur les *pentes*. Le tronc d'arbre qui vient vous *fracasser*, l'avalanche de pierres . . . J'ai songé à cette mort . . .

Il caressa doucement la tête du petit dont les pieds étaient dans l'eau.

Un *hibou* fit son chant, et Fabien entendit, *tout en bas,* et loin, comme des bruits de voix.

C'étaient les gens du *hameau* qui venaient . . .

—Tu es blond, dit Fabien, tu as les cheveux blonds. Je n'avais jamais vu comment ils étaient blonds. Et ta bouche est large. Belle et large. Une bouche à boire de la vie. Une bouche vaillante . . . Tu aurais pu goûter aux bons *mets* des soirs de fête.

Il eut un sanglot et serra fort l'enfant contre lui.

—Si seulement, gémit-il, tu n'avais pas été ce que tu es . . .

Mais il se reprit et poussa l'enfant plus avant dans l'eau. Jusqu'aux genoux.

—Le moment est venu, petit. Il fait presque nuit. Tu rejoindras la nuit bleue par notre nuit à nous, qui sera noire ce soir. *À savoir* si tu sauras reconnaître l'une de l'autre. Je te le souhaite. Ne *frémis* pas ainsi, l'enfant. Ne résiste pas. L'eau est froide, je le sais, mais il ne faut pas résister.

L'enfant avait peur de l'eau, et il essayait, de son corps sans force, de *se débattre*, de ne plus laisser cette eau monter, cette eau qui montait et grimpait, qui rejoignait les genoux et ensuite les *cuisses*, qui le mouillait jusqu'au ventre, à mesure que Fabien le descendait, le poussait vers le fond, vers la mort.

Et l'homme murmurait toujours ses paroles, en rythme doux, comme une *berceuse,* comme si l'enfant l'entendait, le comprenait.

Il avait des sanglots dans la voix, et deux grosses larmes lui coulaient sur les joues.

—Ton cou rose et *potelé, martelait*-il entre ses dents tout à coup. Ton cou rose et potelé, et toute ta peau fine et *duveteuse*. Il y a une *fossette* dans ton cou. Je ne l'avais jamais vue . . . Tout le corps, et puis voilà, maintenant, la tête. C'est mon adieu, petit, c'est mon adieu.

Alors, la voix lui brisa, et il se mit à *chantonner,* avec des sons qui n'étaient plus du chant, mais des pleurs . . .

—*Fais dodo,* l'enfant do! Fais dodo, l'enfant dormira bientôt . . .

La bouche du petit était sous l'eau, et il se débattait, il jetait ses bras vers le ciel, et il secouait ses jambes.

Il combattait la mort qui entrait en lui par cette bouche grande ouverte, buvant l'eau de la source.

Et tout à coup Fabien poussa un grand cri, et il se redressa, tenant toujours l'enfant, et il *hurla,* mot après cri, *à faire reculer la montagne*:

—Non!

Et il mit l'enfant par terre et enleva sa *vareuse,* avec laquelle il enveloppa le corps *trempé,* et en une *course* folle il revint vers la maison.

Et en courant, il criait:

—Viens! Petit! Viens, la chaleur t'attend! Ne souffre plus!

Dans la grande cuisine, il trouva Édith qui *geignait,* assise par terre, se tenant la poitrine, impuissante devant la douleur.

Et quand elle le vit qui entrait, tenant l'enfant, elle bondit, ses yeux soudain fiévreux, et elle arracha le petit des bras de son homme, et elle alla le porter devant le feu, à la chaleur, en l'enveloppant de ce qu'elle put trouver là qui fût chaud.

Elle pleurait et elle criait, et elle demandait à Fabien:

—Tu l'as ramené? Tu as ramené le petit? Tu ne l'as pas tué?

Et Fabien pleurait aussi, mais il restait devant la porte, n'osant plus approcher de la fille qui *emmaillotait* le petit, qui le berçait, et lui *fredonnait* des chansons, là-bas, devant l'âtre.

Yves Thériault, *La Fille laide*

Vocabulaire

la **source** *spring*
  bâiller *to yawn*
la **loque** *rag*
  mon petiot *my little one*
le **buisson** *bush*
 l'étang (m) *pond*
le **couchant** *setting sun*
  Elle aurait des milles de profond *it could be miles deep*
la **truite** *trout*
  tout contre *right next to*
  téter *to suck*
  Allons donc! *Come on! (i.e., don't be silly)*
la **berge de sable** *sand bank*
le **talon** *heel*
se **roidir** *to stiffen*
la **pente** *slope*
  fracasser *to smash*
le **hibou** *owl*
  tout en bas *way down below, at the very bottom*
le **hameau** *hamlet*

les **mets** (m) *dishes*
  à savoir *it remains to be seen*
  frémir *to quiver*
se **débattre** *to struggle*
la **cuisse** *thigh*
la **berceuse** *lullaby*
  potelé *chubby*
  marteler *to hammer out*
  duveteux *downy, fluffy*
la **fossette** *dimple*
  chantonner *to hum*
  fais dodo *go to sleep (child's language)*
  hurler *to howl*
  à faire reculer la montagne *as if to push back the mountain*
la **vareuse** *pea jacket*
  trempé *drenched*
la **course** *run*
  geindre *to whimper*
  emmailloter *to swaddle*
  fredonner *to hum*
 l'âtre (m) *hearth*

INTELLIGENCE DU TEXTE

1. Quelle description de l'enfant l'auteur nous donne-t-il dès le début de la scène?

2. Selon Fabien, que veut dire la mort pour l'enfant?

3. Fabien dit que la mort par noyade (*drowning*) sera un bonheur pour son fils «avant, après.» Quel est le sens de ces paroles?

4. Quels sont les traits que Fabien remarque plus particulièrement dans le visage de son fils?

5. Pourquoi la nuit de l'enfant sera-t-elle bleue, mais la nuit des parents noire?
6. Pour quelle raison une mère ou un père chantent-ils d'habitude une berceuse à leur enfant? Y a-t-il une analogie ici?
7. Par où et sous quelle forme la mort entrait-elle dans le corps de l'enfant? Y voyez-vous de l'ironie?
8. Comment Fabien exprime-t-il son changement d'avis?
9. Au moment où Fabien est arrivé dans la cuisine, comment était Édith?
10. Quelle a été sa réaction?
11. À votre avis, à quoi songe Fabien maintenant et que se passera-t-il?

APPRÉCIATION DU TEXTE

1. Il y a dans le texte de nombreuses allusions à la douleur et à la souffrance. Relevez les détails qui illustrent la vie difficile de cette petite famille.
2. Étudiez le cadre de cet épisode. Quel rôle jouent dans cet incident divers éléments de la nature?
3. Quels sont vos sentiments envers Fabien? Le blâmez-vous ou possède-t-il quelques traits qui vous le rendent sympathique?
4. Fabien mentionne à deux reprises certains aspects du corps du petit qu'il n'avait jamais remarqués auparavant. Quel rôle les parties du corps jouent-elles dans ce récit?

Les Antilles: la négritude de Guy Tirolien

French influence in the Western hemisphere was not limited to the North American continent. Martinique, Guadeloupe, and Haiti in the West Indies (*les Antilles*) witnessed a French presence as early as the seventeenth century. Haiti revolted against French rule at the end of the eighteenth century and has remained independent ever since. Martinique and Guadeloupe have maintained their ties with France and officially became overseas departments in 1946, as did French Guiana on the South American continent.

The presence of blacks in these areas dates back to three hundred years ago, when the French colonists imported slave labor from Africa to work in the sugar plantations. In the twentieth century numerous black writers from the Americas have joined blacks from all over the world in the negritude movement. The term *négritude* first appeared in print in 1939 in a long poem by Aimé Césaire of Martinique entitled *Cahier d'un retour au pays natal*. The movement itself was founded in the 1930s in Paris by three poets: Césaire, Léopold Sédar Senghor from Senegal, and Léon Damas from French Guiana. It has been variously defined: as "the cultural patrimony, the values and above all the spirit of Negro African civilization" by Senghor; as "the simple recognition of the fact of being black, the acceptance of this fact, of our black destiny, history and culture" by Césaire. Negritude represents a revolt against timeless oppression and servitude, and more positively, a ringing assertion of the human dignity of the black through an abiding awareness of a very rich African culture.

Guy Tirolien (1917–   ) is a native of Guadeloupe well acquainted with the work of Senghor and Césaire: he was a prisoner of the Germans with Senghor during the war, and he dedicated to Césaire his own poem "Négritude." The selection that follows is Tirolien's most cited work. Through exquisite imagery it develops several of the basic themes of African culture: dislike for the colonialist power, exploitation of masses of workers, the yearning for the traditional life, the imposition of a foreign culture, etc.

Prière d'un petit enfant nègre————

Seigneur
je suis très fatigué
je suis né fatigué
et j'ai beaucoup marché depuis le chant du coq
et le *morne* est bien haut
qui mène à leur école.

Seigneur je ne veux plus aller à leur école;
faites je vous en prie que je n'y aille plus.

Je veux suivre mon père dans les ravines fraîches
quand la nuit flotte encore dans le mystère des bois
où *glissent* les esprits que l'aube vient chasser.

Je veux aller pieds nus par les sentiers brûlés
qui *longent* vers midi les *mares assoiffées.*

Je veux dormir ma sieste au pied des lourds *manguiers.*
Je veux me réveiller
lorsque là-bas *mugit* la sirène des blancs
et que l'usine
ancrée sur l'océan des *cannes*
vomit dans la campagne son *équipage* nègre.

Seigneur je ne veux plus aller à leur école;
faites je vous en prie que je n'y aille plus.

Ils racontent qu'il faut qu'un petit nègre y aille
pour qu'il devienne pareil
      aux messieurs de la ville
         aux messieurs *comme il faut*;

mais moi je ne veux pas
devenir comme ils disent
un monsieur de la ville
un monsieur comme il faut.

Je préfère *flâner* le long des *sucreries*
où sont les sacs *repus*
que *gonfle* un sucre brun
autant que ma peau brune.

Je préfère
à l'heure où la lune amoureuse
parle bas à l'oreille
des *cocotiers penchés*
écouter ce que dit
dans la nuit
la *voix cassée* d'un vieux qui raconte en fumant
les histoires de *Zamba*
et de *compère Lapin*
et bien d'autres choses encore
qui ne sont pas dans leurs livres.
Les nègres vous le savez n'ont que trop travaillé
pourquoi faut-il de plus
apprendre dans des livres
qui nous parlent de choses qui ne sont point d'ici.
Et puis
elle est vraiment trop triste leur école
triste comme
ces messieurs de la ville
ces messieurs comme il faut
qui ne savent plus danser le soir au clair de lune
qui ne savent plus marcher sur la chair de leurs pieds
qui ne savent plus conter les contes aux *veillées*—

Seigneur je ne veux plus aller à leur école.

Guy Tirolien, *Balles d'or*

Vocabulaire

le **morne**   *a small, isolated mountain*
  (French West Indies)
  glisser   *to glide, to steal*
  longer   *to run alongside*
les **mares assoiffées**   *thirsty pools*
le **manguier**   *mango tree*

mugir   *to bellow*
la **canne**   *(sugar) cane*
l'**équipage** (m)   *crew*
comme il faut   *correct, proper*
flâner   *to loaf, to stroll*
la **sucrerie**   *sugar refinery*

repu *stuffed*		**Zamba** *popular character in folk*	
gonfler *to swell*		*tales*	
le **cocotier** *coconut tree*		le **compère Lapin** *old man Rabbit*	
penché *stooped*		la **veillée** *evening gathering*	
la **voix cassée** *trembling voice*			

INTELLIGENCE DU TEXTE

1. À quelle heure a commencé la journée de l'enfant?
2. Quels sont, dans la première strophe, les obstacles physiques qui empêchent l'enfant d'aller à l'école?
3. De quelle école s'agit-il?
4. Où veut-il aller avec son père et à quel moment du jour?
5. Comment expliquer l'attrait des bois?
6. Comment l'enfant veut-il aller par les sentiers brûlés?
7. Que veut-il faire au pied des lourds manguiers?
8. Pourquoi est-ce que la sirène appartient au monde des blancs?
9. À quoi le poète compare-t-il l'usine et quels termes de cette métaphore emploie-t-il?
10. Qui sont ceux qui racontent que l'enfant doit aller à l'école?
11. Quel est le but de l'instruction? L'enfant l'accepte-t-il?
12. Que préfère-t-il faire?
13. Comment le poète personnifie-t-il la lune?
14. Pourquoi l'enfant rejette-t-il les livres?
15. Qu'est-ce que les messieurs de la ville ne savent plus faire?

APPRÉCIATION DU TEXTE

1. Le poète met en relief les différences qui existent entre les deux mondes. Il obtient des effets frappants au moyen de ce contraste. Dressez la liste d'éléments qui contribuent à la juxtaposition des thèmes suivants: ville-campagne, livres–formation orale, jour-nuit, affaires graves-joie de vivre.
2. La vivacité de ce poème se fait sentir dans la lecture à haute voix. Préparez soigneusement une telle lecture et, en la faisant, tâchez de bien rendre le rythme et le sens de la poésie.
3. Avez-vous remarqué que dans la première moitié du poème l'enfant décrit toute une journée idéale? Relevez dans le texte les éléments qui indiquent la progression du temps.

L'Afrique: le Sénégalais Birago Diop

Africa is a land of many languages. There are said to be over four hundred different tribal dialects in use today, the vast majority of which are exclusively oral. One can speak legitimately of an oral literature transmitted by troubadour[L]-historians called *griots*. A *griot* sings, tells stories, hands on myths and legends, and generally preserves historical and literary oral traditions. He serves as a chronicler and genealogist, and plays a prominent artistic and cultural role in community events. The *griot* commands the respect of everyone, and in West Africa, is commissioned by governments to teach and conserve the artistic heritage of the people.

Birago Diop (1906–   ) is a native Senegalese who studied veterinary medicine in France and eventually returned to practice in Africa. On his medical rounds, as well as around the home fires, he listened attentively to the many tales narrated in the native Wolof dialect by the *griot* Amadou Koumba N'gom. Diop later retold these stories in written French in works that he modestly described as translations: *Les Contes d'Amadou Koumba* (1947), *Les Nouveaux Contes d'Amadou Koumba* (1958), *Contes et Lavanes* (1963). He thus afforded the French reader unique insights into African culture. The stories may be divided into two major categories: the *contes*, which deal with spirits and the supernatural as well as with humans, and the *fables*, which focus on the real world and the problems of men. Permeating the *contes* is one of the most extraordinary features of African civilization, the spirit of animism. Everything lives and possesses a soul; there are no dividing lines between humans and nonhumans, between animate and inanimate objects. Beings readily convert from one state to another, as all elements in nature share in a common vital force emanating from God. Each of Diop's stories has a double purpose—to instruct and to entertain; in African art the two go hand in hand, each enhancing the other.

The following selection illustrates the author's remarkable ability to capture and preserve in written form the essentially oral charm of these African tales.

Khary-Gaye

Un jour, au *crépuscule Samba* n'était pas rentré de la chasse, Khary s'était *parée* des bijoux de Koumba la morte. Penda, la *marâtre*, sortit de sa *case* et ordonna à la petite fille:

—Prends cette *calebasse* et va me chercher de l'eau.

La calebasse était immense et plus que lourde, car elle était faite dans le bois d'un vieux *caïlcédrat*.

Khary s'était levée de son petit *tabouret* et commençait à enlever sa *parure*.

—Inutile d'enlever ces beaux bijoux qui te vont si bien, tu iras ainsi au *puits, intima* la marâtre.

Et Khary, l'orpheline, *s'en fut* au puits. Elle tira de l'eau, puis essaya vainement, *à plusieurs*

reprises, de *soulever* la grande calebasse pleine d'eau. Puis elle se mit à chanter en pleurant:

> Voye vôlô! voye vôlou!
> Qui me *chargera*? O! qui me chargera?
> Voye vôlô! voye vôlou!

> O! à l'aide! O! à l'aide!
> Kou mâ yénê? Kou mâ yénê?
> Voye vôlô! voye vôlou!

Et, d'un trou humide de la *margelle* du puits, sortit *M'Bott-le-Crapaud*, qui s'avança top! clop! et déclara:

> Mâ fi né!
> Té kou mâ yénê
> N'ga yôle ma!

> Je suis le seul ici!
> Et quand je charge
> L'on me paie!

—*Sauve-toi* vite, *minable*, avec ta large bouche, fit dédaigneusement la petite Khary, tu ne peux même pas soulever une plume de poulet.

Et elle se remit à implorer:

> Voye vôlô! voye vôlou!
> Qui me chargera? Kou mâ yénê?
> O! à l'aide! Voye vôlou!

Bagg-le-Lézard arriva en courant, brrr... br... souleva et rabaissa la tête, gonfla sa gorge *écailleuse* et affirma:

> Je suis le seul ici!
> Et quand je charge
> L'on me paie!

—Va-t'en loin d'ici, avec ton gros cou et ton ventre *flasque*, lui dit Khary-l'Orpheline, qui se remit à pleurer et à chanter.

> Voye vôlô! ô! à l'aide!
> Kou mâ yénê? Qui me chargera?
> Voye vôlô! ô! à l'aide!

Puis vint *Mère M'Bonatt-la-Tortue* sur ses jambes raides, *étirant* son cou le plus qu'elle pouvait. Elle dit doucement à Khary-l'Orpheline:

> Mâ fi né!
> Té kou mâ yénê
> N'ga yôle ma!

—Éloigne-toi, lui conseilla Khary-l'Orpheline, tu risques de retomber sur le dos en essayant de soulever cette calebasse trop lourde.

Et la nuit était tombée et Khary-l'Orpheline chantait toujours:

Voye vôlô! voye vôlou!
Qui me chargera? O! qui me chargera?
O! à l'aide! O! à l'aide!

Soudain, devant elle, se dressa un immense python, qui avait soulevé la lourde calebasse en caïlcédrat pleine d'eau et la portait sur sa tête:

Je suis le seul ici!
Et quand je charge
L'on me paie!

Et il posa la calebasse sur le *rouleau de chiffon* que Khary-l'Orpheline portait sur sa tête.

—Que veux-tu pour ta paie? s'informa la petite fille, qui ne sentait pas le poids de la calebasse de caïlcédrat devenue moins lourde, beaucoup moins lourde que lorsqu'elle était vide. La calebasse pesait juste pour que son cou, qu'entouraient les *colliers* d'or et d'ambre, pour que son cou fût tout droit, gracieux sous la charge.

Le python répondit:

—Rentre chez toi. Je te dirai ce que je veux comme prix quand tu seras plus grande. Je reviendrai et je t'appellerai.

Et le python s'en fut dans la nuit noire.

Khary-l'Orpheline rentra chez elle, où Penda-la-Marâtre l'*accueillit* avec des cris, lui reprocha le temps qu'elle avait mis pour aller au puits et rapporter l'eau. Elle alla jusqu'à la menacer de la battre, car Samba n'était pas encore rentré de la chasse.

Et Samba ne rentra jamais plus. L'on ne retrouva, dans la *brousse*, que ses os quand les hommes du village se mirent le lendemain à sa recherche, des os que les *fourmis*, après le passage des lions, des hyènes, des *vautours*, avaient *récurés à blanc* dans l'espace de la nuit et la durée du matin . . .

Tous les soins du ménage, toutes les dures *corvées* furent *désormais* pour la pauvre orpheline, à qui Penda-la-Marâtre n'accordait plus un seul instant de répit ni de repos, ni le matin ni le soir, ni de jour ni de nuit. Elle lui avait pris tous les bijoux que sa mère Koumba-la-Morte lui avait laissés.

Le temps passait, et Khary-Gaye-l'Orpheline, *au grand courroux* de sa marâtre, devenait chaque jour plus belle et, ses malheurs aidant, elle augmentait chaque jour sa sagesse et son intelligence. Elle se rappelait, souvent, les leçons de sa tendre mère morte, qu'elle croyait n'avoir pas écoutées quand Koumba les lui donnait.

Elle allait au puits avec ses amies, les jeunes filles de son âge. Elle y allait aussi hélas! très souvent seule, à toutes les heures du jour et parfois la nuit, selon l'humeur de Penda-la-Marâtre.

Et toutes les amies commençaient à parler, chacune, du jeune homme, qui l'avait regardée le plus longuement, qui passait le plus souvent devant sa *demeure*, qui travaillait le plus *vaillamment* au champ familial quand c'était le tour de ses parents de recevoir l'aide des jeunes gens du village et des autres villages, pour les *labours*.

Et le temps passait . . .

Les jeunes filles étaient, ce jour-là, au puits, parlant, chacune, du jeune homme qui l'avait remarquée.

—Et toi Khary, qui t'a choisie demandèrent perfidement, sous leur gentillesse, quelques amies.

—Et qui voulez-vous qui me choisisse, moi le *souillon*, sans père ni mère. M'Bott-le-Crapaud ni Bagg-le-Lézard, ni même Djann-le-Serpent ne voudraient de moi!

À peine Khary-l'Orpheline avait-elle achevé de parler qu'un immense python *se dressa* au milieu du cercle que formaient les jeunes filles. Elles s'enfuirent terrifiées, en brisant les calebasses pleines et les calebasses vides, sauf celle de Khary-l'Orpheline, qui était faite en bois de caïlcédrat. Elles rentrèrent au village et s'enfermèrent tremblantes, dans les cases, tandis que, de loin, du puits, *parvenait* un appel, un chant:

Khary-Gaye
Tjakh fî, tjakh fâ!
Lambourdé bé batam fèss!
Kou ma ghissal Khary-Gaye?
Môye sama yôle!

Khary-Gaye
Colliers ici, colliers là!
De l'ambre plein le cou!
Qui a vu pour moi Khary-Gaye?
C'est elle mon salaire!

Le chant *retentit* jusqu'au cœur du village, où

tout le monde, grands et petits, hommes et femmes, se *terrait*.

Et le chant *emplissait* le feuillage des arbres du village et les toits des cases, et tout le monde croyait qu'il montait *juste du sol* des cases et des pointes des *clôtures* des maisons.

> Khary-Gaye!
> Tjakh fî, colliers là!
> De l'ambre plein le cou!

Penda-la-Marâtre, dans un rire sonore, ayant *maîtrisé* sa peur, dit à Khary-l'Orpheline:

—Mais c'est bien toi que l'on appelle, ma pauvre fille.

> Qui a vu pour moi Khary-Gaye?
> C'est elle mon salaire!

—Va, reprit la marâtre, va répondre; et, mettant la jeune fille à la porte de la case, elle la chassa de la maison.

Et Khary-l'Orpheline s'en fut vers le puits, d'où venait toujours l'appel, le chant:

> Khary-Gaye!
> Colliers ici, colliers là!
> De l'ambre plein le cou!
> Qui a vu pour moi Khary-Gaye?
> C'est elle mon salaire!

Elle sortit du village. Elle aperçut au milieu des débris de calebasses et buvant dans sa calebasse en caïlcédrat, un grand cheval tout blanc, *harnaché* de soie et d'or. Un jeune homme plus beau que le jour, grand et fort, la taille aussi fine qu'un *tambour maure*, richement vêtu, tenait la *bride* du cheval et chantait d'une voix jamais entendue de mémoire d'homme:

> Kou ma ghissal Khary-Gaye?
> Môye Sama yôle!
> Qui a vu pour moi Khary-Gaye?

Khary-Gaye-l'Orpheline s'avança jusqu'au puits, jusqu'au beau jeune homme qui tenait le grand cheval blanc. Le jeune homme lui dit alors:

—Je t'avais aidée à porter ta lourde calebasse sur la tête, je viens chercher mon dû. Tu as dit, tout à l'heure, à tes amies, que personne ne voudrait de toi comme épouse, veux-tu de moi pour mari? Tu seras mon salaire! Je suis le Prince du Grand Fleuve qui est tout là-bas.

Et il emporta, sur son grand cheval blanc,

Khary-l'Orpheline, il l'emporta *tout là-bas* au plus
profond des eaux du Grand Fleuve.

Birago Diop, *Les Nouveaux Contes d'Amadou Koumba*

Vocabulaire

le **crépuscule** *dusk, twilight*
  Samba *father of Khary-Gaye, hus-band of Penda. Samba married Penda after the death of Koumba, his first wife and Khary's mother.*
  parer *to adorn, to deck out*
la **marâtre** *stepmother*
la **case** *hut, cabin*
la **calebasse** *calabash, gourd*
le **caïlcédrat** *a large shade tree of Senegal*
le **tabouret** *stool*
la **parure** *jewelry*
le **puits** *well*
  intimer *to announce*
  s'en fut = s'en alla
  à plusieurs reprises *several times*
  soulever *to lift*
  charger *to load*
la **margelle** *edge*
  M'Bott-le-Crapaud *M'Bott the Toad (traditional character in Senegal-ese folk tales)*
se **sauver** *to be off*
  minable *seedy-looking*
  Bagg-le-Lézard *Bagg the Lizard (another traditional folk-tale char-acter)*
  écailleux *scaly*
  flasque *flabby*
  Mère M'Bonatt-la-Tortue *Mother M'Bonatt the Tortoise*

  étirer *to stretch*
le **rouleau de chiffon** *roll of cloth (to cushion the weight)*
le **collier** *necklace*
  accueillir *to greet*
la **brousse** *the bush (as opposed to the clearing)*
la **fourmi** *ant*
le **vautour** *vulture*
  récurer à blanc *to scour clean*
la **corvée** *drudgery, hard task*
  désormais *henceforth*
  au grand courroux *much to the dis-pleasure*
la **demeure** *dwelling*
  vaillamment *stoutly*
le **labour** *tilling*
le **souillon** *scrubwoman*
se **dresser** *to rise up*
  parvenir *to come*
  retentir *to echo*
se **terrer** *to take cover (usually said of rabbits and other animals who seek shelter underground)*
  emplir *to fill*
  juste du sol *right from the floor*
la **clôture** *fence*
  maîtriser *to master*
  harnaché *harnessed*
un **tambour maure** *a Moorish drum*
la **bride** *bridle*
  tout là-bas *way over there*

INTELLIGENCE DU TEXTE

1. Qu'avait fait Khary en l'absence de son père?
2. Pourquoi sa marâtre lui a-t-elle dit de ne pas enlever sa parure?
3. Pourquoi n'a-t-elle pas pu rapporter l'eau immédiatement?
4. Quelles offres d'aide a-t-elle reçues?
5. Que demandait chacun des volontaires?
6. Qui a consenti enfin à soulever la calebasse?

7. Qu'est-ce que le python a demandé comme récompense?
8. Pourquoi la marâtre a-t-elle pu maltraiter Khary?
9. Quel était souvent le sujet de conversation des jeunes filles qui allaient au puits?
10. Selon Khary, pour quelles raisons est-ce que personne ne voulait d'elle?
11. Qu'est-ce qui est apparu un jour et quelle a été la réaction des jeunes filles?
12. Qu'est-ce qui retentissait jusqu'au cœur du village?
13. Qu'est-ce que Khary a aperçu quand elle est sortie du village?
14. Comment s'est terminé l'épisode?

APPRÉCIATION DU TEXTE

1. Appréciez dans le texte l'animisme africain. Comment trouvez-vous les rapports qui existent entre les animaux et les hommes?
2. Le style oral de l'auteur se voit dans les nombreuses répétitions si nécessaires pour orienter celui qui entend un récit plutôt que le lire. Pouvez-vous en donner quelques exemples?
3. Le rythme de la prose de Birago Diop est manifeste dans ses dialogues animés. Définissez le rôle des cris et des pleurs, du chant avec ses nombreux refrains pourtant variés.
4. Qu'est-ce que c'est qu'un conte de fées? Est-ce que ce récit en est un? Est-ce seulement pour les enfants?
5. À quel conte de fées célèbre de l'Europe ce conte sénégalais ressemble-t-il? De telles ressemblances sont assez communes dans la littérature folklorique du monde. Comment peut-on expliquer ce phénomène?

Exercices de grammaire

I. *Complétez les phrases suivantes avec le* **pronom relatif** *convenable.*

1. Le petit, _____ (whom) la fille emmaillotait et _____ (whom) elle berçait, commençait à se réchauffer.
2. C'était un petit étang _____ (in which) nageaient quelques poissons.
3. Demain tout _____ (that) restera de l'enfant sera un souvenir.
4. Fabien a enlevé sa vareuse _____ (with which) il a enveloppé le corps du petit.
5. Ces mots, on ne sait plus trop _____ (what) ils veulent dire.
6. Le petit enfant préfère écouter le vieux _____ (who) raconte les histoires de Zamba.
7. Il aime les bois _____ (where) glissent les esprits de la nuit _____ (which) l'aube vient chasser.

8. Dans l'école _____ (of which) il parle, il ne s'agit pas de formation livresque.

9. Au crépuscule, à l'heure _____ (when) l'on voit la lune dans le ciel, on écoute _____ (what) dit la voix cassée du vieux raconteur.

10. L'enfant déteste les livres _____ (in which) on parle de choses _____ (that) ne sont point d'ici.

11. Les sacs _____ (which) gonfle le sucre brun sont repus.

12. Le python posa la calebasse sur le rouleau de chiffon _____ (that) Khary-l'Orpheline portait sur sa tête.

13. Après la mort de Samba, toutes les corvées étaient pour la pauvre orpheline _____ (to whom) Penda-la-Marâtre n'accordait plus un seul instant de répit.

14. «Je te dirai _____ (what) je veux,» dit le python.

15. Les autres jeunes filles se demandaient _____ (what) était arrivé à Khary auprès du puits.

16. Tous admiraient le grand cheval blanc _____ (on which) le beau jeune homme emporta Khary-l'Orpheline.

17. Ainsi le Prince du Grand Fleuve reçut l'amour de la jeune fille _____ (whose calabash he had lifted).

II. *Complétez les phrases suivantes avec le* **démonstratif** *convenable.*

1. _____ (It was) un petit étang où nageaient plusieurs poissons.

2. «_____ (He who) est derrière le monde, à mener la grande machine, a oublié de te donner des yeux pour la voir, _____ (this) source. _____ (It's) dommage.»

3. «Je te dis que _____ (it) sera une mort douce, petit.»

4. Fabien a songé à _____ (that) mort. Mourir comme _____ (that) serait un bonheur.

5. La mort du petit sera douce; _____ (Fabien's) sera plus difficile.

6. L'enfant aime les messieurs de la campagne; il n'aime pas _____ (those) de la ville.

7. Il ne veut pas _____ (those) livres; il préfère _____ (the ones) qui parlent de choses d'ici.

8. L'enfant connaît la flânerie et l'école; il tolère _____ (the latter) mais il aime mieux _____ (the former).

9. Il n'écoute pas _____ (those) qui disent qu'il faut qu'il aille à l'école.

10. L'enfant tient beaucoup à _____ (that) homme parce qu'il raconte si bien les histoires.

11. _____ (That day), les jeunes filles parlaient de leurs amis.

12. En voyant le python, Khary a dit: «_____ (He's the one) qui a soulevé ma calebasse.»

13. _____ (He is) le seul qui n'ait pas demandé de salaire.

14. Il n'a pas réclamé _____ (this) ou _____ (that); il a tout simplement dit qu'il reviendrait.

15. Dans sa jeunesse, Birago Diop a entendu beaucoup de contes mais il s'est rappelé _____ (those) d'Amadou Koumba.

Vocabulaire satellite: Le Français à l'étranger

la **patrie**   *homeland*
la **métropole**   *mother country*
une **ancienne colonie**   *a former colony*
une **culture étrangère**   *an alien culture*
le **colon**   *colonist*
  l'**indigène** (m, f)   *native*
  l'**esclave** (m, f)   *slave*
  l'**esclavage** (m)   *slavery*
  exploiter   *to exploit*
  opprimer   *to oppress*

  bilingue   *bilingual*
  franciser   *to Frenchify*
  angliciser   *to Anglicize*
  américaniser   *to Americanize*
le **franglais**   *highly Anglicized French*
  franco-américain   *Franco-American*
le **francophile**   *Francophile*
le **francophobe**   *Francophobe*
  francophone   *French-speaking*

  être d'origine française   *to be of French origin*
  porter un nom français   *to have a French name*
  exercer une influence   *to exert an influence*
  subir une influence   *to feel an influence*
se **faire sentir**   *to make itself felt*
  laisser des traces   *to leave traces*
  appartenir à   *to belong to*
  donner lieu à   *to give rise to*
se **sentir inférieur, supérieur à**   *to feel inferior, superior to*
  resister à   *to resist (someone or something)*
se **libérer de**   *to free oneself from*
  rivaliser avec   *to compete with*
  élargir ses perspectives   *to broaden one's outlook*
  avoir l'esprit ouvert   *to have an open mind*

Pratique de la langue

1. Le récit de Birago Diop, nous l'avons vu, est de qualité dramatique et abonde en dialogues. Préparez une représentation de l'épisode de «Khary-Gaye.» Les étudiants joueront dans une première scène les rôles de Khary, de Penda, de M'Bott-le-Crapaud, de Bagg-le-Lézard, de Mère M'Bonatt-la-Tortue et du python. Dans une deuxième scène autour du puits, un second groupe d'étudiants pourra reprendre les rôles de Khary, de quelques-unes de ses amies, du python et de Penda. Le cas échéant (*if need be*), chacune des deux scènes pourra profiter des services d'un narrateur.

2. Quels produits français sont exportés aux États-Unis (citez autant de catégories que possible)? Par contre, comment se fait sentir la présence américaine en France? D'après cet échange de marchandises et d'influences, pouvez-vous tirer certaines conclusions concernant le caractère national des Français et des Américains?

3. Plusieurs explorateurs français ont joué un rôle important dans l'histoire de l'Amérique (e.g., Jacques Cartier, Samuel de Champlain, le Père Jacques Marquette, Louis Joliet, Robert Cavelier de La Salle). Dans quelles régions ont-ils pénétré et à quelle époque? De quelle façon les noms de ces explorateurs sont-ils commémorés aujourd'hui en Amérique?

4. Voici une liste de villes américaines qui portent des noms d'origine française. Que signifient ces noms? Comment s'expliquent-ils?

   a. Detroit
   b. Eau Claire
   c. Louisville
   d. Fond du Lac
   e. Baton Rouge
   f. Des Moines
   g. Prairie du Chien
   h. Saint Louis
   i. Terre Haute
   j. Des Plaines

   Citez d'autres villes si vous en connaissez. Dans quelles régions se trouvent la plupart de ces villes? Comment expliquez-vous ces emplacements? (Cf. la question 3.)

5. Lesquels des pays suivants sont francophones au moins en partie? Indiquez ceux qui appartiennent toujours à la France, et ceux qui y appartenaient autrefois. Expliquez à quelle époque et dans quelles circonstances ces derniers se sont séparés de la France.

   a. le Canada
   b. la Guyane
   c. la Suisse
   d. la Guadeloupe
   e. Cuba
   f. le Luxembourg
   g. Tahiti
   h. la Martinique
   i. la Louisiane
   j. le Panama
   k. Haïti
   l. la Belgique

6. La négritude met en relief les valeurs de la civilisation africaine. Quelles sont les principales manifestations de la culture noire à travers le monde?

Sujets de discussion ou de composition

1. Dressez une liste de mots français qui sont passés dans la langue anglaise (e.g., détente, faux pas, hors d'œuvre, laissez faire, etc.). Une fois que vous avez une vingtaine de mots, tâchez de voir de quels domaines ils sont tirés (e.g., cuisine, mode, arts, etc.).

2. Le poème de Guy Tirolien ne présente-t-il pas un paradoxe: le thème du poème est peut-être francophobe, mais le poète s'exprime quand même en français. Pourquoi un écrivain s'exprimerait-il de préférence dans la langue d'une culture étrangère—surtout dans celle d'une culture qu'il croit avoir exploité sa race ou son peuple?

3. Avez-vous jamais connu des francophobes ou des francophiles? Ou des étrangers qui adorent ou qui détestent les Américains et les choses américaines? Comment ces phénomènes s'expliquent-ils?

4. La littérature de langue anglaise a dépassé les frontières de l'Angleterre et a donné lieu à d'autres littératures nationales comme la littérature américaine. Quelles possibilités prévoyez-vous pour la littérature d'expression française? D'après vous, est-ce que quelque pays francophone parviendra à rivaliser un jour avec la France? Pourquoi ou pourquoi pas?

4 ème PARTIE

Vie Culturelle

9
La Langue

Une révolution linguistique: dada et surréalisme

The French over the years have consistently proclaimed the logic and clarity of their language. Ever preoccupied with the precise expression of thought, French writers have devoted long hours to the search for *le mot juste*, that one word alone capable of conveying their intended meaning appropriately and completely. Fully as much attention has been paid to manner and form as to substance, with the realization that the effectiveness of the one determines the impact of the other.

Early in this century, during World War I, there arose in several countries an artistic and literary movement that eventually centered in Paris, and that took the name of dadaism. *Dada* in French is a word used by children to designate a horse. It has come to refer to a hobbyhorse or more generally to one's hobby. As used by the dadaists, however, the word means nothing at all and was chosen totally at random. For dadaists believed that words could mean anything or nothing. Dadaism was essentially a nihilistic movement opposed to traditionalism in any form. It rejected all ordinary aesthetic, artistic, and literary values in favor of total freedom. Witnesses of the destructions of World War I, the dadaists proceeded to the destruction of language as well, affirming the utter bankruptcy of words taken in their conventional meanings. They juxtaposed completely unrelated words, just as their fellow artists gathered together disparate elements to form collages. These new alliances were meant to be incoherent, to shock, to irritate, to mystify, thus destroying the logic of the old order. The most prominent dadaist was Tristan Tzara (1896–1963), a Rumanian who came to France and wrote in the French language; his formula for writing dadaist poetry appears below. Given its destructive spirit and essentially negative outlook, dadaism was destined to be short-lived (circa 1916–23), and eventually gave way to surrealism, which would adopt a more constructive philosophy. It remains nevertheless true that an entire generation of writers—including all who appear in this chapter—were marked by its influence.

Surrealism was born in the mid-1920s from the defunct dadaist movement, as under the leadership of the poet André Breton (1896–1966) a group of ex-dadaists sought a more positive direction. Like its predecessor, surrealism strove to decrease the degree of conscious artistry in literature. Strongly influenced by the theories of psychoanalysis, it advocated the expression of the unconscious as "automatically" as possible—that is, without any moral, critical, or aesthetic control. Language thus took on a more important creative role by linking words that had no logical relationship. Such unusual associations, based not on common analogies as before, but rather on the mere juxtaposition of words, stimulated fresh, unconventional images through apparent contradiction. This revolution in language was enthusiastically supported by such poets as Breton, Paul Éluard, Louis Aragon, Robert Desnos, Raymond Queneau, and Jacques Prévert. In 1925 Éluard (1895–1952) wrote *152 proverbes*, a work that, by modifying well-known proverbs, forces the reader to react in new ways. Certain of Éluard's proverbs appear below, preceded by a group of traditional ones.

Pour faire un poème dadaïste_____

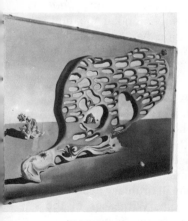

«L'Enigme du désir» par Salvador Dali

Prenez un journal.
Prenez des ciseaux.
Choisissez dans ce journal un article ayant la longueur que vous *comptez* donner à votre poème.
Découpez l'article.
Découpez ensuite avec soin chacun des mots qui forment cet article et mettez-les dans un sac.
Agitez doucement.
Sortez ensuite chaque *coupure* l'une après l'autre.
Copiez consciencieusement dans l'ordre où elles ont quitté le sac.
Le poème vous ressemblera.
Et vous voilà un écrivain infiniment original et d'une *sensibilité* charmante, *encore qu*'incomprise du *vulgaire*.

Tristan Tzara, *Sept Manifestes Dada*

Vocabulaire

compter *to intend*
la **coupure** *piece*
la **sensibilité** *sensitivity*

encore que *although*
le **vulgaire** *the mob, the masses*

1. Résumez avec vos propres mots ce qu'il faut faire pour écrire un poème dadaïste.
2. Quelle sorte d'écrivain résulte de ce procédé?

Quelques proverbes traditionnels—

1. Un *tiens* vaut mieux que deux tu l'auras.
2. Faire d'une pierre deux coups.
3. À quelque chose malheur est bon.
4. Qui *sème* le vent *récolte* la tempête.
5. Quand le chat est parti, les *souris* dansent.
6. Rendez à César ce qui est à César, et à Dieu ce qui est à Dieu.
7. Il y a loin de la coupe aux lèvres.
8. *Pile ou face.*
9. Tout ce qui *reluit* n'est pas or.
10. Trop de cuisiniers gâtent la sauce.
11. Il faut battre le fer tant qu'il est chaud.
12. À chacun son métier.
13. Il n'y a pas de rose sans *épines*.
14. Loin des yeux, loin du cœur.
15. À chaque jour suffit sa peine.
16. Il n'y a pas d'effet sans cause.
17. À petit *mercier*, petit *panier*.
18. Il vaut mieux faire envie que pitié.

Quelques proverbes d'Éluard———

1. Il faut rendre à la *paille* ce qui appartient à la *poutre*.
2. À petits *tonneaux*, petits tonneaux.
3. Il faut battre sa mère pendant qu'elle est jeune.
4. Quand la raison n'est pas là, les souris dansent.
5. Il n'y a pas de désir sans reine.
6. Trop de *mortier* nuit au blé.
7. Qui sème des *ongles* récolte une torche.
8. À chaque jour suffit sa tente.
9. Tout ce qui grossit n'est pas mou.
10. À quelque rose *chasseur* est bon.
11. Loin des *glands*, près du boxeur.
12. Passe ou *file*.
13. Faire deux heures d'une *horloge*.
14. Il n'y a pas de cheveux sans *rides*.
15. Il y a loin de la route aux *escargots*.

16. Un *plongeon* vaut mieux qu'une grimace.
17. Mieux vaut mourir d'amour que d'aimer sans regrets.
18. À chacun sa *panse*.

Paul Éluard, 152 proverbes

Vocabulaire

QUELQUES PROVERBES TRADITIONNELS

un **tiens** *something you hold*	**reluire** *to shine*
semer *to sow*	l'**épine** (f) *thorn*
récolter *to harvest*	le **mercier** *seller of notions (buttons,*
la **souris** *mouse*	*thread, ribbons, etc.)*
pile ou face *heads or tails*	le **panier** *basket*

QUELQUES PROVERBES D'ÉLUARD

la **paille** *straw*	**filer** *to buzz off*
la **poutre** *beam*	l'**horloge** (f) *clock*
le **tonneau** *barrel, cask*	la **ride** *wrinkle*
le **mortier** *mortar (for construction)*	l'**escargot** (m) *snail*
l'**ongle** (m) *nail (on fingers or toes)*	le **plongeon** *dive, plunge*
le **chasseur** *hunter*	la **panse** *paunch*
le **gland** *acorn; tassel*	

INTELLIGENCE DES TEXTES

1. Assortissez les proverbes d'Éluard aux proverbes traditionnels. Expliquez votre choix s'il ne s'accorde pas avec celui des autres étudiants.
2. Donnez des proverbes en anglais qui correspondent aux dix-huit proverbes français traditionnels de ce chapitre.
3. Citez en anglais un proverbe qui ressemble à chacun des proverbes suivants d'Éluard. Vous trouverez une liste de réponses possibles à la page 151.
   a. Une maîtresse en mérite une autre.
   b. Un crabe, sous n'importe quel autre nom, n'oublierait pas la mer.
   c. Épargner la manne (*manna*), c'est rater l'enfant.
   d. Joyeux dans l'eau, pâle dans le miroir.
   e. Je suis venu, je me suis assis, je suis parti.
4. Dans son proverbe 12, comment Éluard a-t-il transformé le proverbe traditionnel?

APPRÉCIATION DES TEXTES

1. Parmi les proverbes d'Éluard, lequel est:
   a. le plus comique?
   b. le plus original?
   c. le plus bizarre?

d. le plus dépourvu (*devoid*) de sens?

e. votre favori?

Donnez chaque fois les raisons de votre choix.

2. Chaque étudiant choisira un proverbe d'Éluard et demandera à un camarade de classe d'expliquer le travail d'adaptation accompli par le poète et de donner le sens du proverbe, si possible.

3. Ce travail d'adaptation du poète n'est pas tout à fait spontané, automatique. Alors, en quoi consiste le «surréalisme» des proverbes d'Éluard?

Raymond Queneau

Raymond Queneau (1903–   ) belongs to that generation of writers who began their career as surrealists. Although he left the group in 1929, mostly because of personal differences with the surrealist leader André Breton, he retained a predilection for innovation and a deep appreciation of the significance of language. As fate would have it, this very cultured writer, who chose to express himself primarily in a humorous and often unusual manner, was slow to gain serious public acceptance. Though he had been publishing novels since 1933, he achieved international recognition only with the appearance of his most humorous work, *Zazie dans le métro*, in 1959. Today Queneau works as an editor with one of France's most prestigious publishing houses, Gallimard, where he began his employment in 1938 as an English reader. His contributions as a novelist, poet, critic, translator, and scenarist—as well as mathematician (in which capacity he has written several books)—are widely acknowledged.

Throughout all his literary production, Queneau has maintained an overriding interest in language. Thoroughly convinced that literary language has outlived its usefulness, he has recommended consistently and forcefully the use of the most viable linguistic form, spoken French. He not only advocated that written French accurately reflect and incorporate contemporary vocabulary and syntax, but went so far as to implement radical changes in spelling, adopting a phonetic form based on the way French is actually pronounced today. His poems and novels thus contain a broad variety of speech patterns from both the spoken and written language: slang, foreign expressions, neologisms, phonetic spellings, varying styles and tones.

One of Queneau's most interesting experiments—and the occasion of his first major literary success—took place in 1947. In a work entitled *Exercices de style* he retold in ninety-nine different styles the same commonplace incident involving a man who observes another individual on a bus, then sees this same person two hours later on the street. These variations on a single theme reveal both Queneau the linguist seeking to explore the infinite resources of language, and Queneau the mathematician who attempts to discover systematically all the possible combinations of a given number of sets.

Exercices de style (extraits)

Passé indéfini

Je suis monté dans l'autobus de la *porte Champerret*. Il y avait beaucoup de monde, des jeunes, des vieux, des femmes, des militaires. J'ai payé ma place et puis j'ai regardé autour de moi. Ce n'était pas très intéressant. J'ai quand même fini par remarquer un jeune homme dont j'ai trouvé le cou trop long. J'ai examiné son chapeau et je me suis aperçu qu'au lieu d'un *ruban* il y avait un *galon tressé*. Chaque fois qu'un nouveau voyageur est monté il y a eu de la *bousculade*. Je n'ai rien dit, mais le jeune homme au long cou a tout de même *interpellé* son voisin. Je n'ai pas entendu ce qu'il lui a dit, mais ils se sont regardés d'un sale œil. Alors, le jeune homme au long cou est allé s'asseoir précipitamment.

En revenant de la porte Champerret, je suis passé devant la *gare Saint-Lazare*. J'ai vu mon *type* qui discutait avec un copain. Celui-ci a désigné du doigt un bouton juste au-dessus de l'*échancrure* du *pardessus*. Puis l'autobus m'a emmené et je ne les ai plus vus. J'étais assis et je n'ai pensé à rien.

Récit

Un jour vers midi *du côté du* parc Monceau, sur la plate-forme arrière d'un autobus à peu près complet de la ligne S (aujourd'hui 84), j'aperçus un personnage au cou fort long qui portait un *feutre* mou entouré d'un galon tressé au lieu de ruban. Cet individu interpella tout à coup son voisin en *prétendant* que celui-ci faisait exprès de lui marcher sur les pieds chaque fois qu'il montait ou descendait des voyageurs. Il abandonna d'ailleurs rapidement la discussion pour se jeter sur une place devenue libre.

Deux heures plus tard, je le revis devant la gare Saint-Lazare en grande conversation avec un ami qui lui conseillait de diminuer l'échancrure de son pardessus en en faisant remonter le bouton supérieur par quelque tailleur compétent.

Inattendu

Les copains étaient assis autour d'une table de café lorsque Albert les rejoignit. Il y avait là René, Robert, Adolphe, Georges, Théodore.

—Alors ça va? demanda cordialement Robert.

—Ça va, dit Albert.

Il appela le garçon.

—Pour moi, ce sera un *picon*, dit-il.

Adolphe se tourna vers lui:

—Alors, Albert, quoi de neuf?

—Pas grand-chose.

—Il fait beau, dit Robert.

—Un peu froid, dit Adolphe.

—Tiens, j'ai vu quelque chose de drôle aujourd'hui, dit Albert.

—Il fait chaud tout de même, dit Robert.

—Quoi? demanda René.

—Dans l'autobus, en allant déjeuner, répondit Albert.

—Quel autobus?

—L'S.

—Qu'est-ce que tu as vu? demanda Robert.

—J'en ai attendu trois au moins avant de pouvoir monter.

—À cette heure-là ça n'a rien d'étonnant, dit Adolphe.

—Alors qu'est-ce que tu as vu? demanda René.

—On était *serrés*, dit Albert.

—Belle occasion pour le *pince-fesse*.

—Peuh! dit Albert. Il ne s'agit pas de ça.

—Raconte alors.

—À côté de moi il y avait un *drôle de type*.

—Comment? demanda René.

—Grand, maigre, avec un drôle de cou.

—Comment? demanda René.

—*Comme si on lui avait tiré dessus.*

—Une élongation, dit Georges.

—Et son chapeau, *j'y pense*: un drôle de chapeau.

—Comment? demanda René.

—Pas de ruban, mais un galon tressé autour.

—Curieux, dit Robert.

—D'autre part, continua Albert, c'était un *râleur* ce type.

—Pourquoi ça? demanda René.

—Il s'est mis à *engueuler* son voisin.

—Pourquoi ça? demanda René.

—Il prétendait qu'il lui marchait sur les pieds.

—Exprès? demanda Robert.

—Exprès, dit Albert.

—Et après?

—Après? Il est allé s'asseoir, tout simplement.

—C'est tout? demanda René.

—Non. Le plus curieux c'est que je l'ai revu deux heures plus tard.

—Où ça? demanda René.

—Devant la gare Saint-Lazare.

—*Qu'est-ce qu'il fichait là?*

—Je ne sais pas, dit Albert. Il se promenait *de long en large* avec un copain qui lui faisait remarquer que le bouton de son pardessus était placé un peu trop bas.

—C'est en effet le conseil que je lui donnais, dit Théodore.

Rétrograde

Tu devrais ajouter un bouton à ton pardessus lui dit son ami. Je le rencontrai au milieu de la *Cour de Rome,* après l'avoir quitté se précipitant avec avidité vers une place assise. Il venait de protester contre la poussée d'un autre voyageur, qui, disait-il, le bousculait chaque fois qu'il descendait quelqu'un. Ce jeune homme *décharné* était *porteur* d'un chapeau ridicule. Cela se passa sur la plate-forme d'un S *complet* ce midi-là.

Raymond Queneau, *Exercices de style*

Vocabulaire

PASSÉ INDÉFINI

le **passé indéfini** = le passé composé
la **porte Champerret** *site of an old city gate on the outskirts of Paris*
le **ruban** *hat band*
le **galon tressé** *pleated band; braid*
la **bousculade** *jostling*

interpeller *to call for an explanation from*
la **gare Saint-Lazare** *a railway station in Paris*
le **type** *fellow*
l'**échancrure** (f) *opening (at the neck)*
le **pardessus** *overcoat*

RÉCIT

le **récit** *narration*
du côté de *near*

le **feutre** *felt hat*
prétendre *to claim*

INATTENDU

inattendu *unexpected*
le **picon** *an apéritif*
serré *packed*
le **pince-fesse** *fanny-pinching*
un **drôle de type** *a strange fellow*
comme si on lui avait tiré dessus *as*

if someone had tugged on it
j'y pense *come to think of it*
le **râleur** *grumbler*
engueuler *to tell off*
qu'est-ce qu'il fichait là? *what the devil was he doing there?*
de long en large *up and down*

rétrograde	*backward*	**décharné**	*skinny*
Cour de Rome	*in front of the gare*	le **porteur**	*wearer*
Saint-Lazare		**complet**	*full*

INTELLIGENCE DU TEXTE

Dans les quatre versions de ce même incident:
1. Quels détails nous donne le narrateur à propos de l'autobus?
2. Quelles sont les deux particularités qui lui font remarquer le jeune homme dans l'autobus?
3. Pourquoi le jeune homme se met-il à interpeller son voisin?
4. Qu'est-ce qui met fin à la discussion?
5. Où le narrateur voit-il de nouveau le jeune homme? Est-ce que celui-ci est seul?
6. Quel conseil le jeune homme reçoit-il de son copain?

APPRÉCIATION DU TEXTE

1. Dressez une liste des points communs de la narration qui se trouvent dans les quatre textes (voir Intelligence du texte, ci-dessus). Étant donné tous ces points communs, qu'est-ce qui explique la différence entre ces quatre versions d'un même incident?
2. Justifiez chacun des quatre titres.
3. Laquelle des quatre variations aimez-vous le mieux? Pourquoi?

Jacques Prévert

Jacques Prévert (1900–   ) has succeeded so well in communicating his poetry that he is perhaps the most widely known contemporary French poet. His works are savored by the general public as well as by students of literature. Like Queneau, he too was nurtured in surrealism, which fostered his spirit of revolt and his ability to utilize linguistic resources for maximum effect. This influence of surrealism led the poet to join the tradition of the French *chansonniers*, writers of satirical songs decrying social injustice. In his poems and songs Prévert attacked all manifestations of what he considered oppression: the Church, the State, the military, the intellectuals—in short, the embodiments of bourgeois conformity. His ideas, expressed now violently and now with irony, were illustrated through realistic scenes from everyday life.

There is another, more positive facet to Prévert's works, evidenced not only in poetry and song but also in the many films for which he wrote scenarios (e.g., *Les Enfants du paradis*, 1945), and in a series of children's books that he authored and illustrated. In opposition to the conventional conformity of the bourgeois world, Prévert hailed the freedom of the common people to love and to live life fully, and the freedom of children to exercise their imagination without restraint. He often pointed out the basic harmony between man and nature. More than once the bird appears as the symbol *par excellence* of freedom. Prévert was attracted by the genuine affection, honesty, and courage of the proletariat. These major themes of justice, freedom, and happiness are also seen in the major collections of his poems: *Paroles* (1946), *Spectacle* (1951), *La Pluie et le beau temps* (1955), and *Fatras* (1965).

Prévert's style strikes the reader as unique, yet natural. The simplicity of form and the frequent touches of humor complement the poet's extraordinary fantasy. Prévert does not hesitate to fabricate new words, to play on others, to use alliteration, to exploit colloquial terms, to knowingly introduce disorder to attract attention. He often questions clichés, wondering out loud how a word and its object were ever associated in the first place. One of his most effective devices—and one that betrays a surrealist influence—is the inventory or lengthy enumeration that lists unconnected items, leaving the reader free to make his own associations according to the mere juxtaposition of terms (cf. «Premier Jour»).

Page d'écriture

Deux et deux quatre
quatre et quatre huit
huit et huit font seize . . .
Répétez! dit le maître
Deux et deux quatre
quatre et quatre huit
huit et huit font seize.
Mais voilà l'*oiseau-lyre*
qui passe dans le ciel
l'enfant le voit
l'enfant l'entend
l'enfant l'appelle:
Sauve-moi
joue avec moi
oiseau!
Alors l'oiseau descend
et joue avec l'enfant
Deux et deux quatre . . .
Répétez! dit le maître
et l'enfant joue
l'oiseau joue avec lui . . .
Quatre et quatre huit
huit et huit font seize
et seize et seize qu'est-ce qu'ils font?
Ils ne font rien seize et seize
et surtout pas trente-deux

de toute façon
et ils s'en vont.
Et l'enfant a caché l'oiseau
dans son *pupitre*
et tous les enfants
entendent sa chanson
et tous les enfants
entendent la musique
et huit et huit à leur tour s'en vont
et quatre et quatre et deux et deux
à leur tour *fichent le camp*
et un et un ne font ni une ni deux
un à un s'en vont également.
Et l'oiseau-lyre joue
et l'enfant chante
et le professeur crie:
Quand vous aurez fini de *faire le pitre*!
Mais tous les autres enfants
écoutent la musique
et les murs de la classe
s'*écroulent* tranquillement.
Et les *vitres* redeviennent sable
l'encre redevient eau
les pupitres redeviennent arbres
la craie redevient *falaise*
le *porte-plume* redevient oiseau.

Déjeuner du matin

Il a mis le café
Dans la tasse
Il a mis le lait
Dans la tasse de café
Il a mis le sucre
Dans le café au lait
Avec la petite cuiller
Il a tourné
Il a bu le café au lait
Et il a *reposé* la tasse
Sans me parler
Il a allumé
Une cigarette
Il a fait des ronds
Avec la fumée
Il a mis les cendres
Dans le cendrier

Sans me parler
Sans me regarder
Il s'est levé
Il a mis
Son chapeau sur sa tête
Il a mis
Son manteau de pluie
Parce qu'il pleuvait
Et il est parti
Sous la pluie
Sans une parole
Sans me regarder
Et moi j'ai pris
Ma tête dans ma main
Et j'ai pleuré.

Premier Jour

Des draps blancs dans une *armoire*
Des draps rouges dans un lit
Un enfant dans sa mère
Sa mère *dans les douleurs*
Le père dans le couloir
Le couloir dans la maison
La maison dans la ville
La ville dans la nuit
La mort dans un cri
Et l'enfant dans la vie.

Le Message

La porte que quelqu'un a ouverte
La porte que quelqu'un a refermée
La chaise où quelqu'un s'est assis
Le chat que quelqu'un a caressé
Le fruit que quelqu'un a mordu
La lettre que quelqu'un a lue
La chaise que quelqu'un a renversée
La porte que quelqu'un a ouverte
La route où quelqu'un court encore
Le bois que quelqu'un traverse
La rivière où quelqu'un se jette
L'hôpital où quelqu'un est mort.

Jacques Prévert, *Paroles*

Vocabulaire

l'**oiseau-lyre** (m) *lyrebird: an Aus-tralian bird, so named because its long tail is lyre-shaped when spread*

le **pupitre** *desk*

ficher le camp *to clear out*

faire le pitre *to clown*

s'**écrouler** *to crumble*

la **vitre** *windowpane*

la **falaise** *cliff*

le **porte-plume** *penholder*

DÉJEUNER DU MATIN

reposer *to set down*

PREMIER JOUR

l'**armoire** (f) *wardrobe (a tall cabinet for clothes or linen)*

dans les douleurs *in labor*

INTELLIGENCE DES TEXTES

Page d'écriture

1. Qu'est-ce qui interrompt la leçon du maître?
2. Que font tous les numéros?
3. Qu'est-ce que les enfants écoutent maintenant?
4. Résumez le dénouement fantastique de cette intrigue.
5. Expliquez le jeu de mot du dernier vers.

Déjeuner du matin

1. Racontez à votre façon ce déjeuner du matin.
2. Qui est le narrateur de ce récit? Quel est le thème principal?

Premier Jour

1. Expliquez le sens de l'avant-dernier vers.
2. Qu'y a-t-il d'unique dans ce poème quant à la forme?
3. Qu'est-ce que le poète semble dire, à votre avis?

Le Message

1. Que fait cette personne avant de lire la lettre?
2. Que fait-elle après l'avoir lue? Pourquoi?
3. Étudiez le temps des verbes à travers tout le poème. Expliquez les changements opérés par le poète.

APPRÉCIATION DES TEXTES

1. Relevez les éléments de fantaisie dans «Page d'écriture.» Comment le poète y réalise-t-il un mouvement de crescendo et de decrescendo?
2. En quoi consiste le style de reportage, le style objectif de «Déjeuner du matin»? Combien d'adjectifs y a-t-il dans le poème? À quel moment est-ce que le poème devient personnel?

3. Le poème «Le Message» consiste en une suite de propositions relatives; «Premier Jour» emploie la préposition *dans* dans chaque vers. Dans celui-là, il n'y a pas de verbe principal; dans celui-ci il n'y a même pas de verbe. Comment s'opère alors la communication entre poète et lecteur dans ces deux poèmes?

Exercices de grammaire

I. *Complétez les phrases suivantes en employant* **le subjonctif**, **l'indicatif** *ou* **l'infinitif**.

1. Pour faire un poème dadaïste, il faut _____ (prendre) des ciseaux.
2. Cherchez un journal qui _____ (avoir) la longueur que vous comptez donner à votre poème.
3. Quels que _____ (être) les mots que vous avez choisis, mettez-les tous dans un sac.
4. Bien que le vulgaire ne vous _____ (comprendre) pas, vous serez certainement un écrivain original.
5. Il vaut mieux _____ (faire) envie que pitié.
6. Il faut que vous _____ (rendre) à César ce qui est à César.
7. Je crois qu'il n'y _____ (avoir) pas de rose sans épines.
8. Bien que le chat _____ (partir) hier soir, les souris n'ont pas dansé; elles étaient épuisées.
9. Il faut battre le fer jusqu'à ce qu'il _____ (être) froid.
10. C'est dommage qu'il n'y _____ (avoir) pas un plus grand nombre de proverbes pour _____ (rendre) les gens plus sages.
11. L'ami voulait que cet individu _____ (faire) remonter son bouton supérieur.
12. «Qui que vous _____ (être), Monsieur, vous n'avez pas le droit de m'interpeller ainsi.»
13. Il abandonna rapidement la discussion afin de _____ (se jeter) sur une place devenue libre.
14. Avant de _____ (pouvoir) monter, j'ai dû attendre trois autobus.
15. J'ai examiné le chapeau et je me suis aperçu que, quoiqu'il n'y _____ (avoir) pas de ruban, il y avait un galon tressé.
16. Il y a eu de la bousculade jusqu'à ce que le voyageur _____ (descendre) de l'autobus.
17. Je suis heureux que tout cela _____ (se passer) hier et pas aujourd'hui.
18. «Monsieur, je voudrais que vous _____ (cesser) de me marcher sur les pieds.»
19. Je ne crois pas que ce type _____ (faire) exprès de marcher sur les pieds de l'autre.
20. J'ai bien peur que toute cette question ne _____ (être) pas encore réglée pour de bon.

II. *Complétez les phrases suivantes en employant* **le subjonctif,** **l'indicatif** *ou* **l'infinitif.** *Traduisez vos réponses.*

1. Le professeur crie: «Restez là à moins que je ne vous _____ (dire) de partir!»
2. On ne peut apprécier la poésie sans qu'il y _____ (avoir) un effort intellectuel.
3. Le professeur ne veut pas que deux et deux _____ (s'en aller).
4. Il se peut que la falaise _____ (redevenir) craie demain.
5. Si fâché que _____ (être) ce monsieur ce matin, il est probable qu'il _____ (rentrer) déjeuner ce midi.
6. Prévert est-il le seul poète qui _____ (pouvoir) écrire tout un poème sans verbe?
7. Il est rare que la mère _____ (devoir) mourir avant que l'enfant _____ (venir) au monde.
8. Pour qu'un oiseau _____ (devenir) triste, il faut que la situation _____ (être) vraiment désespérée.
9. Pourvu qu'on _____ (entendre) le chant de l'oiseau-lyre, on est toujours libre de s'évader du réel par le rêve et l'imagination.
10. Je doute, cependant, que l'évasion _____ (être) la meilleure solution; il vaut mieux que vous _____ (rester) là pour affronter l'adversaire.

Vocabulaire satellite: La Langue

MA PAROLE !
QUEL ACCENT!

la **langue**   *language (of a people)*
le **langage**   *language (of an individual; vocabulary)*
la **langue vivante**   *modern language*
la **langue étrangère**   *foreign language*
la **langue courante**   *everyday speech*
 l'**argot** (m)   *slang*
le **jargon**   *jargon*
le **patois**   *dialect*

 l'**accent** (m)   *accent*
la **prononciation**   *pronunciation*
la **facilité**   *fluency*
 parler couramment   *to speak fluently*
se **faire comprendre**   *to make oneself understood*
 écorcher la langue   *to murder the language*
 parler français comme une vache espagnole   *to murder French*
 avoir un vocabulaire restreint (large)   *to have a small (large) vocabulary*
 être bilingue   *to be bilingual*

être polyglotte *to speak many languages, to be a polyglot*

la **grammaire** *grammar*
l'**orthographe** (f) *spelling*
la **linguistique** *linguistics*
la **phonétique** *phonetics*

l'**idiotisme** (m) *idiom*
le **gallicisme** *gallicism*
le **dicton** *saying*
le **cliché** *cliché, hackneyed expression*
le **lieu commun** *commonplace*
le **calembour** ⎫
le **jeu de mot** ⎭ *pun*

l'**image** (f) *image*
la **comparaison** *comparison, simile*
la **métaphore** *metaphor*
le **symbole** *symbol*
le **pastiche** *parody*

au sens propre *in the literal sense*
au sens figuré *in the figurative sense*
au sens péjoratif *in the pejorative (bad) sense*

un **style élevé, noble, prétentieux** *an elevated, noble, pretentious style*
un **style banal, familier, vulgaire** *a banal, familiar, vulgar style*
un **style imagé, lyrique, riche** *a vivid, lyric, rich style*
un **style clair, pur, sobre** *a clear, pure, sober style*

avec goût *with taste, tastefully*
sans goût *without taste*

Pratique de la langue

1. Essayez d'écrire en français un poème dadaïste en suivant exactement la méthode prescrite par Tzara. Puis dites votre propre réaction à votre œuvre originale. Distribuez-la ensuite à quelques camarades de classe pour voir si «le vulgaire» sait apprécier votre chef-d'œuvre.
2. Créez, comme Éluard, quelques pastiches des proverbes français traditionnels. Demandez aux autres étudiants de trouver la source de chacun de vos proverbes et d'en expliquer l'originalité.

3. Qu'est-ce qui fait un bon proverbe? Sur quoi se base-t-il? Ce genre a-t-il ses limites?

4. Vrai ou faux: «Un homme vaut autant d'hommes qu'il connaît de langues.»

5. Est-ce que l'orthographe française se base sur la phonétique (i.e., est-ce que les mots s'écrivent comme ils se prononcent)? L'orthographe anglaise est-elle meilleure à cet égard? Y a-t-il des langues où l'orthographe est plus logique? Nommez-les. Alors, devrait-on simplifier l'orthographe française ou anglaise autant que possible? Comment pourrait-on le faire?

6. Est-ce qu'il y a une différence entre la langue littéraire et la langue courante? Citez quelques exemples. Pourquoi cette différence existe-t-elle? Aimez-vous mieux un auteur qui écrit la langue courante, ou préférez-vous un style élevé, embelli, un style qui n'est pas de tous les jours? Expliquez votre préférence.

7. À débattre: «Il n'est pas important de soigner son langage; l'essentiel, c'est de se faire comprendre.»

Sujets de discussion ou de composition

1. Racontez par écrit le même incident banal qu'a raconté Queneau. Choisissez le style qui vous semble le mieux approprié. N'oubliez pas d'indiquer le titre.

2. Si le monde avait l'occasion d'adopter une seule langue universelle, devrait-on le faire?

RÉPONSES à L'EXERCICE SUR LES PROVERBES (p. 138)

a. One good turn deserves another.
b. A rose by any other name would smell as sweet.
c. Spare the rod and spoil the child.
d. Lucky at cards, unlucky in love.
e. I came, I saw, I conquered.

10 La Scène et les Lettres

Le Théâtre de l'absurde: Eugène Ionesco

The so-called theater of the absurd is the work of an avant-garde group of playwrights who came into prominence in the 1950s. They did not constitute a formal, unified school; they shared no common goals. Writers like Eugène Ionesco, Samuel Beckett, Jean Genet, and Arthur Adamov were all pre-occupied, however, with the fundamental problems of mankind and were struck by the absurdity of the human condition. In their view contemporary life made no sense, was devoid of meaning, could not be examined rationally. The basic assumptions and eternal truths of previous generations no longer related to man's unique plight and thus offered nothing by way of explanation and solace. Nor did this new generation of authors propose any solutions of their own. Their plays contained no moral, no esoteric message, but instead asked the questions and formulated the problems as they alone proved capable of defining them.

The playwrights of the absurd are not terribly avant-garde with respect to their subject matter. The human condition has served as the subject of many a literary investigation in the past, and in its rich potential will undoubtedly inspire many a future consideration, too. Even the notion of the absurd had been introduced by Albert Camus in his novel *L'Étranger* in 1942. The originality of the theater of the absurd lies in its use of nonconventional means, in its creation of new dramatic forms. The audience may no longer complacently rely on ordinary formats. It cannot "expect" anything. It will find no traditional plot line to follow, no extensive character development to appreciate, no realistic portrayal of everyday life. The goal of the theater of the absurd is to convey the senselessness of the human condition by keeping the audience off balance, disoriented, uneasy. The spectators must never be allowed inside the play, must never be able to identify with the characters. They must be made to feel the discomfort of absurdity.

Eugène Ionesco (1912–   ) is the first to come to mind when one thinks of playwrights of the absurd. The recognition he enjoys today did not come instantaneously. The premiere of *La Cantatrice chauve* in Paris in 1950 was less than a roaring success: the actors played to small houses until eventually, after six weeks, the play folded. The same fate befell *La Leçon* (1950) and *Les Chaises* (1952). It was not until the mid-1950s that the public accepted Ionesco's theater. By the time *Rhinocéros* was performed in 1960, however, Ionesco had achieved an international reputation.

In the first of the following selections, Ionesco reveals how he came to write *La Cantatrice chauve* and what was his intention. An excerpt from the play then follows.

Comment on devient auteur dramatique

En 1948, avant d'écrire ma première pièce: *La Cantatrice chauve*, je ne voulais pas devenir un auteur dramatique. J'avais tout simplement l'ambition de connaître l'anglais. *L'apprentissage* de l'anglais ne mène pas nécessairement à la dramaturgie. Au contraire, c'est parce que je n'ai pas réussi à apprendre l'anglais que je suis devenu écrivain de théâtre. Je n'ai pas écrit non plus ces pièces pour me venger de mon *échec*, bien que l'on ait dit que *La Cantatrice chauve* était une satire de la bourgeoisie anglaise. Si j'avais voulu et n'avais pas réussi à apprendre l'italien, le russe ou le turc, on aurait pu tout aussi bien dire que la pièce résultant de cet effort vain était une satire de la société italienne, russe ou turque. Je sens que je dois m'expliquer. Voici ce qui est arrivé: donc pour connaître l'anglais j'achetai, il y a neuf ou dix ans, un manuel de conversation franco-anglaise, à l'usage des *débutants*. Je me mis au travail. Consciencieusement, je copiai, pour les apprendre par cœur, les phrases tirées de mon manuel. En les relisant attentivement, j'appris donc, non pas l'anglais, mais des vérités surprenantes: qu'il y a sept jours dans la semaine, par exemple, ce que je savais d'ailleurs; ou bien que le plancher est en bas, le plafond en haut, chose que je savais également, peut-être, mais à laquelle je n'avais jamais réfléchi sérieusement ou que j'avais oubliée, et qui m'ap-

Eugène Ionesco

paraissait, tout à coup, aussi *stupéfiante* qu'indiscutablement vraie. J'ai sans doute assez d'esprit philosophique pour m'être aperçu que ce n'était pas de simples phrases anglaises dans leur traduction française que je recopiais sur mon cahier, mais bien des vérités fondamentales, des *constatations* profondes.

Je n'abandonnai pas encore l'anglais *pour autant.* Heureusement, car, après les vérités universelles, l'auteur du manuel me révélait des vérités particulières; et pour ce faire, cet auteur, inspiré, sans doute, de la *méthode platonicienne*, les exprimait par le moyen du dialogue. Dès la troisième leçon, deux personnages *étaient mis en présence*, dont je ne sais toujours pas s'ils étaient réels ou inventés: M. et Mme Smith, un couple d'Anglais. À mon grand émerveillement, Mme Smith faisait connaître à son mari qu'ils avaient plusieurs enfants, qu'ils habitaient dans les environs de Londres, que leur nom était Smith, que M. Smith était employé de bureau, qu'ils avaient une domestique, Mary, Anglaise également, qu'ils avaient, depuis vingt ans, des amis nommés Martin, que leur maison était un palais car «la maison d'un Anglais est son vrai palais.»

Je me disais bien que M. Smith devait être un peu au courant de tout ceci; mais, sait-on jamais, il y a des gens tellement *distraits*; d'autre part, il est bon de rappeler à nos *semblables* des choses qu'ils peuvent oublier ou dont ils ont insuffisamment *conscience*. Il y avait aussi, en dehors de ces vérités particulières permanentes, d'autres vérités du moment qui se manifestaient: par exemple, que les Smith venaient de dîner et qu'il était 9 heures du soir, d'après la pendule, heure anglaise.

Je me permets d'attirer votre attention sur le caractère indubitable, parfaitement axiomatique, des affirmations de Mme Smith, ainsi que sur la *démarche tout à fait cartésienne* de l'auteur de mon manuel d'anglais, car, ce qui y était remarquable, c'était la progression supérieurement méthodique de la recherche de la vérité. À la cinquième leçon, les amis des Smith, les Martin, arrivaient; la conversation s'engageait entre les quatre et, sur les axiomes élémentaires, s'*édifiaient* des vérités plus complexes: «la campagne est plus calme que la grande ville,» affirmaient les uns;

«oui, mais à la ville la population est plus dense, il y a aussi davantage de boutiques,» répliquaient les autres, ce qui est également vrai et prouve, par ailleurs, que des vérités antagonistes peuvent très bien coexister.

C'est alors que j'eus une illumination. Il ne s'agissait plus pour moi de *parfaire* ma connaissance de la langue anglaise. M'*attacher* à enrichir mon vocabulaire anglais, apprendre des mots, pour traduire en une autre langue ce que je pouvais aussi bien dire en français, sans tenir compte du «contenu» de ces mots, de ce qu'ils révélaient, *c'eût été* tomber dans le péché de formalisme qu'aujourd'hui les *directeurs de pensée* condamnent avec juste raison. Mon ambition était devenue plus grande: communiquer à mes contemporains les vérités essentielles dont m'avait fait prendre conscience le manuel de conversation franco-anglaise. D'autre part, les dialogues des Smith, des Martin, des Smith et des Martin, c'était proprement du théâtre, le théâtre étant dialogue. C'était donc une pièce de théâtre qu'il me fallait faire.

Plus tard, analysant cette œuvre, des critiques sérieux et savants l'interprétèrent uniquement comme une critique de la société bourgeoise et une parodie du théâtre de Boulevard.[L] Je viens de dire que j'admets aussi cette interprétation: cependant, il ne s'agit pas, dans mon esprit, d'une satire de la mentalité petite-bourgeoise liée à telle ou telle société. Il s'agit, surtout, d'une sorte de petite bourgeoisie universelle, le petit-bourgeois étant l'homme des *idées reçues*, des slogans, le conformiste de partout: ce conformisme, bien sûr, c'est son langage automatique qui le révèle. Le texte de *La Cantatrice chauve* ou du manuel pour apprendre l'anglais (ou le russe, ou le portugais), composé d'expressions *toutes faites*, des clichés les plus *éculés*, me révélait, *par cela même*, les automatismes du langage, du comportement des gens, le «parler pour ne rien dire,» le parler parce qu'il n'y a rien à dire de personnel, l'absence de vie intérieure, la mécanique du quotidien, l'homme baignant dans son milieu social, ne s'en distinguant plus. Les Smith, les Martin ne savent plus parler, parce qu'ils ne savent plus penser, ils ne savent plus penser parce qu'ils ne savent plus s'émouvoir, n'ont plus de passions, ils ne savent plus être, ils peuvent «devenir» n'importe qui, n'importe quoi car, n'étant pas, ils ne sont que les autres, le monde de l'impersonnel, ils sont interchangeables: on peut mettre Martin à la place de Smith et vice versa, on ne s'en apercevra pas. Le personnage tragique ne change pas, il se *brise*; il est lui, il est réel. Les personnages comiques, ce sont les gens qui n'existent pas.

Eugène Ionesco, *Notes et contrenotes*

Vocabulaire

l'**apprentissage** (m) *learning*
l'**échec** (m) *failure*
le **débutant** *beginner*
 stupéfiant *astounding*
la **constatation** *observation, finding*
 pour autant *on that account*
la **méthode platonicienne** *the Platonic method, based on logical discussion*
 étaient mis en présence *were introduced*
 distrait *absent-minded*
le **semblable** *fellow man*
la **conscience** *awareness*
la **démarche tout à fait cartésienne** *the*

completely Cartesian approach (i.e., methodical) ·
s'**édifier** *to be erected*
 parfaire *to complete*
s'**attacher à** *to apply oneself*
 c'eût été = cela aurait été
le **directeur de pensée** *spiritual advisor*
 l'**idée reçue** *traditional notion, commonplace*
 tout fait *ready-made*
 éculé *worn (usually said of the heel of a shoe)*
 par cela même *by that very fact*
se **briser** *to break, to shatter*

INTELLIGENCE DU TEXTE

1. Avant d'écrire *La Cantatrice chauve*, que voulait faire Ionesco?
2. Comment est-ce que, chez Ionesco, l'apprentissage de l'anglais a mené à la dramaturgie?
3. Qu'est-ce que Ionesco a fait pour apprendre l'anglais?
4. Qu'est-ce qu'il a appris en relisant les phrases qu'il avait copiées?
5. Que révélait l'auteur du manuel après les vérités universelles? De quelle façon?
6. Quelles sont quelques-unes des vérités que Mme Smith apprenait à son mari?
7. M. Smith n'était-il pas au courant de tout ceci? Quelles réflexions Ionesco se fait-il là-dessus?
8. Expliquez la démarche cartésienne de l'auteur du manuel d'anglais.
9. En quoi consiste, selon Ionesco, le péché de formalisme en matière de langue?
10. Quelle était, après son illumination, la nouvelle ambition de l'auteur?
11. Pourquoi a-t-il choisi le genre du théâtre pour s'exprimer?
12. Comment certains critiques ont-ils interprété la pièce?

13. Selon Ionesco, qu'est-ce qui caractérise le petit bourgeois universel?
14. Qu'est-ce que le texte de *La Cantatrice chauve* révèle?
15. Que sait-on des Smith et des Martin d'après leur langage?

APPRÉCIATION DU TEXTE

1. Ionesco s'est étonné que certains aient interprété sa pièce comme une comédie. Cependant, ne voyez-vous pas déjà dans son essai un mélange de tons? Relevez les endroits dans le texte où Ionesco, tout en traitant la tragédie du langage, emploie un ton comique, ironique, ou même moqueur.
2. Expliquez, avec vos propres mots, comment Ionesco est parvenu à écrire *La Cantatrice chauve*.
3. Le titre de l'essai d'où on a tiré cet extrait est «La Tragédie du langage.» Qu'est-ce que Ionesco entend par la *tragédie* du langage? Pourquoi a-t-il prêté ce titre à son essai?

Comme c'est curieux!
comme c'est bizarre!

Mme et M. Martin s'assoient l'un en face de l'autre, sans se parler. Ils se sourient, avec timidité.

M. Martin (le dialogue qui suit doit être dit d'une voix traînante, *monotone, un peu chantante, nullement nuancée).* Mes excuses, Madame, mais il me semble, si je ne me trompe, que je vous ai déjà rencontrée quelque part.

Mme Martin. À moi aussi, Monsieur, il me semble que je vous ai déjà rencontré quelque part.

M. Martin. Ne vous aurais-je pas déjà aperçue, Madame, à Manchester, par hasard?

Mme Martin. C'est très possible. Moi, je suis *originaire* de la ville de Manchester! Mais je ne me souviens pas très bien, Monsieur, je ne pourrais pas dire si je vous y ai aperçu ou non!

M. Martin. Mon Dieu, comme c'est curieux! Moi aussi je suis originaire de la ville de Manchester, Madame!

Mme Martin. Comme c'est curieux!

M. Martin. Comme c'est curieux! . . . Seulement, moi, Madame, j'ai quitté la ville de Manchester, il y a cinq semaines, environ.

Mme Martin. Comme c'est curieux! quelle bizarre coïncidence! Moi aussi, Monsieur, j'ai

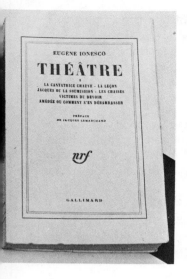

quitté la ville de Manchester, il y a cinq semaines, environ.

M. Martin. J'ai pris le train d'*une demie après huit* le matin, qui arrive à Londres *à un quart avant cinq*, Madame.

Mme Martin. Comme c'est curieux! comme c'est bizarre! et quelle coïncidence! J'ai pris le même train, Monsieur, moi aussi!

M. Martin. Mon Dieu, comme c'est curieux! peut-être bien alors, Madame, que je vous ai vue dans le train?

Mme Martin. C'est bien possible, ce n'est pas exclu, c'est plausible et, après tout, pourquoi pas!... Mais je n'en ai aucun souvenir, Monsieur!

M. Martin. Je voyageais en deuxième classe, Madame. Il n'y a pas de deuxième classe en Angleterre, mais je voyage quand même en deuxième classe.

Mme Martin. Comme c'est bizarre, que c'est curieux, et quelle coïncidence! moi aussi, Monsieur, je voyageais en deuxième classe!

M. Martin. Comme c'est curieux! Nous nous sommes peut-être bien rencontré en deuxième classe, chère Madame!

Mme Martin. La chose est bien possible et ce n'est pas du tout exclu. Mais je ne m'en souviens pas très bien, cher Monsieur!

M. Martin. Ma place était dans le wagon n° 8, sixième compartiment, Madame!

Mme Martin. Comme c'est curieux! ma place aussi était dans le wagon n° 8, sixième compartiment, cher Monsieur!

M. Martin. Comme c'est curieux et quelle coïncidence bizarre! Peut-être nous sommes-nous rencontrés dans le sixième compartiment, chère Madame?

Mme Martin. C'est bien possible, après tout! Mais je ne m'en souviens pas, cher Monsieur!

M. Martin. À vrai dire, chère Madame, moi non plus je ne m'en souviens pas, mais il est possible que nous nous soyons aperçus là, et, si j'y pense bien, la chose me semble même très possible!

Mme Martin. Oh! vraiment, bien sûr, vraiment, Monsieur!

M. Martin. Comme c'est curieux!... J'avais la place n° 3, près de la fenêtre, chère Madame.

Mme Martin. Oh, mon Dieu, comme c'est

curieux et comme c'est bizarre, j'avais la place n° 6, près de la fenêtre, en face de vous, cher Monsieur.

M. Martin. Oh, mon Dieu, comme c'est curieux et quelle coïncidence! . . . Nous étions donc vis-à-vis, chère Madame! C'est là que nous avons dû nous voir!

Mme Martin. Comme c'est curieux! C'est possible mais je ne m'en souviens pas, Monsieur!

M. Martin. À vrai dire, chère Madame, moi non plus je ne m'en souviens pas. Cependant, il est très possible que nous nous soyons vus à cette occasion.

Mme Martin. C'est vrai, mais je n'en suis pas sûre du tout, Monsieur.

M. Martin. Ce n'était pas vous, chère Madame, la dame qui m'avait prié de mettre sa valise dans le *filet* et qui ensuite m'a remercié et m'a permis de fumer?

Mme Martin. Mais si, ça devait être moi, Monsieur! Comme c'est curieux, comme c'est curieux, et quelle coïncidence!

M. Martin. Comme c'est curieux, comme c'est bizarre, quelle coïncidence! Eh bien alors, alors nous nous sommes peut-être connus à ce moment-là, Madame?

Mme Martin. Comme c'est curieux et quelle coïncidence! c'est bien possible, cher Monsieur! Cependant, je ne crois pas m'en souvenir.

M. Martin. Moi non plus, Madame.

Un moment de silence. La pendule sonne 2, 1.

M. Martin. Depuis que je suis arrivé à Londres, j'habite rue Bromfield, chère Madame.

Mme Martin. Comme c'est curieux, comme c'est bizarre! moi aussi, depuis mon arrivée à Londres j'habite rue Bromfield, cher Monsieur.

M. Martin. Comme c'est curieux, mais alors, mais alors, nous nous sommes peut-être rencontrés rue Bromfield, chère Madame.

Mme Martin. Comme c'est curieux; comme c'est bizarre! c'est bien possible, après tout! Mais je ne m'en souviens pas, cher Monsieur.

M. Martin. Je demeure au n° 19, chère Madame.

Mme Martin. Comme c'est curieux, moi aussi j'habite au n° 19, cher Monsieur.

M. Martin. Mais alors, mais alors, mais alors,

mais alors, mais alors, nous nous sommes peut-être vus dans cette maison, chère Madame?

Mme Martin. C'est bien possible, mais je ne m'en souviens pas, cher Monsieur.

M. Martin. Mon appartement est au cinquième étage, c'est le n° 8, chère Madame.

Mme Martin. Comme c'est curieux, mon Dieu, comme c'est bizarre! et quelle coïncidence! moi aussi j'habite au cinquième étage, dans l'appartement n° 8, cher Monsieur!

M. Martin, songeur. Comme c'est curieux, comme c'est curieux, comme c'est curieux et quelle coïncidence! vous savez, dans ma chambre à coucher j'ai un lit. Mon lit est couvert d'un *édredon* vert. Cette chambre, avec ce lit et son édredon vert, se trouve au fond du corridor, entre les *waters* et la bibliothèque, chère Madame!

Mme Martin. Quelle coïncidence, ah mon Dieu, quelle coïncidence! Ma chambre à coucher a, elle aussi, un lit avec un édredon vert et se trouve au fond du corridor, entre les waters, cher Monsieur, et la bibliothèque!

M. Martin. Comme c'est bizarre, curieux, étrange! alors, Madame, nous habitons dans la même chambre et nous dormons dans le même lit, chère Madame. C'est peut-être là que nous nous sommes rencontrés!

Mme Martin. Comme c'est curieux et quelle coïncidence! C'est bien possible que nous nous y soyons rencontrés, et peut-être même la nuit dernière. Mais je ne m'en souviens pas, cher Monsieur!

M. Martin. J'ai une petite fille, ma petite fille, elle habite avec moi, chère Madame. Elle a deux ans, elle est blonde, elle a un œil blanc et un œil rouge, elle est très jolie, elle s'appelle Alice, chère Madame.

Mme Martin. Quelle bizarre coïncidence! moi aussi j'ai une petite fille, elle a deux ans, un œil blanc et un œil rouge, elle est très jolie et s'appelle aussi Alice, cher Monsieur!

M. Martin, même voix traînante, monotone. Comme c'est curieux et quelle coïncidence! et bizarre! c'est peut-être la même, chère Madame!

Mme Martin. Comme c'est curieux! c'est bien possible, cher Monsieur.

Un assez long moment de silence . . . La pendule sonne vingt-neuf fois.

M. Martin, après avoir longuement réfléchi, se lève lentement et, sans se presser, se dirige vers Mme Martin qui, surprise par l'air solennel de M. Martin, s'est levée, elle aussi, tout doucement; M. Martin a la même voix rare, monotone, vaguement chantante. Alors, chère Madame, je crois qu'il n'y a pas de doute, nous nous sommes déjà vus et vous êtes ma propre épouse . . . Elisabeth, je t'ai retrouvée!

Mme Martin, s'approche de M. Martin sans se presser. Ils s'embrassent sans expression. La pendule sonne une fois, très fort. Le coup de la pendule doit être si fort qu'il doit faire sursauter *les spectateurs. Les époux Martin ne l'entendent pas.*

Mme Martin. Donald, c'est toi, darling!

Ils s'assoient dans le même fauteuil, se tiennent embrassés et s'endorment. La pendule sonne encore plusieurs fois. Mary, sur la pointe des pieds, un doigt sur ses lèvres, entre doucement en scène et s'adresse au public.

Mary. Elisabeth et Donald sont, maintenant, trop heureux pour pouvoir m'entendre. Je puis donc vous révéler un secret. Elisabeth n'est pas Elisabeth, Donald n'est pas Donald. En voici la preuve: l'enfant dont parle Donald n'est pas la fille d'Elisabeth, ce n'est pas la même personne. La fillette de Donald a un œil blanc et un autre rouge tout comme la fillette d'Elisabeth. Mais tandis que l'enfant de Donald a l'œil blanc à droite et l'œil rouge à gauche, l'enfant d'Elisabeth, lui, a l'œil rouge à droite et le blanc à gauche! Ainsi tout le système d'argumentation de Donald s'*écroule* en se *heurtant* à ce dernier obstacle qui *anéantit* toute sa théorie. Malgré les coïncidences extraordinaires qui semblent être des preuves définitives, Donald et Elisabeth n'étant pas les parents du même enfant ne sont pas Donald et Elisabeth. *Il a beau croire* qu'il est Donald, elle a beau se croire Elisabeth. Il a beau croire qu'elle est Elisabeth. Elle a beau croire qu'il est Donald: ils se trompent amèrement. Mais qui est le véritable Donald? Quelle est la véritable Elisabeth? *Qui donc a intérêt* à faire durer cette confusion? Je n'en sais rien. Ne tâchons pas de le savoir. Laissons les choses comme elles sont. (*Elle fait quelques pas vers la porte, puis revient et s'adresse au public.*) Mon vrai nom est Sherlock Holmès.

Eugène Ionesco, La Cantatrice chauve

Vocabulaire

traînant *droning*
originaire *native*
d'une demie après huit . . . à un quart avant cinq *These expressions are literal translations from English, and of course incorrect in French.*
le **filet** *luggage net*
l'**édredon** (m) *quilt (lit., an eiderdown quilt)*

les **waters** (m) *water closets, toilets*
sursauter *to start, to jump*
s'**écrouler** *to crumble*
se **heurter à** *to run into*
anéantir *to annihilate*
il a beau croire *in vain does he believe*
qui donc a intérêt *so to whose interest is it*

INTELLIGENCE DU TEXTE

1. Que font M. et Mme Martin au début de la scène et quelle est leur attitude?
2. Quelle impression M. Martin a-t-il dès le début? Et Mme Martin?
3. Pour quelle raison M. et Mme Martin auraient-ils pu s'apercevoir à Manchester?
4. Quel train ont-ils pris tous les deux?
5. En quelle classe voyagent-ils tous les deux? Est-ce étrange?
6. Situez les Martin dans le train aussi précisément que possible.
7. Que s'est-il passé entre lui et elle dans le train?
8. Où habitent les Martin depuis leur arrivée à Londres?
9. Décrivez l'intérieur de leur appartement, y compris la chambre à coucher.
10. Donnez la description de leur petite fille.
11. Qu'est-ce qui se passe après que les Martin ont échangé tous ces renseignements?
12. Y a-t-il moyen de savoir l'heure qu'il est pendant cette scène? Expliquez.
13. Comment Mary entre-t-elle en scène?
14. Quel secret révèle-t-elle? Quelle en est la preuve?
15. Quelle est la dernière chose que Mary révèle au public?

APPRÉCIATION DU TEXTE

1. Répondez à la dernière question de Mary: «Qui donc a intérêt à faire durer cette confusion?»

2. Dites comment chacun des éléments suivants contribue à développer le thème essentiel de la pièce:
   a. la répétition, les formules, les refrains dans les propos des Martin (quels sont-ils?)
   b. le fait que, suivant les indications scéniques, le dialogue doit être dit d'une voix traînante, monotone, etc.
   c. le monologue de Mary après le dialogue des Martin
3. À la première représentation de sa pièce, Ionesco fut presque étonné d'entendre rire les spectateurs. À votre avis, *La Cantatrice chauve* est-elle une comédie ou une tragédie?

La Critique littéraire: Gustave Lanson

The literary critic has become an increasingly important member of the world of letters. By what norms, however, does the individual critic operate? Must he consider exclusively, or even primarily, the formal elements of style, the rules governing the particular genre in question? Or must he rather focus on the work as an expression of the writer's thoughts and a reflection of his times? Is the critic bound to uphold objective standards, or is he allowed the luxury of reacting as a private reader and sharing his thoughts with others? Is literary criticism as valid a creation as literature itself?

The answers to the preceding questions have varied with the ages. The pendulum of criticism has swung at one time or another from the conservative, dogmatic approach that stresses compliance with logical rules, all the way over to the liberal, subjective manner that relies on personal taste. Modern French criticism, for example, covers a wide spectrum ranging from the objectivity of structuralism to the subjectivity of much of the so-called new criticism.

Gustave Lanson (1857–1934), writing at the turn of the century, was much impressed by the scientific aspirations of his predecessors, while lamenting their narrow optic. In putting forth his own method, Lanson founded the science of literary history as we know it today. He based his entire system first of all on very demanding scholarship, not as an end in itself but as a means of appreciating the work under study. Lanson insisted, for instance, on the compilation of complete bibliographies in order to compare various editions and measure an author's evolution, and stressed the importance of source studies as an indication of a writer's originality. All this industrious gathering of the facts was calculated to achieve one goal: a better knowledge and appreciation of the work itself and of the author's unique contribution.

The following selection, taken from the foreword to Lanson's *Histoire de la littérature française* (1894), illustrates his love of literature, his motivating humanism, his insistence on a thorough acquaintance with the primary source, and his notion of the important yet secondary role of scholarship in the enjoyment of good reading.

La Littérature: plaisir intellectuel_

L'étude de la littérature *ne saurait se passer* aujourd'hui d'érudition: un certain nombre de connaissances exactes, positives, sont nécessaires pour guider nos jugements. Mais il ne faut pas perdre de vue deux choses: l'histoire littéraire a pour objet la description des individualités; elle a pour base des intuitions individuelles. Il s'agit d'*atteindre* non pas une *espèce*, mais *Corneille*, mais *Hugo*: et on les atteint, non pas par des *expériences* ou des *procédés* que chacun peut répéter et qui fournissent à tous des résultats invariables, mais par l'application de facultés qui, variables d'homme à homme, fournissent des résultats nécessairement relatifs et incertains. Ni l'objet, ni les moyens de la connaissance littéraire ne sont, dans la rigueur du mot, scientifiques.

En littérature, comme en art, on ne peut perdre de vue les œuvres, infiniment et indéfiniment réceptives et dont jamais personne ne peut affirmer avoir épuisé le contenu ni fixé la formule. C'est dire que la littérature n'est pas objet de savoir: elle est exercice, goût, plaisir. On ne la sait pas, on ne l'apprend pas: on la pratique, on la cultive, on l'aime. Le mot le plus vrai qu'on ait dit sur elle, est celui de *Descartes*: la lecture des bons livres est comme une conversation qu'on aurait avec les plus *honnêtes* gens des siècles passés, et une conversation où ils ne nous *livreraient* que le meilleur de leurs pensées.

Les mathématiciens, comme j'en connais, que les lettres amusent, et qui vont au théâtre ou prennent un livre pour se *récréer*, sont plus dans le vrai que ces littérateurs, comme j'en connais aussi, qui ne lisent pas, mais *dépouillent*, et croient faire assez de convertir en *fiches* tout l'*imprimé* dont ils s'*emparent*. La littérature est destinée à nous fournir un plaisir, mais un plaisir intellectuel, attaché au jeu de nos facultés intellectuelles, et dont ces facultés sortent fortifiées, *assouplies*, enrichies. Et ainsi la littérature est un instrument de culture intérieure: voilà son véritable *office*.

Elle a cette excellence supérieure, qu'elle habitue à prendre plaisir aux idées. Elle fait que l'homme trouve dans un exercice de sa pensée, à

la fois sa joie, son repos, son renouvellement. Elle *délasse* des *besognes* professionnelles, et elle élève l'esprit au-dessus des savoirs, des intérêts, des préjugés professionnels; elle «humanise» les spécialistes. Plus que jamais, en ce temps-ci, la *trempe* philosophique est nécessaire aux esprits; mais les études techniques de philosophie ne sont pas accessibles à tous. La littérature est, dans le plus noble sens du mot, une *vulgarisation* de la philosophie: c'est par elle que passent à travers nos sociétés tous les grands courants philosophiques, qui déterminent les progrès ou du moins les changements sociaux; c'est elle qui *entretient* dans les âmes, autrement *déprimées* par la nécessité de vivre et submergées par les préoccupations matérielles, l'inquiétude des hautes questions qui dominent la vie et lui donnent sens ou fin. Pour beaucoup de nos contemporains, la religion est *évanouie*, la science est lointaine; par la littérature seule leur arrivent les sollicitations qui les *arrachent* à l'égoïsme étroit ou au métier *abrutissant*.

Je ne comprends donc pas qu'on étudie la littérature autrement que pour se cultiver, et pour une autre raison que parce qu'on y prend plaisir.

Gustave Lanson, *Histoire de la littérature française*

Vocabulaire

ne saurait se passer . . . de *could not do without*

atteindre *to grasp*

l'**espèce** (f) *literary type (classicist, Romantic, etc.)*

Corneille *Pierre Corneille (1606–84), the first great writer of tragedies in France*

Hugo *Victor Hugo (1802–85), the most prominent of the French Romantics, a poet, dramatist, and novelist*

l'**expérience** (f) *experiment*

le **procédé** *method*

Descartes *René Descartes (1596–1650), French philosopher and mathematician, creator of the philosophical method known as Cartesianism*

honnête *cultivated, refined*

livrer *to deliver*

se **récréer** *to divert oneself*

dépouiller *to strip, to plunder*

la **fiche** *note card*

l'**imprimé** (m) *printed matter*

s'**emparer de** *to lay hold of*

assoupli *supple, flexible*

l'**office** (m) *function*

délasser *to relax*

la **besogne** *task*

la **trempe** *stamp*

la **vulgarisation** *popularization*

entretenir *to foster*

déprimé *disheartened*

évanoui *faded, vanished*

arracher à *to wrest away from*

abrutissant *stupefying, degrading*

INTELLIGENCE DU TEXTE

1. Selon Lanson, pourquoi l'étude de la littérature aujourd'hui ne saurait-elle se passer d'érudition?
2. Quelles sont les deux choses qu'il ne faut pas perdre de vue?
3. Par quel moyen atteint-on l'auteur individuel?
4. Si la littérature n'est pas objet de savoir, qu'est-ce qu'elle est?
5. À quoi Descartes a-t-il comparé la lecture des bons livres?
6. Comparez certains mathématiciens et certains littérateurs de la connaissance de l'auteur.
7. Comment la littérature est-elle un instrument de culture intérieure?
8. En quoi consiste l'excellence supérieure de la littérature?
9. Comment la littérature humanise-t-elle les spécialistes?
10. Dans quel sens est-ce que la littérature est une vulgarisation de la philosophie?
11. Quelles sont, d'après Lanson, les seules raisons valables pour étudier la littérature?

APPRÉCIATION DU TEXTE

1. Il y a, dans cet avant-propos de Lanson, un aspect convaincant, une force de persuasion. Appréciez le mouvement de la pensée en faisant le plan du texte.
2. Grâce à ses recherches minutieuses et complètes, Lanson s'est acquis une réputation solide et bien méritée en tant qu'érudit (*scholar*). Dans ce texte, cependant, nous apercevons nettement la ferveur de cet homme de lettres, son grand amour de la littérature. Quelles phrases et quels mots particuliers révèlent l'intensité de ces sentiments?
3. Qu'est-ce que Lanson veut dire quand il affirme que l'histoire littéraire a pour objet la description des individualités?

Exercices de grammaire

I. *Complétez les phrases suivantes en indiquant la* **possession** *comme il convient.*

1. _____ (An Englishman's house) est _____ (his) vrai palais.
2. Ionesco voulait communiquer à _____ (his) contemporains certaines vérités essentielles.
3. «_____ (My) ambition était devenue plus grande.»
4. _____ (Mrs. Smith's assertions) étaient d'un caractère indubitable.
5. Mme Smith faisait connaître à M. Smith que _____ (their) nom était Smith.
6. M. et Mme Martin sont convaincus que cette fille est _____ (theirs).
7. Mary, un doigt sur _____ (her) lèvres, entre doucement en scène.
8. Mme Martin se rappelle _____ (her) lit et _____ (her) édredon vert.

9. Mais elle ne se souvient pas de _____ (her) arrivée à Manchester.
10. Elle _____ (has a headache) après tous ces efforts de mémoire.
11. Un certain nombre de connaissances exactes sont nécessaires pour guider _____ (our) jugements.
12. _____ (Descartes' word) est le mot le plus vrai qu'on ait dit sur la littérature.
13. Dans les bons livres, les plus honnêtes gens nous livrent le meilleur de _____ (their) pensées.
14. La littérature fait que l'homme trouve dans un exercice de _____ (his) pensée, à la fois _____ (his) joie, _____ (his) repos, _____ (his) renouvellement.
15. Beaucoup de _____ (my) contemporains n'aiment pas _____ (my) actrice favorite; chacun préfère _____ (his).

II. *Complétez les phrases suivantes en faisant très attention à l'emploi des* **prépositions**.

1. Les phrases du manuel l'ont aidé _____ (to) apprendre l'anglais.
2. _____ (From that moment on) il a saisi l'intention de l'auteur.
3. Il est bon _____ (to) se rappeler des choses qu'on peut si facilement oublier.
4. _____ (According to) la pendule, il était neuf heures du soir, heure anglaise.
5. Ionesco essaie _____ (to) attirer l'attention du lecteur sur ces vérités fondamentales.
6. Ils se sont vus _____ (on) le train.
7. Tous deux ont une fille _____ (with) yeux rouges et blancs.
8. Il avait la place _____ (near) la fenêtre, _____ (opposite) Madame.
9. Ils ont l'air _____ (to) se connaître déjà.
10. M. Martin, _____ (without) se presser, se dirige _____ (toward) Mme Martin.
11. C'est par la littérature que tous les grands courants philosophiques passent _____ (through) nos sociétés.
12. J'ai lu ce roman _____ (right to) la fin.
13. _____ (In) littérature, comme _____ (in) art, on ne peut perdre de vue les œuvres.
14. La littérature encourage le lecteur _____ (to) s'intéresser _____ (in) idées.
15. En lisant un bon livre, le lecteur peut, _____ (in) une heure, se délasser des besognes professionnelles.

Vocabulaire satellite: La Scène et les lettres

l'**auteur dramatique** (m) *playwright*
le **dramaturge** *dramatist*
la **pièce (de théâtre)** *play*
le **chef-d'œuvre** *masterpiece*
le **personnage** *character (in a play, a novel)*

l'**intrigue** (f) *plot*
le **dénouement** *ending, outcome*
les **indications scéniques** (f) *stage directions*

la **mise en scène** *staging, production*
le **metteur en scène** *director*
  monter une pièce de théâtre *to stage a play*
l'**interprète** (m) *player, actor*
le **comédien** *stage actor*
la **scène** *stage, scene*
le **décor** *scenery*
la **représentation** *performance*
le **bureau de location** *ticket office*
la **place** *seat*
l'**entracte** (m) *intermission*

le **public** *audience*
le **spectateur** *spectator*
le **critique** *critic*
la **critique** *criticism*
les **applaudissements** (m) *applause*
  applaudir *to applaud*
  siffler *to boo, to hiss*
  louer *to praise*
  critiquer *to criticize*
le **succès** *hit*
le **four** *flop*
l'**éditeur** (m) *publisher*
la **maison d'édition** *publishing house*
la **librairie** *bookstore*
la **bibliothèque** *library*
l'**exemplaire** (m) *copy (of a book)*
la **lecture** *reading*
le **livre de poche** *pocket book*
le **livre de chevet** *bedside book*

Pratique de la langue

1. Aimez-vous connaître la pensée de l'auteur sur son œuvre? Voudriez-vous voir, devant chaque œuvre, une préface d'auteur qui en révèle le thème central?
2. Descartes a comparé la lecture à la conversation. Laquelle préférez-vous et pourquoi?
3. Les propos gaillards (*spicy*) dans une pièce de théâtre se trouvent interdits à la télévision. Comment expliquez-vous cette différence dans la censure? Est-ce qu'on a raison de faire cette distinction? Pourquoi ou pourquoi pas?

4. Avez-vous lu un roman récemment que vous avez beaucoup aimé ou beaucoup détesté? Expliquez votre réaction.

5. Avez-vous jamais remarqué dans une conversation—de vos amis, de votre famille ou même de vos professeurs—des propos aussi absurdes (ou presque) que ceux des Martin dans *La Cantatrice chauve*? Donnez des exemples. Quelles conclusions en tirez-vous sur nos façons de penser et de parler?

6. À débattre: «Ce n'est pas la peine de s'éreinter (*work oneself to death*) pour apprendre à lire le français; tous les bons livres français ont été traduits en anglais.»

7. Si vous viviez dans un pays où chaque citoyen n'a droit qu'à trois livres, quels livres garderiez-vous? Pourquoi?

Sujets de discussion ou de composition

1. Imaginez que vous êtes critique pour une revue littéraire. Faites la critique soit de *La Cantatrice chauve*, soit de la dernière pièce de théâtre que vous avez vue.

2. Le livre et la scène se voient concurrencés (*competed with*) aujourd'hui par la télévision. Divisez la classe en trois groupes de partisans qui, dans un débat, se chargeront de démontrer les avantages de leur choix ainsi que les inconvénients des deux autres.

3. Si vous aviez le loisir d'écrire le livre de votre choix, quel genre de livre écririez-vous et pourquoi?

11 *Chanson et Cinéma*

Georges Brassens

French song is as old as French literature itself, tracing its origins to the medieval troubadours[L] who composed the first poems to be sung to the accompaniment of a simple stringed instrument. In their time poetry and song constituted one and the same form, without distinction. These artful expressions covered a broad range of themes from the lyrical to the satirical, from celebrations of love and *joie de vivre* to mild and not so mild attacks on both Church and State.

The poet-singer Georges Brassens[1] (1921–   ) looks to that era of the early troubadours. In concert he simply strolls out onto the stage, guitar in hand, seemingly oblivious of the audience, puts his foot up on a chair, and with no formal introduction begins to communicate in song. The deep, rich tones emanating from this physically imposing man, combined with the unique interpretation of his own expressive lyrics, soon capture the audience. Like the troubadours, Brassens is as much poet as song writer; the Académie Française awarded him the poetry prize in 1967. His choice of subjects shows a predilection for rebellion against the established order. He particularly enjoys portraying society's underprivileged or outcasts, but with no apologetic intent, and without attempting to gloss over their apparent shortcomings. He delights in disturbing, shocking, or even scandalizing the comfortable middle classes. He uses sarcasm, irony,[L] disrespect, ribaldry, and laughter, though he can be quite tender and moving when the subject calls for it.

Brassens' colorful language affords a fascinating study in contrasts. Ever preoccupied with the honest, lucid, natural phrasing of thought, the

---

[1]The final s is also pronounced: BRɑsɛ̃s

poet does not recoil from popular, even obscene, words. It is not unusual to find side by side in one selection both crude and refined language.

Dans l'eau de la claire fontaine

Dans l'eau de la claire fontaine
Elle se baignait toute nue
Une *saute de vent* soudaine
Jeta ses habits dans les *nues*.

En détresse elle me fit signe
Pour la vêtir d'aller chercher
Des *monceaux* de feuilles de vigne
Fleurs de *lis* et fleurs d'oranger.

Avec des pétales de roses
Un bout de *corsage lui fis*
La belle n'était pas bien grosse
Une seule rose a suffi.

Avec le *pampre* de la vigne
Un bout de *cotillon* lui fis
Mais la belle était si petite
Qu'une seule feuille a suffi.

Ell' me tendit ses bras, ses lèvres
Comme pour me remercier
Je les pris avec tant de fièvre
Qu'ell' fut toute déshabillée.

Le jeu dut plaire à l'ingénue
Car à la fontaine souvent
Ell' s'alla baigner toute nue
En priant Dieu qu'il fît du vent
      Qu'il fît du vent.

Chanson pour l'Auvergnat

Elle est à toi cette chanson
Toi l'*Auvergnat* qui *sans façon*
M'as donné quatre *bouts* de bois
Quand dans ma vie il faisait froid
Toi qui m'as donné du feu quand
Les croquantes et les *croquants*
Tous les gens bien intentionnés
M'avaient fermé la porte au nez

Georges Brassens

Ce n'était rien qu'un feu de bois
Mais il m'avait chauffé le corps
Et dans mon âme il brûle encore
À la manièr' d'un feu de joie.

Toi l'Auvergnat quand tu mourras
Quand le *croqu'mort* t'emportera
Qu'il te conduise à travers ciel
    Au père éternel.

Elle est à toi cette chanson
Toi l'hôtesse qui sans façon
M'as donné quatre bouts de pain
Quand dans ma vie *il faisait faim*
Toi qui m'ouvris ta *huche* quand
Les croquantes et les croquants
Tous les gens bien intentionnés
S'amusaient à me voir *jeûner*
Ce n'était rien qu'un peu de pain
Mais il m'avait chauffé le corps
Et dans mon âme il brûle encore
À la manièr' d'un grand *festin*.

Toi l'hôtesse quand tu mourras
Quand le croqu'mort t'emportera
Qu'il te conduise à travers ciel
    Au père éternel.

Elle est à toi cette chanson
Toi l'étranger qui sans façon
D'un air malheureux m'as souri
Lorsque les gendarmes m'ont pris
Toi qui n'as pas applaudi quand
Les croquantes et les croquants
Tous les gens bien intentionnés
Riaient de me voir emmener
Ce n'était rien qu'un peu de *miel*
Mais il m'avait chauffé le corps
Et dans mon âme il brûle encore
À la manièr' d'un grand soleil.

Toi l'étranger quand tu mourras
Quand le croqu'mort t'emportera
Qu'il te conduise à travers ciel
    Au père éternel.

La Chasse aux papillons

Un bon petit diable à la fleur de l'âge.
La jambe légère et l'œil *polisson*,
Et la bouche plein' de joyeux *ramages*,
Allait à la chasse aux papillons.

Comme il atteignait l'*orée* du village,
Filant sa quenouille il vit *Cendrillon.*
Il lui dit: «Bonjour, que Dieu te *ménage*,»
J' t'emmène à la chasse aux papillons.

Cendrillon ravie de quitter sa cage,
Met sa robe neuve et ses *bottillons*;
Et *bras d'ssus bras d'ssous* vers les frais *bocages*
Ils vont à la chasse aux papillons.

Ils ne savaient pas que sous les *ombrages*
Se cachait l'amour et son *aiguillon*;
Et qu'il transperçait les cœurs de leur âge.
Les cœurs des chasseurs de papillons.

Quand il se fit entendre, ell' lui dit j' *présage*
Qu' c'est pas *dans les plis de mon cotillon*
Ni dans l'*échancrure* de mon corsage,
Qu'on va t'à la chasse aux papillons.
Sur sa bouche en feu qui criait: «Sois sage!»
Il posa sa bouche *en guis' de bâillon.*
Et c' fut l' plus charmant des *remue-ménage*
Qu'on ait vu *d' mémoir'* de papillons.

Un volcan dans l'âme ils r'vinr'nt au village,
En se promettant d'aller des millions
Des *milliards* de fois et mêm' davantage,
Ensemble à la chasse aux papillons.

Mais tant qu'ils s'aim'ront, tant que les nuages
Porteurs de chagrins les *épargneront*,
I' *f'ra* bon voler dans les frais bocages
I' n' f'ront pas la chasse aux papillons.

Vocabulaire

DANS L'EAU DE LA CLAIRE FONTAINE

une **saute de vent** *a brisk change in the wind*
la **nue** *cloud*
le **monceau** *pile*
le **lis** *lily*
le **corsage** *blouse*
 lui fis = je lui fis
le **pampre** *vine branch*

le **cotillon** *petticoat*
 Ell' *The last e has been dropped because of the demands of the music. Normally, according to the rules of French prosody, it would have to be pronounced.*
 ell' s'alla baigner = elle alla se baigner

CHANSON POUR L'AUVERGNAT

 Auvergnat *inhabitant of the province of Auvergne, in central France*
 sans façon *without ceremony*
le **bout** *piece*
le **croquant, la croquante** *peasant*
le **croque-mort** *undertaker*
 il faisait faim *This unusual con-struction parallels* il faisait froid *in the first stanza.*
la **huche** *bin*
 jeûner *to fast*
le **festin** *feast, spread*
le **miel** *The stranger's smile had a soothing effect like honey.*

LA CHASSE AUX PAPILLONS

le **papillon** *butterfly*
un **bon petit diable à la fleur de l'âge** *a fiery lad in the prime of his youth*
 polisson *naughty, ribald*
le **ramage** *warble, yodel*
l'**orée** (f) *limits*
 filant sa quenouille *spinning her distaff. Note the inversion in this verse.*
 Cendrillon *Cinderella*
 ménager *to spare*
le **bottillon** *little boot*
 bras dessus bras dessous *arm in arm*
le **bocage** *sparse, shady wood*
l'**ombrage** (m) *shade (from trees)*

l'**aiguillon** (m) *goad*
 présager *to predict, to have a hunch*
 dans les plis de mon cotillon *in the pleats of my skirt*
l'**échancrure** (f) *opening*
 qu'on va t'à la chasse *The t has no grammatical function; it is there for euphonic purposes only, to avert the hiatus* va à.
 en guise de bâillon *as a gag*
le **remue-ménage** *bustle, stir*
 de mémoire de *within memory of*
le **milliard** *billion*
 épargner *to spare*
 l' f'ra = Il fera

INTELLIGENCE DES TEXTES

Dans l'eau de la claire fontaine

1. Quel problème se présente à la jeune fille?
2. Quelle solution propose-t-elle?
3. Est-ce que tout finit bien? Expliquez votre réponse.

Chanson pour l'Auvergnat

1. En quoi consiste la charité de l'Auvergnat, de l'hôtesse et de l'étranger?
2. Qu'est-ce que les croquantes et les croquants ont fait?
3. Qu'est-ce que le poète souhaite, dans le refrain, à chacun de ses bien-faiteurs?

4. Comment vous représentez-vous le narrateur?

La Chasse aux papillons

1. Racontez la rencontre de Cendrillon et de son petit ami.
2. Est-ce que la chasse aux papillons est menacée? Comment?
3. Qu'est-ce que Cendrillon et son petit ami se proposent de faire à la fin?

APPRÉCIATION DES TEXTES

1. Brassens est poète et chansonnier. Ses œuvres se lisent bien, même sans musique. Lisez à haute voix, par exemple, les vers de «la Chanson pour l'Auvergnat» ou de «Dans l'eau de la claire fontaine.» Appréciez la régularité des octosyllabes et la justesse remarquable de la rime.
2. On appelle Brassens «le polisson (*scamp, rascal*) de la chanson.» Quels éléments de sa polissonnerie avez-vous remarqués dans les trois chansons?
3. Ces trois chansons illustrent plusieurs thèmes favoris de Brassens: l'amour, la nature, les pauvres types, l'humour, etc. Citez quelques exemples qui vous ont plus particulièrement frappé dans le texte.

Georges Moustaki

The other well-known Georges in contemporary French song is Georges Moustaki (1934–   ), born in Egypt but a resident of France. Although Moustaki was to develop along somewhat different lines, he was encouraged by Brassens early in his career, and like him refused to accept the dictates of society. Without leading a personal crusade of protest against prevailing social conditions, he rejected any notion of a routine existence that might compromise his freedom. He was intent on living his life according to his own terms: «Je fais les choses parce qu'elles sont dans le présent.»

Moustaki did not start out immediately as a performer; at first he wrote songs for others. The most notable of these compositions—one that greatly influenced his own career—was "Milord," written for the legendary Édith Piaf in the late 1950s. He then accompanied Piaf on an extensive one-year tour that included the United States. Moustaki also wrote music for television and the movies (*Le Temps de vivre*), and during the student uprisings of May 1968 was often seen singing his songs in the streets of Paris. The song that launched his recording career in 1969, and brought him to the attention of the public as a singer, was «Le Métèque,» whose title is a term used pejoratively to designate someone like Moustaki, a native of a Mediterranean country who resides in France.

Moustaki's poetry strikes the reader by its extreme simplicity. This uncomplicated, informal approach perfectly complements the artist's favorite theme, the sweet life. In many of his songs Moustaki extols the merits of a carefree existence where there are no rules or restrictions. A native of

Alexandria, he seems to have nothing but fond memories of his early life on the Nile delta. He enjoys creating a dream atmosphere where daily cares can be avoided as one nonchalantly pursues one's pleasures. In this poet's world one need never worry; everything will work itself out sooner or later. It is not hard to understand the attraction of such a theme when phrased poetically, stated simply, and enhanced by melodies in the artist's own alluring, low-key presentation.

Il est trop tard

Georges Moustaki

Pendant que je dormais
Pendant que je rêvais
Les *aiguilles* ont tourné
Il est trop tard
Mon enfance est si loin
On est déjà demain
Passe passe le temps . . .
Il n'y en a plus pour très longtemps.

Pendant que je t'aimais
Pendant que je t'avais
L'amour s'en est allé
Il est trop tard
Tu étais si jolie
Je suis seul dans mon lit
Passe passe le temps . . .
Il n'y en a plus pour très longtemps.

Pendant que je chantais
Ma chère liberté
D'autres l'ont enchaînée
Il est trop tard
Certains se sont battus
Moi je n'ai jamais su
Passe passe le temps . . .
Il n'y en a plus pour très longtemps.

Pourtant je vis toujours
Pourtant je fais l'amour
M'arrive même de chanter
Sur ma guitare
Pour l'enfant que j'étais
Pour l'enfant que j'ai fait
Passe passe le temps . . .
Il n'y en a plus pour très longtemps.

Pendant que je chantais
Pendant que je t'aimais
Pendant que je rêvais
Il était encore temps.

Le Temps de vivre

Nous prendrons le temps de vivre
D'être libre mon amour
Sans projets et sans habitudes
Nous pourrons rêver notre vie.

Viens je suis là
Je n'attends que toi
Tout est possible
Tout est permis.

Viens écoute ces mots qui vibrent
Sur les *murs du mois de mai*
Ils nous disent la certitude
Que tout peut changer un jour.

Viens je suis là
Je n'attends que toi
Tout est possible
Tout est permis.

Dire qu'il faudra mourir un jour

Dir' qu'il faudra mourir un jour
Quitter sa vie et ses amours
Dire qu'il faudra laisser tout ça
Pour Dieu sait quel *au-delà*.

Dir' qu'il faudra mourir un jour
C'est dur à penser il faut bien le dire.

Dir' qu'il faudra rester tout seul
Dans la tristesse d'un *linceul*
Sans une fille pour la nuit
Sans une goutte de whisky.

Dir' qu'il faudra mourir un jour
C'est dur à penser il faut bien le dire.

Dir' qu'il faudra *bon gré mal gré*
Finir dans d'éternels regrets
Moi qui voudrais plus d'une vie
Pour passer toutes mes *envies.*

Dir' qu'il faudra mourir un jour
C'est dur à penser il faut bien le dire.

Dir' qu'il faudra mourir d'ennui
En *enfer* ou en paradis
Passer toute une éternité
Sans jamais pouvoir s'évader.

Dir' qu'il faudra mourir un jour
C'est dur à penser il faut bien le dire.

Dir' qu'il faudra mourir encor
Moi qui suis souvent déjà mort
Oui mort d'amour et de plaisir
De quoi pourrais-je mieux mourir?

Dir' qu'il faudra mourir un jour
C'est dur à penser mon amour.

Ma Solitude

Pour avoir si souvent dormi
Avec ma solitude
Je m'en suis fait presque une amie
Une douce habitude
Elle ne me quitte pas d'un pas
Fidèle comme une ombre
Elle m'a suivi çà et là
Aux quatre coins du monde.

Non je ne suis jamais seul
Avec ma solitude.

Quand elle est au *creux* de mon lit
Elle prend toute la place
Et nous passons de longues nuits
Tous les deux face à face
Je ne sais vraiment pas jusqu'où
Ira cette *complice*
Faudra-t-il que j'y *prenne goût*
Ou que je *réagisse?*

Non je ne suis jamais seul
Avec ma solitude.

Par elle j'ai autant appris
Que j'ai versé de larmes
Si parfois je la répudie
Jamais elle ne désarme
Et si je préfère l'amour
D'une autre courtisane
Elle sera à mon dernier jour
Ma dernière compagne.

Non je ne suis jamais seul
Avec ma solitude.

Vocabulaire

Il est trop tard

l'aiguille (f)   *hand (on a clock)*
il n'y en a plus pour très longtemps   *there is not much more remaining*
M'arrive = il m'arrive

Le Temps de vivre

les **murs du mois de mai**   *During the student uprisings of May 1968, the walls of Paris were covered with graffiti.*

Dire qu'il faudra mourir un jour

l'au-delà (m)   *other world, beyond*
le linceul   *shroud*
bon gré mal gré   *willy-nilly*
l'envie (f)   *desire*
l'enfer (m)   *hell*

Ma Solitude

le creux   *hollow*
le (la) complice   *accomplice*
prendre goût   *to get to like*
réagir   *to react (against)*

INTELLIGENCE DES TEXTES

Il est trop tard

1. Qu'est-ce qui est arrivé pendant que le poète rêvait?
2. Que s'est-il passé pendant qu'il aimait?
3. Qu'est-ce qui a eu lieu pendant qu'il chantait? Expliquez.
4. En quoi consistent les activités actuelles du poète?
5. Quelle est la conclusion sous-entendue du poème?

Le Temps de vivre

1. Comment le poète propose-t-il de vivre?

2. Trouvez-vous optimiste le thème de cette chanson? Pourquoi ou pourquoi pas?

Dire qu'il faudra mourir un jour

1. Quelles sont les choses qu'il faut quitter un jour?
2. Pour quelles raisons est-ce dur à penser?
3. Pourquoi faudra-t-il finir dans d'éternels regrets?
4. De quoi le poète est-il souvent mort?

Ma Solitude

1. Pourquoi le poète considère-t-il la solitude comme une amie?
2. A-t-il des sentiments équivoques envers sa solitude? Quels sont ces sentiments?
3. Comment va sûrement se terminer cette liaison?

APPRÉCIATION DES TEXTES

1. Moustaki, pour plusieurs, c'est d'abord le grand insouciant (*insouciant = carefree, heedless*). Dans quelles chansons trouve-t-on des éléments de nonchalance, de disponibilité (*openness to new adventures*)? Quels sont ces éléments?
2. La simplicité extraordinaire des paroles de Moustaki crée une atmosphère de confidence, d'intimité. La majorité des phrases, en effet, sont écrites à la première ou à la deuxième personne. Relisez les chansons à haute voix pour remarquer comment, étant donné le style simple, il y a très peu d'inversions et comment, malgré le manque de ponctuation, l'expression de la pensée reste claire.

Le Romancier comme scénariste: Marguerite Duras

With the invention of the motion-picture camera by the brothers Lumière (1895), an original medium of artistic expression was born. The surrealists in the 1920s were among the first to realize the potential of this visual sensation. When the magic of sound was added to the spectacle of sight in 1927, even the staunchest skeptics admitted the dawn of a new era. Since that time many excellent writers have chosen to work through the two media of film and literature—Cocteau, Pagnol, and Malraux among others. Many literary works have been adapted for motion pictures, while conversely—especially in the domain of conceptual techniques—the cinema has influenced literature.

The novelist and playwright Marguerite Duras[2] (1914–   ) is a good example of a modern artist utilizing the resources of several media. Born in

---

[2]The final *s* is pronounced: DYRɑS

Indochina, she lived there for the first eighteen years of her life, and incorporated some of this background into early novels such as *Un barrage contre le Pacifique* (1950). Later in the 1950s she abandoned the conventional novel for the *nouveau roman*,[L] which, as the name implies, represented new approaches to fiction.

It was the novel *Moderato cantabile* (1958) that brought Duras to the attention of film maker Alain Resnais (who would later work with another *nouveau romancier*, Alain Robbe-Grillet, to produce *L'Année dernière à Marienbad* in 1961). Resnais originally invited Duras to write the scenario for a documentary on the effects of the atomic bomb. What she finally wrote, however, for the film *Hiroshima mon amour*, was the story of a French actress who, while on location in Hiroshima, meets and falls in love with a Japanese architect the day before she is scheduled to return to France. The film develops the themes of memory and time: the two lovers seek to keep alive tragic memories of their past: for the architect, the destruction of Hiroshima; for the actress, her youthful love of a German soldier during World War II. Yet if their mutual relationship is to develop significantly in the present, both must put their past behind them. This dilemma is brought out effectively both in words (the dialogue of the two lovers) and in pictures (camera flashbacks to the bombing of Hiroshima, and to the town of Nevers in central France, the scene of the woman's first love).

The first selection that follows reveals the impossibility of even talking about the awesome event that was Hiroshima. In the last two excerpts the French actress comes to grips with the memory of the German soldier, and shares it meaningfully with the man she now loves.

In these excerpts from a motion-picture scenario, the lines of dialogue are interspersed with screen directions. Though such a text does not permit the smooth reading as of a novel, it invites a more creative interpretation by the reader. As one reads, a small extra effort of the imagination will be well rewarded.

Hiroshima mon amour received the International Critics Prize at the 1959 Cannes Film Festival, and the New York Film Critics Award the following year. Marguerite Duras owes her reputation outside France largely to this scenario.

Hiroshima mon amour————

I

Elle. De même que dans l'amour cette illusion existe, cette illusion de pouvoir ne jamais oublier, de même j'ai eu l'illusion devant Hiroshima que jamais je n'oublierai.

De même que dans l'amour.

(*Des* pinces chirurgicales *s'approchent d'un œil pour l'extraire.*

Les actualités *continuent.*)

Elle. J'ai vu aussi les *rescapés* et ceux qui étaient dans les ventres des femmes de Hiroshima.

(Un bel enfant se tourne vers nous. Alors nous voyons qu'il est borgne.

Une jeune fille brûlée se regarde dans un miroir.

Une autre jeune fille aveugle aux mains tordues *joue de la* cithare.

Une femme prie auprès de ses enfants qui meurent.

Un homme se meurt de ne plus dormir depuis des années. Une fois par semaine, on lui amène ses enfants.)

Elle. J'ai vu la patience, l'innocence, la douceur apparente avec lesquelles les survivants *provisoires de* Hiroshima *s'accommodaient* d'un sort tellement injuste que l'imagination d'habitude pourtant si féconde, devant eux, se ferme.

*(Toujours on revient à l'*étreinte *si parfaite des corps.)*

Elle (*bas*). Écoute . . .

Je sais . . .

Je sais tout.

Ça a continué.

Lui. Rien. Tu ne sais rien.

(Nuage atomique.

Atomium *qui tourne.*

Des gens dans des rues marchent sous la pluie.

Pêcheurs atteints par la radio-activité.

Un poisson non comestible.

Des milliers de poissons non comestibles enterrés.)

Elle. Les femmes risquent *d'accoucher* d'enfants *mal venus*, de monstres, mais ça continue.

Les hommes risquent d'être frappés de stérilité, mais ça continue.

La pluie fait peur.

Des pluies de cendres sur les eaux du Pacifique.

Les eaux du Pacifique tuent.

Des pêcheurs du Pacifique sont morts.

La nourriture fait peur.

On jette la nourriture d'une ville entière.

On enterre la nourriture de villes entières.

Une ville entière se met en colère.

Des villes entières se mettent en colère.

(*Actualités*: des manifestations.)

Elle. Contre qui, la colère des villes entières?

La colère des villes entières *qu'elles le veuillent ou non*, contre l'inégalité *posée en principe* par certains peuples contre d'autres peuples, contre l'inégalité posée en principe par certaines races contre d'autres races, contre l'inégalité posée en principe par certaines classes contre d'autres classes.

(Cortèges *de manifestants.*
Discours «muets» dans les haut-parleurs.)

Elle (*bas*). . . . Écoute-moi.

Comme toi, je connais l'oubli.

Lui. Non, tu ne connais pas l'oubli.

Elle. Comme toi, je suis *douée* de mémoire. Je connais l'oubli.

Lui. Non, tu n'es pas douée de mémoire.

Elle. Comme toi, moi aussi, j'ai essayé de lutter de toutes mes forces contre l'oubli. Comme toi, j'ai oublié. Comme toi, j'ai désiré avoir une inconsolable mémoire, une mémoire d'ombres et de pierre.

(*L'ombre «photographiée» sur la pierre
d'un disparu de Hiroshima.*)

Elle. J'ai lutté *pour mon compte*, de toutes mes forces, chaque jour, contre l'horreur de ne plus comprendre du tout le pourquoi de se souvenir. Comme toi, j'ai oublié . . .

II

(À Hiroshima. Ils sont ensemble, nus, dans un lit. La lumière est déjà modifiée. C'est après l'amour. Du temps a passé.)

Lui. Il était Français, l'homme que tu as aimé pendant la guerre?

(*À Nevers. Un Allemand traverse une
place, au crépuscule.*)

Elle. Non . . . il n'était pas Français.

(*À Hiroshima. Elle est* étalée *sur le lit*
comblée *de fatigue et d'amour. Le jour a
encore baissé sur leurs corps.*)

Elle. Oui, c'était à Nevers.

(*À Nevers. Images d'un amour à Nevers.
Courses à bicyclette. La forêt. Les ruines,
etc.*)

Elle. On s'est d'abord rencontré dans des *granges.* Puis dans des ruines. Et puis dans des chambres. Comme partout.

Nagasaki

(*À Hiroshima. Dans la chambre, la lumière a encore baissé. On les retrouve dans une pose d'enlacement presque calme.*)

Elle. Et puis, il est mort.

(*À Nevers. Images de Nevers. Des rivières. Des quais. Des peupliers dans du vent, etc.*

Le quai désert.

Le jardin.

À Hiroshima, maintenant. Et on les retrouve presque dans la pénombre.)

Elle. Moi dix-huit ans et lui vingt-trois ans.

(*À Nevers. Dans une cabane, la nuit, le couple de Nevers.*

Sur les images de Nevers, on la fait seulement répondre. Les questions que lui, lui pose, sont «entendues,» «vont de soi.»

Toujours dans le même enchaînement. Sur Nevers qui consacre la réponse. Puis à la fin, elle dit, calme:)

Elle. Pourquoi parler de lui plutôt que d'autres?

Lui. Pourquoi pas?

Elle. Non. Pourquoi?

Lui. À cause de Nevers, je peux seulement commencer à te connaître. Et, entre les milliers et les milliers de choses de ta vie, je choisis Nevers.

Elle. Comme autre chose?

Lui. Oui.

(*Est-ce qu'on voit qu'il ment? On s'en doute. Elle, elle devient presque violente, et, cherchant elle-même ce qu'elle pourrait dire moment un peu fou*).

Elle. Non. Ce n'est pas un hasard. (*Un temps.*) C'est toi qui dois me dire pourquoi.

(*Il peut répondre très important pour le film. Soit:*)

Lui. C'est là, il me semble l'avoir compris que tu es si jeune . . . si jeune, que tu n'es encore à personne précisément. Cela me plaît.

(*Ou bien:*)

Elle. Non, ce n'est pas ça.

Lui. C'est là, il me semble l'avoir compris, que j'ai failli . . . te perdre . . . et que j'ai risqué ne jamais te connaître.

(*Ou bien:*)

Lui. C'est là, il me semble l'avoir compris, que

tu as dû commencer à être comme aujourd'hui tu
es encore.

(Choisir entre ces trois dernières répliques *ou les donner toutes les trois, soit*
à la file, *soit séparément*, au hasard *des
mouvements d'amour dans le lit. Cette
dernière solution serait celle que je préfé-
rerai si ça n'allonge pas trop la scène.)*[3]
(Une dernière fois, Nevers défile. *Des
images* s'en succèdent *d'une banalité vou-
lue. En même temps qu'elles effraient.*

Une dernière fois on revient sur eux.

Il fait noir. Elle dit. Elle crie:)

Elle. Je veux partir d'ici.

*(En même temps qu'elle s'est agrippée à
lui presque sauvagement.)*

III

Elle. On devait se retrouver à midi sur le quai
de la Loire. Je devais repartir avec lui.

Quand je suis arrivée à midi sur le quai de la
Loire il n'était pas tout à fait mort.

Quelqu'un avait *tiré* d'un jardin.

(Le jardin du quai de Nevers.

Elle délire, *ne le regarde plus.)*

Elle. Je suis restée près de son corps toute la
journée et puis toute la nuit suivante. Le lendemain
matin on est venu le ramasser et on l'a mis dans un
camion. C'est dans cette nuit-là que Nevers a été
libérée. Les cloches de l'église Saint-Étienne sonnaient . . . sonnaient . . . Il est devenu froid peu à
peu sous moi. Ah! qu'est-ce *qu'il a été long à
mourir.* Quand? Je ne sais plus au juste. J'étais
couchée sur lui . . . oui . . . le moment de sa mort
m'a échappé vraiment puisque . . . puisque même
à ce moment-là, et même après, oui, même après,
je peux dire que *je n'arrivais pas à trouver* la
moindre différence entre ce corps mort et le
mien . . . Je ne pouvais trouver entre ce corps et le
mien que des ressemblances . . . *hurlantes*, tu
comprends? C'était mon premier amour . . . (*crié*)

Marguerite Duras, *Hiroshima mon amour*

---

[3]Au lieu de choisir entre ces trois versions, Alain Resnais a choisi la solution de les
donner toutes les trois.

Vocabulaire

I

les **pinces chirurgicales** *surgical forceps*

les **actualités** (f) *newsreel*

le **rescapé** *survivor*

borgne *one-eyed*

tordu *twisted, distorted*

la **cithare** *cithara (a lyre)*

provisoire *temporary, provisional*

s'**accommoder de** *to make the best of*

l'**étreinte** (f) *embrace*

l'**atomium** (m) *model of an atom*

comestible *edible*

enterré *buried*

accoucher de *to give birth to*

mal venus *malformed*

la **manifestation** *demonstration*

qu'elles le veuillent ou non *whether they want to or not*

posée en principe *established as a principle*

le **cortège** *procession*

le **haut-parleur** *loudspeaker*

doué de *endowed with*

pour mon compte *for my part*

II

étalé *sprawled*

comblé *filled*

la **grange** *barn*

l'**enlacement** (m) *embrace*

le **quai** *wharf*

le **peuplier** *poplar*

la **pénombre** *semidarkness*

la **cabane** *cabin*

vont de soi *are a matter of course*

l'**enchaînement** (m) *series*

consacrer *to sanction, to confirm*

se **douter de** *to suspect*

j'ai failli ... te perdre *I almost lost you*

la **réplique** *answer*

à la file *one after another*

au hasard de *according to*

défiler *to march past*

s'**en succèdent** *follow one another*

III

tirer *to shoot*

délirer *to be delirious*

qu'est-ce qu'il a été long à mourir *how long it took him to die!*

je n'arrivais pas à trouver *I couldn't find*

hurlant *howling, screaming (i.e., overwhelming)*

INTELLIGENCE DES TEXTES

I

1. Selon la femme, quelle même illusion existe devant Hiroshima et dans l'amour?
2. Quelles sont quelques-unes des atrocités dont les images illustrent le désastre de Hiroshima?
3. Quel désaccord fondamental y a-t-il entre le Japonais et elle au sujet de Hiroshima?
4. Quels arguments emploie-t-elle pour montrer qu'effectivement elle sait tout?
5. Contre quoi se dirige la colère des villes?
6. Que voit-on sur l'écran (*screen*) au moment où elle parle de la colère?

II

1. Où a lieu cette scène? Dans quelles circonstances?
2. Qui est cet autre homme dont ils parlent? Comment se rend-on compte de son identité?

3. En quels endroits l'Allemand et elle se rencontraient-ils?
4. Qu'est-ce qui a mis fin à leur union?
5. Pourquoi le Japonais veut-il parler de Nevers?
6. De quelle façon Marguerite Duras préfère-t-elle présenter les trois répliques proposées? Alain Resnais en convient-il?
7. Résumez ce qui s'est passé dans cette scène du film.

III

1. Qu'est-ce qui devait se passer sur le quai de la Loire et qu'est-ce qui est arrivé en fait?
2. Combien de temps est-ce qu'elle est restée près du corps?
3. Quel événement important a eu lieu cette nuit-là?
4. Pourquoi ne sait-elle pas au juste quand l'Allemand est mort?
5. Pourquoi est-ce qu'elle crie en se rappelant l'incident du quai?

APPRÉCIATION DES TEXTES

1. De quelle façon littérature et cinéma se complètent-ils dans l'œuvre de Marguerite Duras? En quoi consiste l'apport (*contribution*) essentiel de la caméra? du scénario?
2. Supposons que vous êtes cinéaste (*film maker*) et que vous devez choisir entre les trois répliques que vous présente Marguerite Duras dans la deuxième sélection. Ferez-vous comme Resnais ou adopterez-vous une seule réplique? Laquelle vous semble la meilleure et pourquoi?
3. Enfin elle raconte ce qui s'est passé sur le quai de la Loire. N'aurait-il pas été préférable de montrer cette scène directement au spectateur? Pourquoi Marguerite Duras a-t-elle choisi d'en faire faire le récit?
4. Quel est le thème de ce film et comment a-t-il été exploité?
5. Dans ce film la contribution la plus importante de Marguerite Duras, c'est probablement le dialogue. Quelle est votre impression de ce dialogue? Comment vous a-t-il frappé? L'avez-vous trouvé naturel? S'agit-il, en somme, d'un dialogue réaliste ou plutôt poétique? Citez des exemples à l'appui (*in support of your opinion*).

Exercices de grammaire

I. *Écrivez les phrases suivantes à* **la voix active.**

1. Quatre bouts de bois lui ont été donnés.
2. L'Auvergnat sera conduit au père éternel par le croque-mort.
3. Les croquants ont ri quand il a été pris par les gendarmes.
4. Il a été emmené en prison.
5. Au moment où le pauvre type avait besoin d'aide, la porte lui a été fermée au nez.
6. Les mots sur les murs étaient écoutés par les étudiants.

7. Toute la place est prise, au creux de son lit, par la solitude.
8. Sa chère liberté a été enchaînée pendant qu'il la chantait.
9. La solitude a souvent été répudiée comme une courtisane.
10. Jamais le poète n'a été désarmé par elle.

II. *Complétez les phrases suivantes par un* **infinitif** *ou un* **participe présent**, *selon le cas. Faites les accords nécessaires.*

1. Après _____ (faire) la chasse aux papillons, ils revinrent au village.
2. Il l'a aidée en lui _____ (faire) un bout de corsage avec des pétales de roses.
3. Ils rentrèrent en se _____ (promettre) de retourner souvent à la chasse aux papillons.
4. Le poète vit Cendrillon _____ (filer) sa quenouille.
5. L'amour et son aiguillon ont fini par_____(transpercer) les amoureux.
6. Il faudra passer toute une éternité sans jamais _____ (pouvoir) s'évader.
7. Le poète, qui est souvent déjà mort d'amour et de plaisir, croit qu'il devra passer une éternité à _____ (mourir) d'ennui.
8. Même après _____ (répudier) la solitude, le poète la retrouve toujours à ses côtés.
9. En _____ (écouter) les mots qui vibrent sur les murs du mois de mai, on apprend que tout peut changer.
10. Le poète veut prendre le temps de vivre avant de _____ (songer) au quotidien.
11. Le poète s'est aperçu, tout en _____ (chanter), qu'il était trop tard.
12. Tout en _____ (être) à Hiroshima, elle ne songe qu'à Nevers.
13. _____ (Chercher) ce qu'elle pourrait répondre, elle a eu un moment un peu fou.
14. Après _____ (arriver) auprès du corps, elle s'est couchée sur lui.
15. Elle y est restée toute la journée et toute la nuit _____ (suivre).
16. Elle ne pouvait trouver entre ce corps et le sien que des ressemblances _____ (hurler).

III. *Complétez les phrases suivantes en employant une forme de* **faire**. *Traduisez vos réponses.*

1. On _____ marcher les gens dans la rue pour protester contre l'inégalité.
2. Il a voulu lui _____ dire qu'elle ne savait rien.
3. Marguerite Duras n'a pas décrit l'incident de Nevers; elle le _____ montrer par la caméra.
4. C'est la guerre qui _____ mourir le soldat allemand.
5. Le lendemain matin on _____ ramasser le corps du soldat mort.

6. À la fin de la guerre les citoyens de Nevers _____ sonner les cloches de la ville.

7. Il voulait la _____ choisir entre Hiroshima et Nevers.

8. Il a fini par lui _____ comprendre qu'il l'aimait.

9. Le metteur en scène _____ voir les horreurs de la bombe atomique.

10. On _____ enterrer les poissons non comestibles.

Vocabulaire satellite: Chanson et cinéma

CHANSON

la **musique classique (sérieuse)** *classical music*

l'**opéra** (m) *opera*

la **musique folklorique** *folk music*

la **musique légère (populaire)** *popular music*

le **jazz** *jazz*

le **rock** *rock-and-roll*

le **compositeur** *composer*

le **chansonnier** *writer-performer of satirical songs*

l'**interprète** (m) *artist (singer, actor)*

le **chanteur**, la **chanteuse** *singer*

la **cantatrice** *opera singer*

l'**air** (m)
la **mélodie** } *tune, melody*

les **paroles** (f) *song lyrics*

enregistrer *to record*

l'**enregistrement** (m) *recording*

le **disque** *phonograph record*

le **microsillon** *long-playing record*

le **tourne-disque** *record player*

la **bande magnétique** *tape (for recording)*

le **magnétophone** *tape recorder*

CINÉMA

le **film parlant** *talking picture, "talkie"*

le **film muet** *silent film*

le **film en couleur** *film in color*

le **long métrage** *full-length feature film*

le **court métrage** *short subject*

le **dessin animé** *cartoon*

les **actualités** (f) *newsreel*

le **navet** *flop (a film)*

le **cinéaste**   *film maker*
le **producteur**   *producer*
le **réalisateur**   *film maker, director*
le **metteur en scène**   *director*
le **scénariste**   *script writer*
la **vedette**   *star*

le **scénario**   *scenario, script*
la **caméra**   *movie camera*
le **cadre**   *setting*
le **décor**   *scenery*
la **bande sonore**   *sound track*
le **montage**   *film editing*
l'**écran** (m)   *screen*

Pratique de la langue

1. À débattre: «Le cinéma a eu une influence funeste (*disastrous*) sur les mœurs américaines, surtout sur celles de la jeunesse.»
2. Les Français ont tendance à attribuer le mérite d'un film au réalisateur (c'est un film de Resnais, de Godard, de Truffaut, etc.). Aux États-Unis, on est porté à parler plutôt des vedettes du film (c'est un film de Bogart, de Brando, de Redford, etc.). À votre avis, lequel est le plus important: le réalisateur ou la vedette?
3. Pour quelles raisons allez-vous voir un film? Qu'est-ce que vous désirez y trouver?
4. Que pensez-vous de la classification des films? Devrait-on les classer? Si oui, approuvez-vous le système actuel (G, PG, R, X)?
5. Quel genre de musique préférez-vous? Pourquoi?
6. Imaginez le dialogue suivant: un père de famille fatigué, qui ne veut qu'un peu de repos, affronte ses enfants, des passionnés du rock, qui n'arrêtent pas de passer (*play*) leurs disques à un volume assourdissant (*deafening*). Improvisez les protestations du père, les ripostes des jeunes.

Sujets de discussion ou de composition

1. Quel est le rôle du chanteur folklorique aujourd'hui? Doit-il tout simplement amuser les gens comme le font les autres artistes? Doit-il plutôt faire de la satire[L] sociale à la manière des chansonniers français? Ou doit-il s'engager totalement dans l'activité politique? Qu'en pensez-vous? Donnez des exemples à l'appui.
2. Comparez le cinéma au théâtre en appréciant les avantages et les inconvénients de chaque genre.

3. Préparez le compte rendu d'un film que vous avez vu. N'en mentionnez pas le titre mais essayez de le faire deviner aux autres étudiants qui liront votre critique.

Index littéraire

L'Art pour l'art   A literary theory that stresses the aesthetic value of a work to the exclusion of all other values, viewing literature much like a plastic art. This insistence on formal beauty rather than on content was advocated in the nineteenth century by the poet and prose writer Théophile Gautier, but its appeal extended as well to later writers: Baudelaire, Flaubert, the surrealists.

Classicism   The French classical period covered the reigns of Louis XIII (1610–43) and Louis XIV (1643–1715), but the term classicism is normally used more narrowly to designate the literature produced between 1660 and 1690. Inspired by the writers of antiquity, who were taken as models of perfection, the seventeenth-century French writers studied universal man in an impersonal manner. They remained very attentive to form, ever aware of the literary laws regulating each genre as well as the unwritten tenets of propriety and good taste. The major writers of this age of reason were Molière, Racine, La Fontaine, La Bruyère, La Rochefoucauld, Pascal.

Comédie-Française   Also known as *Le Théâtre Français*, it was France's first state theater. Some still refer to it as *La Maison de Molière* because it was created after his death by a merger of his old troupe with two others in 1680. Today its repertoire remains essentially classical and it continues to be state-supported. The repertoire is by no means confined to comedy: the «*comédie*» of its name retains the word's older meaning of "theater"; still today the term *comédien* is synonymous with "actor," although it can be used in a narrower sense to designate the opposite of a tragedian or actor of tragedies.

Comedy   A play whose purpose is to amuse and that has a happy ending. Whereas farce relies on gross buffoonery and physical action, comedy presents fully developed characters and derives its action from them. The greatest of all French comedy writers was Molière (1622–73), who brought to its peak both comedy of character (*comédie de caractère*), with its emphasis on the leading character's psychology (usually, some particular vice or folly), and comedy of manners (*comédie de mœurs*), which satirizes contemporary society. *Le Bourgeois gentilhomme* is an example of comedy of manners.

Dadaism   A literary and artistic movement that was founded by the Rumanian-born poet Tristan Tzara in Switzerland in 1916, and that was eventually centered in Paris. Having witnessed one of civilization's major catastrophes in World War I, the dadaists resolved to discredit all of man's traditional values by advocating total freedom of expression, denying even the logical link between words and ideas. During their most active phase in 1920 the dadaists, in a series of well-publicized performances in Paris, read poems and manifestoes, displayed startling and provocative works of art, and in general scandalized the public. Though short-lived (1916–23) by virtue of its inherent anarchy, dadaism did in fact occasion a search for new means of artistic expression, and led directly to surrealism.

Engagement   A term that came into wide usage at the conclusion of World War II, it denotes the attitude of an artist or writer who is conscious of his social role and commits his talents to serve a particular cause. Philosophically, this outlook is in direct opposition to *l'art pour l'art*. Aragon, Malraux, and Sartre are all *écrivains engagés*, although such committed writers existed long before 1945, as witness Voltaire and Zola.

Existentialism   A philosophical system asserting that existence precedes essence: man has no predetermined essence, but rather defines himself through his actions (his *engagement*) in a meaningless world. Man is completely free to act—there are no preestablished value systems—but he is also responsible for what he does, whence his anxiety in this absurd world. This philosophy gained popular recognition in France in the 1940s due to its literary expression in the works of Jean-Paul Sartre.

Fabliau   A popular genre of the Middle Ages. A short tale in verse calculated to provoke laughter, it was sometimes serious, often bawdy, and usually told a mocking story of human beings in a realistic setting. Not to be confused with the *fable*, a short moralizing tale whose characters are usually animals.

Farce   A light humorous play that provokes laughter through situation, caricature, gestures, and clowning, rather than through character. In France it was especially popular in the late Middle Ages. It influenced Molière, and has continued as a genre to the present day.

Humour noir   The use of grotesque and morbid situations for comic purposes, characterized by a tone of aggressive bitterness or anger. Black humor can be found in the works of Charles Baudelaire and in the Theater of the Absurd.

Hyperbole   A figure of speech in which the words go beyond the thought; conscious exaggeration. To call a large man "a giant," or to say that someone is "as strong as an ox," are examples of hyperbole.

Irony   Figure of speech whereby an effect is obtained by stating the opposite of the intended meaning, as for instance when one refers to "the joys of winter" while thinking about boots and shoveling and the flu. The use of irony usually implies a certain emotional detachment.

Metaphor   An implied comparison in which only one of the two terms is stated and the qualities of one are ascribed to the other by analogous substitution: the root of the problem; a storm of protest; "All the world's a stage." The metaphor differs from the simile (*comparaison*), which makes its comparison explicit: "My love is like a red, red rose."

Moralistes   Writers who observe and comment on *les mœurs*, the mores of their time. This term is not to be confused with "moralist" in English: a *moraliste* may simply observe, without any attempt to moralize or to correct the behavior of others (cf. La Bruyère).

Le Mot juste   A French stylistic tradition that dates back to the formal preoccupations of the classical writers, who sought to say the most with the least. This obsession for finding the one word that will adequately convey one's meaning characterized the works of many writers, but perhaps most particularly the novelist Gustave Flaubert (1821–80).

Naturalism   A literary doctrine, prevalent in the last third of the nineteenth century, defined and illustrated in their novels by the Goncourt brothers and Émile Zola (1840–1902). Naturalism took a deterministic view of nature, describing man and his environment as the products of specific biological, social, and economic laws. In the *roman expérimental*, a new genre of fiction that he set out to create, Zola sought to apply to the novel the empirical methods of clinical observation and scientific experimentation by studying the behavior of his characters in varying circumstances.

Le Nouveau Roman   As the name implies, a new form of the French novel born in the 1950s and propagated by such writers as Alain Robbe-Grillet, Michel Butor, Nathalie Sarraute, Claude Simon, and Marguerite Duras. Without adhering to any one literary school, these writers all shared an interest in transforming the French novel. They rejected traditional plots and character studies in favor of what resembled still-life representations. Since they no longer accorded man his usual place at the center of each novel, they forced the reader to adopt a more creative and critical attitude in his reading, if he was to follow their subjective presentation.

Les Philosophes   Writers of the eighteenth-century Age of Enlightenment, and thinkers who were interested in any and all questions—economic, moral, political, religious, or social—affecting man's earthly happiness. They had great faith in human progress through the use of reason. The prominent *philosophes* expressed their beliefs through various literary genres: Montesquieu wrote *L'Esprit des lois*, a study of law and government, and the satirical *Lettres persanes*; Diderot directed the publication of the *Encyclopédie*, a vast collective enterprise; and Voltaire wrote *contes philosophiques* such as *Candide*.

Poème en prose   A work incorporating the essential features of poetry but written in prose. The genre was best illustrated by Charles Baudelaire (1821–67).

Realism   A literary outlook born in the mid-nineteenth century, partly in reaction to the excessive fancy and lyricism of romanticism. It advocated the minute and objective description of life, presenting an accurate portrait of reality that was neither idealized nor exaggerated. The foremost name in realism is that of Gustave Flaubert, although the works of Balzac and Stendhal also in many ways display strong realistic traits. In the twentieth century the Communist Louis Aragon wrote novels embodying the concept of socialist realism, which combines a realistic description of class struggle with the ideal of a better day, a hopeful tomorrow promised by the revolution. This brand of realism compromises the objectivity of the writer and belongs rather in the category of *littérature engagée*.

Roman   A term used originally to designate the popular language of the early Middle Ages, intermediate between Latin and Old French (cf. the term "romance language"). In the twelfth century, it referred to tales told in such a romance dialect: heroic tales in verse depicting marvelous adventures, extraordinary experiences, the loves of imaginary or idealized heroes (for instance, the Arthurian romances). By the later Middle Ages such tales were also told in prose and became the forerunner of the modern *roman*, the novel.

Romanticism   A literary movement that prevailed in the first half of the nineteenth century, partly in reaction to classicism and eighteenth-century rationalism. Romanticism (*romantisme*) stressed the freedom of individual expression, and the primacy of emotion, sensitivity, and imagination over cold reason. It delighted in mystery, fantasy, exoticism, dream, the past. Among the best-known Romantic writers in France were the poets Lamartine, Hugo, Vigny, and Musset, and the novelist George Sand.

Satire   A literary work, in verse or prose, in which an author exposes, denounces, and holds up to derision the vices, abuses, and follies of his contemporaries; also, more broadly, this kind of derision itself. The mocking criticism of satire is generally not meant to destroy human institutions, but rather to amend them in a positive way. The satirist censures public mores with the full realization that they are the manifestations of human frailty; characteristically, he employs humor, irony, and wit. Montesquieu's *Lettres persanes* and Voltaire's *Candide* are good examples of satire. The comedies of Molière are also satirical in nature.

Surrealism A literary and artistic movement that grew out of the dadaistic revolt against traditional values, and that flourished between the two World Wars. As defined by André Breton, whose *Manifeste du surréalisme* appeared in 1924, surrealism endeavored to express the "real" workings of the human mind by liberating it from the influence of conventional value systems, whether aesthetic, moral, or logical. The surrealists determined not to laboriously pursue *le mot juste*, but to achieve instead an automatic expression of the mind by exploring dreams, the subconscious, and/or hypnotic trances. Several writers in the group— Aragon, Éluard, and others—came to feel a need for revolution not only in aesthetics and morality, but in society as well; in the 1930s they embraced Communism, and in so doing split off from the surrealist movement under Breton, which had no such penchant for *engagement*. Though literary surrealism was basically French, the movement achieved international recognition through the work of many artists associated with it: Salvador Dali, Marcel Duchamp, Max Ernst, Yves Tanguy, etc.

Théâtre de l'absurde An avant-garde theater that came into prominence in the 1950s. As the name implies, such productions focused on the absurdity of the human condition. Their most interesting aspect, from the literary standpoint, was the nonconventional means used to formulate the problems of mankind. This revolutionary theater deprived the spectators of their usual points of reference in order to have them experience the absurdity of life. Well-constructed plot lines, careful character development, realistic portrayal of everyday life— all were discarded in favor of disconcerting scenes calculated to keep the audience off balance and uneasy. Eugène Ionesco's *La Cantatrice chauve* (1950) marked the first success of the Theater of the Absurd. Other prominent absurdist playwrights are Jean Genet, Arthur Adamov, and Samuel Beckett, whose *En attendant Godot* (1953) has perhaps proven the most popular of all absurdist plays.

Théâtre de boulevard Light, escapist theater fare, roughly comparable to America's Broadway stage. It derives its name from the location of many of the theater houses on or near the great boulevards of Paris.

Tragedy A dramatic work of serious character, evoking pity or terror, and having an unhappy ending. In France the genre reached its height in the classical tragedies of Pierre Corneille and Jean Racine, contemporaries of Molière.

Troubadours Medieval poets of southern France who composed in the *langue d'oc* as opposed to the *trouvères* of the North who composed in the *langue d'oïl*. Some of these poets were also *jongleurs*: wandering minstrels who recited or sang their verses to the accompaniment of a stringed instrument. Twentieth-century *chansonniers* like Georges Brassens and Jacques Brel are often referred to as modern-day troubadours.

Vocabulaire

This vocabulary contains all words and expressions that appear in the text except articles and identical cognates. Irregular verbs are included, as are feminine forms of adjectives.

A

abaisser to lower, bring down
abandonner to abandon
abasourdi(e) taken aback, stunned
l'**abécédaire** *m* primer
abîmer to damage, ruin
abonder to abound
s'**abonner** to subscribe
abord: d'— first of all, at first
aborder to approach, tackle
abriter to shelter
abrutissant(e) stupefying, degrading
abuser de to misuse
l'**acceptation** *f* acceptance
l'**accès** *m* fit
s'**accommoder de** to make the best of
l'**accompagnement** *m* accompaniment
accompagner to accompany
accomplir to accomplish
l'**accord** *m* agreement; **être d'—** to concur
accorder to grant; **s'—** to agree
accoucher de to give birth to
accourir to come running
accrocher to hook, catch; **s'—** to hang on
accueillir to welcome
accumuler to accumulate
l'**accusation** *f* prosecution
achever to finish, complete
l'**acteur (actrice)** actor, actress

l'**actualité** *f* topical question; **—s** *pl* newsreel; **d'—** current
actuel(le) present
actuellement at present
l'**adieu** *m* farewell
admettre to admit, accept
adoucir to alleviate
l'**adversaire** *m* adversary
affaiblir to weaken
affairé(e) busy
les **affaires** *f* business
affirmer to assert
affranchir to set free
affreux (affreuse) horrible, awful
affronter to face
afin que so that
l'**Afrique** *f* Africa
agacer to annoy, bother
l'**âge** *m* age; **le grand —** old age
âgé(e) old
s'**agenouiller** to kneel
agir to act; **il s'agit de** it is a question of
agité(e) agitated
agiter to agitate
agréable pleasant
s'**agripper à** to cling to
ahuri(e) dumbfounded
l'**ahurissement** *m* bewilderment
l'**aide** *f* help; **porter —** to lend assistance; **venir en — à** to help
l'**aiguille** *f* needle, hand (on the clock)
l'**aiguillon** *m* goad

ailleurs elsewhere; **d'—** besides, moreover; **par —** on the other hand
aimable kind
l'**aîné** *m* eldest son, older, oldest
ainsi likewise, thus; **— que** as well as, as
l'**air** *m* appearance, look, melody; **avoir l'—** to seem, appear, look like
l'**aise** *f* comfort; **à l'—** comfortable
aisé(e) well-to-do
ajouter to add
allemand(e) German
aller to go, suit, fit; **— chercher** to fetch; **— de soi** to be a matter of course; **s'en —** to go away; **allez ouste** off you go!
allié(e) allied
allonger to stretch out
allumer to light
l'**allumette** *f* match
l'**allure** *f* gait, appearance
alors at that time, then, so; **— que** while
alourdi(e) heavy-set
l'**amant** (e) lover
ambitieux (ambitieuse) ambitious
l'**ambre** *m* amber
ambulatoire ambulatory
l'**âme** *f* soul, spirit
l'**amélioration** *f* improvement
amener to bring, lead
amèrement bitterly
américaniser to Americanize
l'**ameublement** *m* furnishing
l'**ami(e)** friend; **petit(e) ami(e)** boy (girl) friend
l'**amour** *m* love; **par —** out of love
amoureux (amoureuse) amorous; *m, f* lover; **être — de** to be in love with
amuser to amuse, interest; **s'—** to have a good time, enjoy oneself
ancien(ne) ancient, former
ancrer to anchor
l'**âne** *m* donkey
anéantir to wipe out
l'**Angleterre** *f* England

angliciser to Anglicize
l'**angoisse** *f* anguish
l'**année** *f* year
anonyme anonymous
l'**anse** *f* handle
antagoniste antagonistic
apaiser to appease
apercevoir to catch sight of; **s'— de** to notice, realize
aplatir to flatten
apparaître to appear
apparamment apparently
l'**apparence** *f* appearance
l'**appartement** *m* apartment
appartenir to belong
l'**appel** *m* appeal; **faire — à** to appeal to
appeler to call; **en — à** to appeal to; **s'—** to be called
l'**appentis** *m* lean-to, shed
applaudir to applaud
les **applaudissements** *m pl* applause
appliquer to apply
l'**apport** *m* contribution
apporter to bring
apprécier to appreciate, take under advisement
apprendre to learn, teach
l'**apprenti(e)** apprentice
l'**apprentissage** *m* learning
apprivoiser to tame
s'approcher de to come near
approfondir to go deeply into
approuver to approve
appuyer to rest; **s'—** to rest on
après after; *adv* afterward; **d'—** according to, next, following
l'**arbre** *m* tree; **— fruitier** fruit tree
l'**arc** *m* arch
l'**argent** *m* money
l'**argile** *f* clay
l'**argot** *m* slang
l'**arme** *f* arm, weapon
l'**armoire** *f* wardrobe, closet
arracher to tear away, snatch, pull up
arrêter to arrest, stop; **s'—** to stop
arrière rear; **en —** back
l'**arrivée** *f* arrival

arriver to arrive; **—** **à** to manage to; **en — là** to get to that point; **il arrive** there arrives, it happens
l'**arriviste** *m, f* go-getter
l'**arrondissement** *m* subdivision of a French department
l'**asile** *m* home, refuge
l'**assassinat** *m* assassination
s'**asseoir** to sit down
asservir to enslave, subject to
assez enough, rather
assis(e) seated
assoiffé(e) thirsty
l'**assommoir** *m* low tavern
assortir to match
s'**assoupir** to doze off
assoupli(e) made flexible, supple
l'**assouvissement** *m* fulfillment
l'**atomium** *m* model of an atom
l'**âtre** *m* hearth
attacher to attach, tie; **s'— à** to apply oneself
attaquer to attack; **s'— à** to grapple with
atteindre to attain, reach
atteint(e) affected
attendre to wait for, await; **s'— à** to expect
s'**attendrir** to grow tender, be moved
l'**attentat** *m* attempt
attentivement attentively
atténuant(e) extenuating
atterré(e) overwhelmed, felled
attifer to dress up, deck out
attirer to attract
l'**attrait** *m* attraction
attraper to catch
l'**aube** *f* early dawn
aucun ... ne no, not any, none
l'**audace** *f* boldness
audacieux (audacieuse) bold
l'**au-delà** *m* life beyond
l'**audience** *f* session
augmenter to increase
auparavant before
auprès de beside, next to, at the side of
aussi as, also
aussitôt immediately
autant as much, as many; **— que**

as much as; **pour —** on that account
l'**auteur** *m* author; **— dramatique** playwright
l'**autobus** *m* bus
l'**automatisme** *m* automatism
autour de around
autre other
autrefois in the past
autrement differently, otherwise
autrui others, other people
l'**avance** *f* advance, start; **par —** beforehand
avancer to advance, put forward
avant before; *adv* deep; **— de** before; **— que** before
l'**avantage** *m* advantage
avant-dernier next to the last
l'**avant-propos** *m* foreword
avare miserly
l'**avenir** *m* future
l'**aventure** *f* adventure
averti(e) well-informed
aveugle blind
avidement eagerly
l'**avidité** *f* eagerness
l'**avis** *m* opinion
l'**avocat** *m* lawyer; **— général** prosecutor
l'**avoir** *m* property, possessions
avoir to have; **— besoin de** to need; **— d'autres chiens à fouetter** to have other fish to fry; **— envie de** to feel like; **— l'air de** to appear, seem; **— lieu** to take place; **— peur** to be afraid; **— raison** to be right; **— tort** to be wrong; **y —** to be
avouer to admit
axiomatique axiomatic
l'**axiome** *m* axiom

B

le **bagne** penitentiary
le **bahut** wardrobe
baigner to soak, steep; **se —** to bathe, go swimming
bailler to give

bâiller to yawn
le **bâillon** gag
le **bain** swim, bath
baisser to lower, sink
le **bal** dance
balbutier to stammer
le **balcon** balcony
ballotter to toss about
banal(e) trite
la **banalité** triteness
le **banc** bench, seat
la **bande** gang, reel; — **magnétique** tape; — **sonore** sound track
la **banlieue** suburbs
la **banquette** bench
le **banquier** banker
la **baraque** booth, stall
baratter to churn
la **barbe** beard
barbouiller to smear
le **barrage** dam
le **bas** bottom; **en bas** below; **bas** *adv* low, quietly
se baser to be founded
le **bassin** pond, ornamental lake
la **bataille** battle
le **bâton** stick
la **batterie** set; — **de cuisine** set of kitchen utensils
battre to beat, strike; **se** — to fight
battu(e) beaten
le **baudet** donkey
le **baume** balm
beau (belle) handsome, beautiful; **il a — croire** in vain does he believe; **il fait** — the weather is beautiful
le **beau-frère** brother-in-law
le **beau-père** father-in-law
les **beaux-arts** fine arts
le **bébé** baby
bégayer to stutter, stammer
la **belle-fille** daughter-in-law
la **belle-mère** mother-in-law
bénir to bless
le (la) **benjamin(e)** the youngest child
le **berceau** cradle
bercer to rock
la **berceuse** lullaby
la **berge** bank

le **berger** shepherd
la **besogne** task
besogner to work
le **besoin** need; **avoir — de** to need
la **bête** fool, animal; *adj* stupid, foolish
la **bibliothèque** library
la **bicyclette** bicycle
bien well, indeed; — **des** many; — **que** although; — **sûr** of course; **ou** — or else
le **bien** good; *pl* belongings
le **bien-être** well-being
le **bienfaiteur** benefactor
bientôt soon
bienvenu(e) welcome
bigarré(e) motley, varied
le **bijou** jewel
bilingue bilingual
le **billet** ticket, note
la **blague** joke, story
blanc (blanche) white, clean
blanchir to turn white
le **blé** wheat
blesser to wound, injure
bleu(e) blue
blinder to armor-plate
le **bocage** sparse, shady woods
boire to drink
le **bois** wood
bon(ne) good; **il fait bon** it is good; **pour de bon** for good
bondir to leap, spring
le **bonheur** happiness
la **bonne** maid
le **bord** edge
borgne one-eyed
borner to limit
la **bosse** hump
le **bottillon** little boot
la **bottine** ankle-boot
la **bouche** mouth
le **boucher** butcher
bouddhique Buddhistic
bouder to sulk
la **bouderie** sulkiness
la **boue** mud
bouger to stir, budge
la **bougie** candle
bouillir to boil

la **boule** ball; — **de neige** snowball
le **boulet** cannonball
bourgeois(e) middle-class
la **bourgeoisie** middle class
la **bousculade** scuffle, jostling
bousculer to jostle
le **bout** end, tip, bit, tag, piece; **au
— de** at the end of
la **bouteille** bottle
le **bouton** button; — **de rose** rose-
bud
boutonner to button
la **boutonnière** buttonhole
le **boxeur** boxer
le **bras** arm; — **dessus** — **dessous**
arm in arm
brave good, decent, brave
la **bribe** fragment
la **bride** bridle
brièvement briefly
briser to break, shatter
la **brousse** bush
la **bru** daughter-in-law
le **bruit** noise, sound
brûler to burn
la **brume** fog
brun(e) brown
brusquement abruptly, suddenly
la **brusquerie** abruptness
bruyamment loudly
le **buisson** bush, thicket
le **bureau** office
le **buste** bust
le **but** goal, aim

C

ça et là here and there
la **cabane** hut, shanty
le **cabaret** tavern
le **cabinet** small room
cacher to hide, conceal
la **cachette** hiding place
le **cadeau** gift
le **cadet** younger brother
la **cadette** younger sister
le **cadre** setting, frame
le **café-concert** cabaret
le **cahier** notebook
le **caïlcédrat** shade tree (African

mahogany)
la **calebasse** calabash, gourd
le **caleçon** drawers, pants
le **calembour** pun
calmé(e) calmed
calomnier to slander
le (la) **camarade** friend, chum; — **de
chambre** roommate; — **de
classe** classmate
la **caméra** movie camera
le **camion** truck
le **camp** camp; **ficher le** — to
clear out
le **campagnard** country dweller
la **campagne** country (rural district)
la **canaille** rabble
la **canne** cane
la **cantatrice** classical singer, vocalist
le **cantique** hymn
la **capacité** capability
car for, because
la **carcasse** frame
caresser to caress
carré(e) square
la **carrière** career
la **carte** card, map
cartésien(ne) Cartesian
le **cas** case; **c'est le** — **de le dire**
now's the time to say it; **en tout
—** in any case; **faire — de** to
pay attention to; **le — échéant**
should the occasion arise
la **case** hut, cabin
la **caserne** barracks
cassé(e) broken
casser to break
cause: à — de because of
causer to chat, converse
la **cave** cellar
ce this, that; — **disant** in saying this; **c'est-à-dire** that is to
say
céder to yield
cela that; **par — même** by that
very fact
la **cendre** ash(es)
le **cendrier** ash tray
Cendrillon Cinderella
le **censeur** study supervisor in
French secondary schools
la **censure** censorship

cent (one) hundred
la **centaine** about a hundred
centième hundredth
le **centre** center
cependant however, meanwhile, nevertheless
le **cercle** circle
certainement certainly
certains (certaines) some
la **certitude** certainty
cesser to cease
chacun(e) each one
chagrin(e) glum, bitter; **le —** grief, worry
chagriner to annoy, grieve
la **chaînette** small chain
la **chair** flesh
la **chaise** chair; **— de poste** post chaise; **— éléctrique** electric chair
la **chaleur** warmth, heat
la **chambre** room; **— à coucher** bedroom; **— des députés** lower house of French parliament
la **chambrée** barracks room
le **champ** field
la **chance** chance, luck; **avoir de la —** to be lucky
le **changement** change
la **chanson** song
le **chansonnier** writer of satirical songs
le **chant** song
chantant(e) sing-song
chanter to sing
le (la) **chanteur (chanteuse)** singer
chantonner to hum
le **chapeau** hat
le **chapitre** chapter
chaque each
le **charbon** coal
la **charge** load, burden; **être à —** to be a burden
charger to load, lay it on thick, exaggerate; **se — de** to take upon oneself
la **charité** charity
charmant(e) charming
la **chasse** hunting, chase
chasser to hunt, drive away
le **chasseur** hunter

le **chat** cat; **donner sa langue au —** to give up guessing
chaud(e) hot; **il fait chaud** the weather is hot
le **chaudron** caldron
chauffer to heat, warm
la **chaussée** roadway
la **chaussette** sock
chauve bald
le **chef** leader; **— de famille** head of the family
le **chef-d'œuvre** masterpiece
le **chemin** road; **— de fer** railroad
la **cheminée** fireplace
le **chêne** oak
cher (chère) (*before the noun*) dear, (*after the noun*) expensive; **cher** *adv* dearly
chercher to look for, seek; **aller —** to fetch; **— querelle** to try to pick a fight
le **cheval** horse
le **chevalier** knight
le **chevet** headboard, bedside
le **cheveu** hair
chez among, at, in the house of
le **chien** dog
le **chiffon** material, cloth
chinois(e) Chinese
chirurgical(e) surgical
le **choc** impact
choisir to choose
le **choix** choice
le **chômage** unemployment
le **chômeur** unemployed person
choquer to offend
la **chose** thing
le **chou** cabbage
choyer to pamper
chrétien(ne) Christian
le **ciel** sky, heaven
la **cigogne** stork
le **cinéaste** film maker
cinquième fifth
la **circonstance** circumstance
la **circulation** traffic
les **ciseaux** *m* scissors
le (la) **citadin(e)** city dweller
la **cité** housing development
citer to cite, mention
la **cithare** cithara, kithara

le (la) **citoyen(ne)** citizen
clair(e) clear; **le clair de lune** moonlight
claquer to snap
la **clarté** light
classer to classify
la **clé** key
le **clerc** cleric, scholar
le **cliché** hackneyed expression
le **clochard** bum
la **cloche** bell
la **clôture** fence
clouer to nail
le **cocotier** coconut tree
le **cœur** heart; **par —** by heart
cogner to bang, drive in
coiffer to fix someone's hair
la **coiffure** headdress, hair style
le **coin** corner
la **colère** anger; **se mettre en —** to become angry
colérique irascible
le **collège** secondary school
le **collégien** schoolboy
coller to stick; **— une blague à quelqu'un** to put one over on someone; **être collé(e)** to flunk
le **collier** necklace
la **colline** hill
la **colombe** dove
le **colon** colonist
le **combat** fight
combattre to fight, battle with
combien how much
le **comble** top, height; **au —** filled
combler to fill
la **Comédie Française** French National Theater
le **comédien** theater actor
comestible edible
comme si as if
commencer to begin
comment how? what? what!
commettre to commit
le **commissaire** commissioner
le **commissariat** police station
les **commodités** f conveniences
communiquer to communicate
la **compagne** female companion
la **compagnie** company
le **compartiment** compartment

le **compère** old friend
complaisant(e) obliging
complet (complète) total, full
complexe complex
le (la) **complice** accomplice
le **comportement** behavior
se comporter to behave
le **compositeur** composer
le **compotier** fruit stand
la **compréhension** understanding
comprendre to understand
compris(e) understood; **y —** including
compromettre to compromise
le **compromis** compromise
le **compte** account, count; **pour mon —** for my part; **se rendre — de** to realize; **tenir — de** to take into consideration
le **compte rendu** report
compter to intend, count
le **comptoir** counter
le **comte** count
la **comtesse** countess
concevoir to conceive
le (la) **concierge** doorkeeper, caretaker
le (la) **concitoyen(ne)** fellow citizen
conclure to conclude
le **concours** contest, examination
concurrencer to threaten by competition
le **concurrent** contestant
condamner to condemn
conduire to lead; **se —** to behave
la **conduite** conduct
la **confiance** confidence, trust; **faire — à** to trust
confier to entrust
le **conflit** conflict
confondre to blend, mistake
se conformer à to conform to, comply with
conformiste conformist
le **congé** leave; **donner — à** to dismiss, tell someone to leave
congédier to dismiss, send away
la **connaissance** knowledge, acquaintance
connaître to know
le **conquérant** conqueror

consacrer to confirm

la **conscience** conscience, consciousness, awareness

consciencieusement conscientiously

le **conseil** piece of advice, council; **tenir un —** to hold a council

conseiller to advise

consentir to consent

conservateur (conservatrice) conservative

consolant(e) consoling

la **consonne** consonant

la **constatation** statement, observation, discovery

constater to ascertain, verify, observe

le **conte** story, short story

contemporain(e) contemporary

content(e) pleased

le **contenu** contents

conter to tell, narrate

contraindre to force

le **contraire** contrary

contre against

contribuer to contribute

convaincant(e) convincing

convaincre to convince

convaincu(e) convinced

convenable suitable

convenablement decently

la **convenance** propriety

convenir to be fitting; **— de** to agree

convertir to convert

la **convoitise** desire, covetousness

le (la) **copain (copine)** chum, pal

copier to copy

le **coq** cock

la **coquine** hussy

la **corbeille** basket, round flower bed

cordialement cordially

le **cordon bleu** expert cook

le **cordonnier** shoemaker

Cornouailles f Cornwall

le **coron** housing project for miners

corporel(le) corporal, physical

le **corps** body, institution

corriger to correct, chastize

le **corsage** blouse

le **cortège** procession

la **corvée** drudgery, hard task

la **côte** coast

le **côté** side; **à — de** next to; **de —** to the side; **de son —** for his part; **du — de** in the direction of

le **cotillon** petticoat, skirt

le **cou** neck

le **couchant** setting sun

couché(e) lying

coucher to put to bed; **— à la belle étoile** to sleep under the stars; **se —** to lie down

couler to flow; **se —** to slip by

la **couleur** color

le **couloir** corridor, passage

le **coup** blast, blow, stroke; **— d'œil** glance; **du —** all of a sudden; **du premier —** with the first attempt; **tout à —** all of a sudden; **tout d'un —** all at once

coupable guilty

la **coupe** cup

couper to cut; **— court à** to put an end to

la **coupure** cutout

la **cour** court

couramment fluently

courant(e) current; **mettre au courant** to bring someone up to date

courir to run

le **courrier** mail

le **courroux** wrath, anger

le **cours** course; **au — de** in the course of

la **course** run, errand, race

court(e) short

le **courtisan** courtier

la **courtisane** courtesan, prostitute

courtois(e) courteous, polite

la **courtoisie** courtesy

le **coût** cost; **— de la vie** cost of living

le **couteau** knife

coûter to cost

la **coutume** custom

la **couture** needlework; **haute —** high fashion

le **couvent** convent

la **couverture** blanket

couvrir to cover
le **crabe** crab
le **crachat** spit
cracher to spit
la **craie** chalk
craindre to fear
la **crainte** fear
craintif (craintive) fearful, timid
le **crâne** skull
le **crapaud** toad
la **crasse** filth, squalor
créer to create
le **crépuscule** dusk, twilight
la **crête** crest
creux (creuse) hollow, sunken;
  le — hollow, hole
le **crève-cœur** heartbreak
crever to burst, die, split, punc-
  ture, put out
le **cri** cry, shout
crier to shout
la **critique** criticism
le **critique** critic
critiquer to criticize
le **crochet** hook, rack
croire to think, believe
le **croisement** meshing
croiser to cross
le (la) **croquant(e)** peasant
le **croque-mort** undertaker
croquer to crunch, devour
la **croupe** croup, hindquarters
la **cruauté** cruelty
cueillir to pick
la **cuiller** spoon
cuire to cook
la **cuisine** kitchen; **faire la —** to
  cook
le (la) **cuisinier (cuisinière)** cook
la **cuisse** thigh
la **culpabilité** guilt
le **cultivateur** farmer, grower
cultiver to grow something, cul-
  tivate
curieux (curieuse) curious, odd
la **curiosité** peculiarity

D

la **dame** lady
danser to dance

davantage any further, more
débarqué(e) detrained
se débarrasser de to get rid of
le **débat** debate
débattre to debate, discuss; **se —**
  to struggle
débiter to tell
débonnaire good-natured
le **débouché** opening
debout standing
le **déboutonnage** unbuttoning
déboutonner to unbutton
se débrouiller to get out of
  trouble, manage
le **début** beginning
le **débutant** beginner
décevoir to disappoint
décharné(e) skinny
déchirer to tear up
déclamer to declaim
le **décor** scenery
découper to carve, cut out
la **découverte** discovery
découvrir to discover, uncover
décrire to describe
déçu(e) disappointed
dédaigner to scorn
dédaigneusement scornfully
le **dédain** disdain
le **défaut** fault
défendre to protect, defend, prohibit
défiler to march past
défoncer to burst, smash
défricher to clear the land
dégoiser to blab, rattle on
le **dégoût** loathing
déguster to sample
le **dehors** exterior, outside; *adv*
  outside; **en —** outward; **en —**
  de outside of
déjà already, as it is
délaisser to forsake
délasser to refresh, relax
la **délation** informing
délibéré(e) deliberate, purpose-
  ful
la **délicatesse** considerateness, del-
  icacy
délicieux (délicieuse) delightful,
  delicious
le **délire** madness, delusion

délirer to rave, be delirious
délivrer to free, release
la **demande** request
demander to ask; — **pardon** to beg pardon
la **démarche** step, move, action, approach, walk, bearing
le **démêlé** quarrel
déménager to move
démentir to contradict
démesuré(e) extraordinary, immoderate
la **demeure** dwelling
demeurer to remain, live
demi(e) half
démissionner to resign
la **démocratie** democracy
démolir to demolish
démontrer to demonstrate, prove
dénoncer to denounce
le **dénouement** ending, outcome
la **dent** tooth
dépasser to go beyond, surpass, pass
dépayser to disconcert
déplaire à to displease
déployer to unfold
déposer to put down
dépouiller to strip, plunder
dépourvu(e) devoid, bereft
déprimer to depress
depuis since, from, for; — **que** since
déraisonnable unreasonable
déridé(e) smoothed over, cheered up
dernier (dernière) last
se dérober to escape, avoid
derrière behind
dès from; — **que** as soon as
le **désaccord** disagreement, variance
désapprouver to disapprove
désarmer to disarm
descendre to go down, bring down, get off
désert(e) deserted
désespéré(e) desperate, hopeless
le **désespoir** despair
déshabiller to undress
déshérité(e) disinherited

désigner to designate, show
désintéressé(e) unselfish
désobéir à to disobey
le **désœuvrement** idleness; **par —** for want of something to do
désolant(e) distressing
la **désolation** grief
le **désordre** disorder
désormais henceforth
le **despote** despot
le **dessein** intention, purpose
le **dessin** drawing; — **animé** cartoon
dessiner to draw
le **dessous** bottom; **au- — de** below
le **dessus** top; *adv* on it; **au- — de** above; **prendre le —** to gain the upper hand
le **destin** destiny, fate
la **destinée** fate, destiny, fortune
se détendre to relax
le **détour** turning, bend
détourner to turn away, divert; **se —** to turn aside
la **détresse** distress
détromper to put right; **détrompe-toi** get that out of your head
détruire to destroy
deuxième second
devant before (in space), in front of
devenir to become
deviner to guess, foresee
le **devoir** duty; *v* must, to have to
dévorer to devour
le **dévouement** devotion
dévouer to devote
le **diable** devil
la **diablerie** mischievousness
le **diagnostic** diagnosis
le **dictateur** dictator
la **dictature** dictatorship
le **dicton** saying
le **dieu** god; **le bon D—** God
diffuser to broadcast
digne worthy
le **dimanche** Sunday
diminuer to diminish
dire to say, tell; — **vrai** to speak the truth; **vouloir —** to mean

le **directeur** director

diriger to direct; **se —** to make one's way, proceed; be directed

discordant(e) harsh, grating

discourir to discourse, hold forth

le **discours** speech

discuter to discuss

disparaître to disappear

la **disponibilité** availability, openness

disposer de to have at one's disposal

se disputer to quarrel

le **disque** phonograph record

distinguer to distinguish, discriminate

les **distractions** *f* recreation, diversion, entertainment

se distraire to amuse oneself

distrait(e) absent-minded

distribuer to distribute

le **divertissement** entertainment

diviser to divide

divorcer d'avec quelqu'un to divorce someone

docile manageable

documenté(e) informed

le **dodo** sleep; **faire —** to go to sleep

le **doigt** finger

le (la) **domestique** servant

dominer to dominate

le **dommage** harm, pity

donc therefore, then

donner to give; **— du bout de la langue** to strike with the tip of the tongue; **— sa langue au chat** to give up guessing; **étant donné** given, in view of

dont whose, of whom, of which

doré(e) golden

dormir to sleep

le **dos** back

doucement softly, gently

la **douceur** sweetness, gentleness

douer to endow

la **douleur** suffering, sorrow; **dans les —** in labor

douloureux (douloureuse) painful, sorrowful

le **doute** doubt

douter to doubt; **se — de** to suspect

doux (douce) sweet, gentle, quiet, soft

le **dramaturge** dramatist

la **dramaturgie** dramaturgy

le **drap** cloth, sheet

drapé(e) draped

dresser to raise, draw up; **se —** to rise

droit straight; *m* right, law

la **droite** right (opposite of left)

drôle funny, odd; **un — de type** an odd fellow

drôlement oddly, strangely

le **dû** due

le **duc** duke

la **duchesse** duchess

dur (dure) harsh, hard

la **durée** duration

durer to last

dus, dut *cf.* devoir

duveteux (duveteuse) downy, fluffy

E

écailleux (écailleuse) scaly

écarlate scarlet

écarter to spread apart; **s' —** to step away

l'**échancrure** *f* opening

l'**échange** *m* exchange

échanger to exchange

échapper à to escape

échauffé(e) irritated

l'**échec** *m* failure

échouer to fail

l'**éclair** *m* lightning, flash

éclairer to enlighten, shed light on, light

l'**éclat** *m* gleam, brilliancy

éclatant(e) resounding

éclater to burst

écœuré(e) disgusted

l'**école** *f* school

économiser to save (money)

écorcher to skin; **— la langue** to murder the language

écouter to listen to
l'écran *m* screen
l'écrasement *m* crushing, defeat
écraser to crush
s'écrier to cry out
écrire to write; par écrit in writing
l'écriture *f* writing
l'écrivain *m* writer
s'écrouler to collapse
l'écu *m* crown (money)
éculé(e) worn out
l'écume *f* foam
édifier to erect
l'éditeur *m* publisher
l'édredon *m* quilt
s'effacer to fade
l'effarement *m* alarm
effectivement as a matter of fact
l'effet *m* effect; en — in fact
l'efficacité *f* effectiveness
effrayer to frighten
égal(e) equal; c'est égal it's all the same
également equally, as well
l'égard *m* consideration; à l'— de with regard to
s'égarer to go astray, digress, get lost
l'église *f* church
l'églogue *f* eclogue
l'égoïsme *m* selfishness
égoïste selfish
eh bien well!
l'élan *m* outburst, burst, impulse
s'élancer to spring forward
élargir to widen; — ses perspectives to broaden one's horizons
l'électeur *m* voter
élémentaire elementary
l'élève *m, f* pupil
élevé(e) elevated, brought up
élever to raise, elevate; s'— to rise, raise
élire to elect; élu(e) elected
éloigné(e) distant
s'éloigner to withdraw
l'élongation *f* elongation
l'embarras *m* obstruction
embarrasser to embarrass, obstruct

l'embouteillage *m* traffic jam
emboutir to stamp
embrasser to kiss, embrace
embroussaillé(e) disheveled, bushy
embusqué(e) under cover
émerveillé(e) amazed
l'émerveillement *m* amazement
emmailloter to swaddle
emmener to lead away
émotif (émotive) emotional
s'émouvoir to be moved, be agitated
s'emparer de to seize, get a hold of
empêcher to prevent; s'— to refrain
l'emphase *f* bombast, grandiloquence
emplir to fill
l'emploi *m* use, job; — subalterne unimportant post
l'employé *m* employee
employer to use
emporter to carry away
empressé(e) eager, attentive
emprisonner to imprison, confine
ému(e) moved, touched with emotion, excited
enceinte pregnant
l'enchaînement *m* series
enchaîner to chain
enchanté(e) delighted
l'encolure *f* neck and shoulders
encore still, again; — que although; pas — not yet
l'encre *f* ink
endormir to put to sleep; endormi(e) asleep; s'— to fall asleep
l'endroit *m* place, spot
énergiquement energetically
l'énergumène *m* madman
l'enfance *f* childhood
l'enfant *m, f* child
l'enfer *m* hell
enfermer to shut in
enfin finally
enfoncer to drive in; enfoncé(e) settled; s'— to sink
s'enfuir to flee

engager to engage, enter into
l'engin *m* device, machine
engueuler to tell off
enjamber to step over
enjoué(e) lively, jovial
l'enlacement *m* embrace
enlever to take off, carry off
l'ennui *m* trouble, boredom
ennuyer to bother, bore; **s'—** to be bored
ennuyeux (ennuyeuse) dull, boring
énorme enormous, huge
l'énormité *f* enormity
l'enquête *f* investigation
enragé(e) mad, rabid, enthusiastic
l'enregistrement *m* recording
enregistrer to record
enrichir to enrich
l'enseigne *f* shop sign
ensemble together
ensuite then
entendre to hear, understand, mean, intend; **s'— bien ou mal** to get along well or badly
entendu(e) overheard, capable, shrewd
l'enterrement *m* burial
enterrer to bury
entier (entière) whole, entire
entièrement entirely, completely
entourer to surround
l'entracte *m* intermission
s'entraider to help one another
entraîner to lead to, lead away
entre among, between
entreprendre to undertake
entrer to enter
entretenir to talk to, maintain, support, foster
l'entrevue *f* interview
envahir to spread over
envelopper to wrap, surround
envers toward
envi: à l'envi vying with one another
l'envie *f* urge, envy, desire; **avoir — de** to feel like, want to
environ approximately; *m pl* vicinity

s'envoler to take flight
envoyer to send
épais(se) thick
s'épanouir to bloom
épargner to spare
l'épaule *f* shoulder
l'épave *f* jetsam, wreckage, waif, stray person
l'épée *f* sword
éphémère ephemeral
épier une proie to lie in wait for prey
l'épine *f* thorn
l'éponge *f* sponge
l'époque *f* epoch, time
épouser to marry
épouvanter to terrify
l'époux, épouse *m, f* spouse
éprouver to experience, feel
épuiser to exhaust; **épuisé(e)** exhausted, tired out
l'équipage *m* crew
équivoque equivocal, ambiguous
s'éreinter to work oneself to death
l'erreur *f* error
l'érudition *f* scholarship
l'escalier *m* staircase, stairs
l'escapade *f* adventure, prank
l'escargot *m* snail
l'esclavage *m* slavery
l'esclave *m, f* slave
l'espace *m* space, interval
espagnol(e) Spanish
l'espèce *f* kind, species, type
l'espoir *m* hope
l'esprit *m* mind, spirit, wit; **— de famille** family spirit; **— étroit** narrow-mindedness
esquisser to sketch
s'esquiver to slip away
l'essai *m* essay
essayer to try
essentiel(le) essential
l'essoufflement *m* breathlessness
essuyer to wipe
estimer to think, find, to esteem
l'estomac *m* stomach
l'étable *f* stable
établir to establish
l'étage *m* floor

s'étaler to sprawl
l'étang *m* pond
l'état *m* state
l'état-major *m* headquarters
l'été *m* summer
s'éteindre to go out
étendre to extend, stretch out;
 — ses vues to extend one's
 sights; étendu(e) par terre
 stretched out on the ground;
 s'— to extend
éternuer to sneeze
étirer to stretch
l'étoffe *f* fabric
étonnant(e) amazing, astonishing
l'étonnement *m* astonishment
s'étonner to be surprised;
 étonné(e) amazed
étouffer to stifle, smother
étrange strange
étranger (étrangère) foreign, un-
 familiar; l'— stranger; à
 l'étranger abroad
l'être *m* being
l'étreinte *f* embrace
étroit(e) narrow
l'étroitesse d'esprit *f* narrow-
 mindedness
l'étude *f* study
l'eunuque *m* eunuch
eus *cf.* avoir
s'évader to escape
l'évangile *m* gospel
s'évanouir to faint, disappear
l'évasion *f* escape
l'événement *m* event
l'éventaire *m* flat wicker basket
évidemment obviously
l'évidence *f* obviousness
évoluer to evolve
exaspérer to exasperate
exclure to exclude
l'excuse *f* apology
s'excuser to apologize
exécutif (exécutive) executive
l'exemplaire *m* copy of a book
l'exemple *m* example; par — for
 example
exercer to exert
exiger to demand, insist, require

l'expérience *f* experience, experiment
expliquer to explain
exploiter to develop, exploit
exprès expressly, on purpose
exprimer to express
extatique ecstatic
extraire to extract

F

la face face; en — de opposite;
 faire — à to face, confront
fâché(e) angry
la facilité fluency
la façon manner, way; de toute —
 in any case; sans — simply,
 without ceremony
le facteur postman
la faculté faculty
fade insipid, stale
faible weak
faillir to fail; j'ai failli te perdre
 I almost lost you
la faim hunger
faire to make; — confiance à to
 trust; — un enfant to beget a
 child; — partie de to belong to,
 be part of; — voir to show; se
 — to become; se — une idée
 to form an idea; pourquoi —?
 what for?
le fait fact, deed; en — in fact;
 — divers news item
la falaise cliff
falloir to be necessary; comme il
 faut suitably, properly; suitable, proper; il ne faut pas one
 must not
familial(e) family
familier (familière) familiar
la famille family
la fanfare band
la fantaisie fancy, imagination
fantastique fanciful, fantastic,
 eerie
fatigué(e) tired
le faubourg outskirts

faussé(e) falsified
la **faute** lack, fault
le **fauteuil** armchair
faux (fausse) false
la **faveur** favor
favorite favorite
favoriser to favor
fécond(e) fertile
la **fée** fairy
la **femme** woman, wife; **— de ménage** housekeeper
fendre to split, break into pieces
la **fenêtre** window
le **fer** iron
ferme firm; *f* farm
fermer to close
le **fermier** farmer
le **festin** banquet, feast
la **fête** feast, holiday
le **fétiche** fetish
le **feu** fire
le **feuillage** foliage
la **feuille** leaf
le **feuillet** sheet
feuilleter to leaf through
le **feutre** felt hat
ficeler to tie up
la **fiche** index card
ficher faire; **— le camp** to clear out
fidèle faithful
la **fidélité** loyalty
fier (fière) proud
se fier à to trust
fièrement proudly
la **fierté** pride
la **fièvre** fever
fiévreux (fiévreuse) feverish
la **figure** face
figurer to represent
la **file** file; **à la —** one after another
filer to buzz off, spin
le **filet** luggage net
la **fille** girl, daughter, streetwalker
la **fillette** little girl
le **fils** son
fin (fine) fine, delicate; *f* end; **à la fin** finally
finalement finally

finir to finish; **en — avec** to have done with
fis *cf.* **faire**
fixe fixed
fixer to fix, establish
le **flanc** side
flâner to dawdle, stroll
la **flânerie** idling
flanquer to flank
flasque flabby
flatteur (flatteuse) flattering; *m* flatterer
la **fleur** flower, blossom, bloom
fleurir to flower, blossom, bloom
le **fleuve** river which empties into the ocean
le **flot** surge, flood
flotter to float
flou(e) hazy
le **fluide** fluid
la **foi** faith; **ma — oui** yes indeed
la **fois** time; **à la —** at one and the same time; **une — de plus** once again
la **folie** folly
folklorique folk
le **fonctionnaire** civil servant
le **fond** bottom, depth, far end; **à —** thoroughly; **au — de** at the bottom of, at the end of
fondamental(e) fundamental
se fondre to melt away
la **fontaine** fountain
la **force** strength; **de —** by force
la **forêt** forest
le **forfait** crime
le **formalisme** formalism
la **formation** training
la **forme** form
la **formule** formula
fort(e) strong, shocking, large; **fort** *adv* very, hard
fortifier to fortify
le **fossé** ditch, moat
la **fossette** dimple
fou (folle) foolish, crazy
la **foudre** lightning, thunderbolt
foudroyer to strike down (as by lightning)
fouetter to whip

fouiller to search
la **foule** crowd
fouler to tread on
le **four** theater flop
la **fourmi** ant
fournir to furnish
le **fourreur** furrier
la **fourrure** fur
le **foyer** hearth, home
fracasser to smash
frais (fraîche) fresh
franciser to Frenchify
franco-américain(e) Franco-American
francophone French-speaking
le **franglais** highly Anglicized French
frappant(e) striking
frapper to strike, knock
fredonner to hum
frémir to quiver
la **fréquentation** frequenting
fréquenter to frequent
froid(e) cold; **il fait —** the weather is cold
froidement coldly
frôler to graze, brush against
le **fromage** cheese
froncer les sourcils to frown, scowl
le **front** forehead, brow
fuir to flee
la **fuite** flight, escape
la **fumée** smoke
fumer to smoke
funèbre dismal, sad; **pompes —s** funeral ceremony
funeste disastrous, deadly
la **fureur** furor, anger, fury
fut *cf.* **être**

G

la **gaffe** blunder, *faux pas*
gagner to win; **— sa vie** to earn one's living
gaillard(e) spicy
galant(e) amatory
la **galerie** gallery, arcade
galeux (galeuse) mangy

Galles: le pays de Galles Wales
le **gallicisme** gallicism
le **galon** band, braid
garantir to guarantee
la **garde** guard
garder to keep; **— son sang-froid** to keep one's cool; **se — de** to be careful not to
la **gare** railroad station
gâter to spoil
la **gauche** left; *adj* awkward
le **gaz** gas
le **gazon** grass
le **géant** giant
geindre to whimper
gémir to moan, wail
le **gendarme** policeman
le **gendre** son-in-law
la **gêne** embarrassment
gêner to bother, inconvenience, disturb
le **génie** genius
le **genou** knee
le **genre humain** mankind
les **gens** *m* people; **les jeunes —** young men, young people
gentil(le) nice
le **gentilhomme** nobleman
la **gentillesse** graciousness, kindness
gentiment nicely
la **gerbe** spray, shower
gésir to lie
le **geste** gesture, act, deed
la **glaise** clay
le **gland** acorn, tassel
la **glissade** slide
glisser to slide, glide
le **godillot** boot
goguenard(e) mocking, joking
gonfler to swell
la **gorge** throat
le **gourmet** epicure
le **goût** taste; **prendre —** to get to like
goûter to taste, enjoy
la **goutte** drop
le **gouvernement** government
grâce à thanks to
gracieux (gracieuse) graceful
la **grammaire** grammar

grand(e) tall; **une — heure** a good hour

grand-chose much; **pas —** not much

grandement greatly

la **grand-mère** grandmother

grand-peine: à — with great difficulty

le **grand-père** grandfather

la **grange** barn

le **gratte-ciel** skyscraper

grave serious, solemn

le **gré** liking, taste, will; **bon — mal —** willy-nilly

le **grelot** bell

la **grève** strike; **faire la —** to be on strike

le **gréviste** striker

la **grimace** grimace

grimacer to make faces

grimper to climb

gris(e) intoxicated

grogner to grumble

gronder to scold

gros(se) big

grossir to swell, grow bigger

guère: ne . . . — hardly

le **guéridon** pedestal table

guérir to cure, heal

la **guérison** healing

la **guerre** war; **faire la —** to wage war; **première, deuxième — mondiale** First, Second World War

guetter to be on the lookout

le **guichet** ticket window

la **guise** way, manner; **en — de** as

la **Guyane Française** French Guiana

H

habile skillful, clever

l'**habillement** m dress, wearing apparel

habiller to dress

les **habits** m clothes

habiter to live in; **— la campagne** to live in the country

l'**habitude** f habit; **d'—** usually

habituer to accustom

la **haie** hedge

la **haine** hatred

haïr to hate

l'**haleine** f breath; **reprendre —** to catch one's breath

la **halle** marketplace

le **hamac** hammock

le **hameau** hamlet

les **hardes** f old clothes

harnaché(e) harnassed

le **hasard** chance, luck, accident; **au — de** according to

se **hâter** to hurry

hausser to raise; **— les épaules** to shrug one's shoulders

haut(e) lofty, high; m top; **en —** above, upstairs; **en — de** at the top of; adv aloud

hautain(e) haughty

la **hauteur** height

le **haut-parleur** loudspeaker

héberger to lodge

hein! eh!

hélas! alas!

l'**herbe** f grass

hériter de to inherit

la **hernie** rupture

le **héros** hero

hésiter to hesitate

l'**heure** f hour; **de bonne —** early; **une grande —** a good hour

heureusement fortunately

heureux (heureuse) happy, fortunate

heurter to knock against; **se —** to run into

le **hibou** owl

hideux (hideuse) hideous

l'**histoire** f story, history

hocher to nod

hollandais(e) Dutch

homogène homogeneous

honnête honest, decent, cultivated

l'**honneur** m honor

honteux (honteuse) ashamed

l'**hôpital** m hospital

l'**horloge** f clock

l'**horreur** f horror, abhorrence;

avoir **— de** to detest

hors de outside of; **— soi** beside oneself

l'**hôte** *m* host, guest

l'**hôtel** *m* hotel, town-house

l'**hôtesse** *f* hostess

la **housse** horse blanket

la **huche** bin

l'**huissier** *m* usher, bailiff

humain(e) human

l'**humeur** *f* humor, mood

l'**humour** *m* humor

hurlant(e) howling, screaming

le **hurlement** howling, shriek

hurler to howl

l'**hyène** *f* hyena

l'**hypothèse** *f* hypothesis

I

ici here, now; **d'— là** between now and then

l'**idée** *f* idea; **aux —s larges** broad-minded

l'**idiotisme** *m* idiom

ignorer to be ignorant of

l'**île** *f* isle

l'**image** *f* picture, image

s'imaginer to imagine, fancy

imbiber to imbue, saturate

l'**immeuble** *m* tenement, apartment building

impatienté(e) at the end of one's patience, made impatient

impersonnel(le) impersonal

impitoyable pitiless, ruthless

implorer to implore, entreat

importer to matter; **n'importe** it doesn't matter; **n'importe quel** any; **n'importe qui** anyone; **n'importe quoi** anything; **qu'importe?** what does it matter?

s'imposer to force oneself upon

impressionné(e) impressed

l'**imprimé** *m* printed matter

imprimer to imprint

l'**impuissance** *f* impotence, powerlessness

impuissant(e) powerless

inattendu(e) unexpected

incertain(e) uncertain

l'**incertitude** *f* uncertainty

incompris(e) misunderstood, not appreciated

inconfortable uncomfortable

inconnu(e) unknown

l'**inconvénient** *m* disadvantage

incrusté(e) encrusted

inculpé(e) accused, indicted

indéfini(e) indefinite; **le passé —** compound past

les **indications** *f* directions

indigène native

s'indigner to become indignant

indiquer to indicate

indiscutablement indisputably

l'**individu** *m* individual

indulgent(e) lenient

l'**industriel** *m* industrialist, manufacturer

l'**inégalité** *f* inequality

inépuisable inexhaustible

inerte lifeless

inférieur(e) lower, inferior

infidèle unfaithful

infirme crippled

l'**infortune** *f* misfortune

ingénu(e) ingenuous, innocent, simple

l'**ingénuité** *f* ingenuousness, naïveté

initier to initiate

injuste unjust

innombrable innumerable

inoffensif (inoffensive) harmless

inquiéter to worry (someone); **s'— de** to worry

l'**inquiétude** *f* anxiety, worry

insensiblement imperceptibly

insolite unusual

insouciant(e) carefree, heedless

inspirer to inspire

s'installer to settle down

instituer to institute

l'**instruction** *f* education, pre-trial inquiry

l'**insu** *m*: **à notre —** without our knowledge

insuffisamment insufficiently

insupportable intolerable, un-
bearable
intarissable unceasing
intentionné(e) intentioned
interdire to prohibit, forbid
intéressant(e) interesting
intéressé(e) selfish, interested
s'intéresser à to be interested in
l'**intérêt** *m* interest; **avoir — à** to
be to one's interest to
interpeller to summon, challenge,
ask for an explanation
l'**interprète** *m* player, actor, in-
terpreter (of song or role)
l'**interrogatoire** *m* interrogation
interroger to interrogate
interrompre to interrupt
intime close, intimate
intimer to notify, announce
l'**intimité** *f* intimacy
intrigant(e) scheming
l'**intrigue** *f* plot
introduire to introduce
inutile useless
inventer to invent
l'**invité** *m* guest
isoler to isolate
italien(ne) Italian
ivre drunk

joindre to join, unite; **se — à** to
join (an organization)
joli(e) pretty
le **jongleur** minstrel
la **joue** cheek
jouer to play, act out
le **joueur** gambler, player
joufflu(e) chubby
la **jouissance** pleasure, enjoyment
le **journal** newspaper
le **journaliste** newspaperman
joyeux (joyeuse) joyful
judiciaire judicial
le **juge** judge
le **jugement** judgment
juger to judge; **— de** to form
an opinion of
juif (juive) Jewish
jumeau (jumelle) twin
le **juré** juror
jurer to swear
jusque until; **jusqu'à** as far as,
up to; **jusqu'à ce que** until;
jusqu'ici up to now
juste just, accurate; **au —**
exactly
justement precisely
la **justesse** accuracy, exactness

J

jaillir to spurt, leap
la **jalousie** jealousy
jaloux (jalouse) jealous
jamais ever; **ne . . . —** never;
— plus never again
la **jambe** leg
le **jardin** garden
le **jardinier** gardener
jaune yellow
jeter to throw away, fling
le **jeu** game, working; **— de mots**
play on words
le **jeudi** Thursday
jeune young; **—s filles** girls;
—s gens boys, young men
jeûner to fast
la **jeunesse** youth
la **joie** joy

L

là-bas over there
le **labour** tilling
le **lacet** lace (of shoe)
là-dessus on that subject
laid(e) ugly
la **laideur** ugliness
laisser to leave, let
le **lait** milk
lancer to throw
le **langage** language
les **langes** *m* swaddling clothes
la **langue** tongue, language; **—
courante** everyday speech; **—
étrangère** foreign language; **—
vivante** modern language;
donner sa — au chat to give up
guessing
le **lapin** rabbit
le **lapis-lazuli** deep-blue stone

large large; **de long en —** up and down
la **largeur** width
la **larme** tear
  las(se) weary
  se lasser to grow weary
la **lavandière** washerwoman
  laver to wash
le **lecteur** reader
la **lecture** reading
  léger (légère) light
  législatif (législative) legislative
  légitimer legitimize
  léguer to bequeath, leave
le **légume** vegetable
le **lendemain** day after, next day
  lentement slowly
  lequel (laquelle) which
  léser to injure, wrong
la **lettre** letter; *pl* literature
la **lèvre** lip
le **lézard** lizard
la **liaison** relationship, union
  libérer to liberate
  libertin(e) free-thinking
la **librairie** bookstore
  libre free
le **libre-service** self-service restaurant
  lier to link
le **lieu** place; **au — de** instead of; **avoir —** to take place; **donner — à** to give rise to; **— commun** commonplace
la **ligne** line
  limpide limpid, transparent
le **linceul** shroud
le **linge** linen, laundry
la **linguistique** linguistics
la **lippe** pout
le **lis** lily
  lisse smooth
le **lit** bed
le **livre** book; **— de chevet** favorite book; **— de poche** pocketbook
  livrer to deliver, surrender
la **location** sale of tickets
la **loge** lodging
  logé(e) housed
la **loi** law
  loin far

lointain(e) distant
Londres London
le **long** length; **au — de** along; **le — de** along; **de —en large** up and down
  longer to run alongside
  longtemps for a long time
  longuement at length, for a long time
la **longueur** length
la **loque** rag
  lors de at the time of
  lorsque when
  louer to rent, praise
le **loup** wolf
  lourd(e) heavy
la **lueur** glow
la **lumière** light
la **lune** moon
  lutter to struggle
le **luxe** luxury
le **lycée** secondary school
  lyrique lyric

M

la **mâchoire** jaw
le **magasin** store; **grand —** department store
le **magnétophone** tape recorder
le **mai** May
  maigre thin
la **main** hand
  maint(e) many a
  maintenant now
  maintenir to maintain
la **maison** house; **à la —** at home; **— d'édition** publishing house; **— de repos** rest home
le **maître** master, schoolmaster, schoolteacher
la **maîtresse** mistress, schoolmistress
  maîtriser to master, overcome
  majeur(e) of full legal age, adult
le **mal** evil; *adv* badly
  malade ill; *m* patient
le **malaise** uneasiness
la **malechance** bad luck
  maléfique maleficent, harmful

malencontreux (malencontreuse) unfortunate, untimely

malgré in spite of, despite

le **malheur** misfortune, unhappiness

malheureusement unfortunately

malheureux (malheureuse) unhappy, unfortunate

malsain(e) unwholesome, corrupting

maltraiter to mistreat

malvenu(e) malformed

la **manche** sleeve

manger to eat

le **manguier** mango tree

la **manie** mania, idiosyncrasy

la **manière** manner, way, sort

le **manifestant** demonstrator

la **manifestation** demonstration

manifeste manifest, obvious

la **manne** manna

le **manque** lack

manqué(e) unsuccessful, missed

manquer to be lacking, missing, to fail; **elle me manque** I miss her

la **mante** mantle

le **manteau** cloak, coat; **— de pluie** raincoat

manuel(le) manual; **le —** handbook

le **maquillage** make-up

la **marâtre** stepmother

le **marc** mark

le **marchand** shopkeeper, dealer

la **marche** step, march, walking; **en —** moving, in motion; **se mettre en —** to get going

le **marché** market; **le — Commun** Common Market

le **marchepied** running board

la **mare** pool

la **margelle** edge

le **mari** husband

marier to give in marriage; **se — avec** to marry

le **marquis** marquis

la **marquise** marchioness

marteler to hammer out

la **massue** club, bludgeon

la **matière** matter

maudire to curse

maure Moorish

maussade glum, sullen

mauvais(e) bad

la **mécanique** mechanics

méchant(e) wicked, nasty, vicious, bad, spiteful, ill-natured

méconnaître to misunderstand, fail to recognize

mécontent(e) discontented, dissatisfied

le **médecin** doctor

médiocrement moderately

la **méfiance** suspicion

la **mélodie** melody

même very, same; *adv* even; **de — que** just as; **quand —** nevertheless; **tout de —** all the same

la **mémoire** memory

menacer to menace, threaten

le **ménage** housework, household; **la femme de —** housekeeper

ménager to spare

la **ménagère** housewife, housekeeper

mener to lead, take

le **mensonge** lie

la **mentalité** mentality

le **menteur** liar

mentir to lie

le **menton** chin

le **mépris** scorn

mépriser to despise

la **mer** sea; **— des Antilles** Caribbean Sea

la **merci** mercy

le **mercier** dealer in small wares, notions, etc.

mériter to deserve

la **merveille** marvel, wonder

merveilleux (merveilleuse) marvelous

la **mesure** extent, measure; **à — que** as

la **métaphore** metaphor

méthodique methodical

le **métier** trade

le **métrage** length; **court —** short subject; **long —** full-length feature film

le **mètre** meter

le **métro** subway

la **métropole** mother country
le **mets** dish, food
le **metteur en scène** director
mettre to put, put on (a hat, etc); **— au courant** to bring someone up to date; **— en contraste** to contrast; **— en présence** to introduce; **— en relief** to bring out, emphasize; **— en scène** to produce; **se — à** to start, set about; **se — dans l'idée** to put into one's head; **se — en marche** to get going
la **meule** grindstone
le **meurtrier** killer, murderer
le **microsillon** long-playing record
le **midi** noon; **le M—** Southern France
le **miel** honey
le **mien** mine
mieux better
le **milieu** middle
militaire military; *m* soldier
mille (one) thousand
le **mille** mile
le **milliard** billion
le **millier** thousand
minable seedy-looking
la **mine** appearance
le **mineur** miner, minor
le **ministère** ministry, government
le **minuit** midnight
minuscule tiny
se mirer to admire oneself
le **mirliton** reed-pipe, flute
le **miroir** mirror
miroiter to gleam, sparkle
la **mise en scène** staging, production
le **misérable** wretch
la **misère** misery, distress, poverty
la **miséricorde** mercy
mit *cf.* **mettre**
le **mobile** motive
la **mode** fashion; **à la —** in fashion
modéré(e) moderate
les **mœurs** *f* customs, manners, morals, way of life
moindre slightest (*cf.* **petit**)
le **moine** monk
moins: à — que unless; **au —** at least; **du —** at least

la **moitié** half
la **monarchie** monarchy
le **monarque** monarch
le **monceau** heap, pile
le **monde** world, people, society
monotone monotonous, dull
le **monstre** monster
monstrueux (monstrueuse) monstrous
le **montage** film editing
la **montagne** mountain
monter to climb, rise, get on, stage (a play)
montrer to show
le **montreur** showman
se moquer de to make fun of, laugh at
moqueur (moqueuse) mocking
la **morale** moral
le **morceau** piece
mordre to bite
le **morne** small mountain
mort(e) dead; **la mort** death
le **mortier** mortar
le **mot** word; **— à —** word for word
le **motif** motive
mou (molle) soft, limp
moucharder to inform on someone
la **mouche** fly, beauty spot
se moucher to blow one's nose
le **mouchoir** handkerchief
la **moue** pout; **faire la —** to pout
mouiller to wet
la **moule** mold
le **moulin** mill
mourir to die; **se —** to be dying
le **mouton** sheep
le **mouvement** movement
se mouvoir to move about, operate
le **moyen** means; **au — de** by means of
moyen(ne) medium, average; **la classe moyenne** middle class
muer to molt, cast skin or coat
muet(te) silent
mugir to bellow
le **mur** wall
la **muraille** wall

mûrir   to grow ripe, mature
murmurer   to murmur
le musée   museum
la musique   music
la mutation   mutation
le mystère   mystery

N

nager   to swim
la naissance   birth
naître   to be born
le narrateur   narrator
natal(e)   native
naturel(le)   natural
le navet   film flop
le navire   ship
né(e)   born
néanmoins   nevertheless
nécessairement   necessarily
le négociant   merchant
nègre   Negro
la neige   snow
net *adv*   plainly, clearly
nettoyer   to clean
neuf (neuve)   new
le nez   nose
la niche   doghouse
nier   to deny
la noblesse   nobility
noir(e)   black, dark
le nombre   number
nombreux (nombreuse)   numerous
le nombril   navel
nommer   to name
non: — plus   neither; — seulement   not only
le nord   North
nourrir   to nourish
la nourriture   food
nouveau (nouvelle)   new; à — anew; de — again
le nouveau-né(e)   newborn
la nouvelle   piece of news
la Nouvelle-Angleterre   New England
la noyade   drowning
noyer   to drown
nu(e)   naked

le nuage   cloud
la nuance   shade, hue
nuancer   to vary
la nue   cloud
nuire à   to harm
la nuit   night
nul(le)   no, not one, not a, no one
nullement   in no way
le numéro   number

O

obéir   to obey
objectif (objective)   objective
l'objet *m*   object
obligé(e)   obliged, grateful
obliger   to compel
obsédant(e)   obsessive
obstruer   to obstruct
obtenir   to obtain
l'occasion *f*   opportunity; d'— second-hand
s'occuper de   to pay attention to, look after, take care of
l'octosyllabe *m*   eight-syllable verse
l'odeur *f*   smell, odor
l'œil *m*   eye; les yeux   eyes
l'œuf *m*   egg
l'œuvre *f*   work
l'office *m*   function
l'officier *m*   officer
offrir   to offer
l'oie *f*   goose; les pattes d'— *f*   crow's-feet
l'oiseau *m*   bird
l'oiseau-lyre *m*   lyrebird
l'oisiveté *f*   idleness
l'ombrage *m*   shade
l'ombre *f*   shade, shadow, darkness
l'ondulation *f*   wave
l'ongle *m*   nail (on fingers or toes)
onzième   eleventh
opérer   to effect, bring about, carry out
opprimé(e)   oppressed
l'or *m*   gold
l'orage *m*   storm
l'oranger *m*   orange tree
l'orchestre *m*   orchestra

l'**ordinateur** *m* computer
ordonner to order
l'**ordre** *m* order
l'**orée** *f* limits, edge
l'**oreille** *f* ear
l'**oreiller** *m* pillow
l'**orfèvre** *m* goldsmith
orgueilleux (orgueilleuse) proud
originaire native
l'**origine** *f* origin; **à l'—** originally
l'**orphelin** *m* orphan
l'**orthographe** *f* spelling
l'**os** *m* bone
osé(e) daring, bold
l'**oseille** *f* sorrel
oser to dare
ou: — bien or else
où where, when; **d'—** whence
l'**oubli** *m* oblivion, forgetfulness
oublier to forget
ouïr to hear
l'**ours** *m* bear
ouste: allez — ! off you go!
outre: en — moreover
ouvert(e) open
ouvertement openly
l'**ouverture** *f* opening
l'**ouvrage** *m* work
ouvrer to work
l'**ouvrier** *m* worker, workman
ouvrir to open

P

la **paie** pay
la **paille** straw
le **pair** peer
paisiblement peacefully
le **palais** palace, palate
pâle pale
le **palier** (stair) landing
pâlir to turn pale
le **pampre** vine-branch
le **panier** basket
la **panse** paunch
le **pantalon** trousers
la **pantoufle** slipper; **raisonner —** to reason like a jackass
le **pape** pope
le **papillon** butterfly
le **paquet** bundle, package

paraître to appear, seem
le **parc** park
parcourir to cover
par-dessus above, over; *m* overcoat
par-devant in front
le **pardon** forgiveness
pardonner to excuse
pareil(le) similar, same
le **parent** parent, relative
parer to adorn
la **paresse** laziness
paresseux (paresseuse) lazy
parfaire to complete
parfait(e) perfect
parfaitement perfectly
parfois sometimes, occasionally
le **parfum** perfume
se parjurer to perjure oneself
parler to speak; **— français comme une vache espagnole** to murder the French language
parmi among
la **parodie** parody
la **parole** word; *pl* song lyrics; **avoir la —** to have the floor
la **part** share, part; **d'autre —** on the other hand; **quelque —** somewhere
partager to share, divide
partant and so
le **parti** party; **— pris** preconceived notion
la **particularité** peculiarity
particulier (particulière) particular
la **partie** part; **faire — de** to belong to, be part of
partir to leave
le **partisan** supporter
partout everywhere
la **parure** adornment, finery
parvenir to arrive, reach; **— à** to manage to
le **parvenu** upstart
le **pas** step
le **passage** passing; **au —** in passing
le **passant** passer-by
le **passé** past; **— indéfini** compound past
passer to pass, spend (time); **—**

un **film** to show a film; **se —** to take place, happen; **se — de** to do without

le **pastiche** parody

le **patois** dialect

patriarcal(e) patriarchal

la **patrie** country, fatherland

le **patron** employer

la **patte** leg (of an animal), paw; **—s d'oie** crow's-feet

la **paupière** eyelid

pauvre poor

la **pauvreté** poverty

payer to pay for

le **pays** country, land

le **paysan** country dweller, farmer, peasant

la **peau** skin

le **péché** sin

le **pêcheur** fisherman

peindre to paint

la **peine** sorrow, trouble, difficulty; **à —** hardly, scarcely, barely; **— de mort** death penalty; **valoir la —** to be worth it

le **peintre** painter

la **peinture** painting

péjoratif (péjorative) pejorative

pelé bald

la **pelouse** lawn

pencher to bend, lean

pendable punishable by hanging

pendant during; **— que** while

pendre to hang

la **pendule** clock

péniblement painfully

le **pénitencier** penitentiary

la **pénombre** semi-darkness

la **pensée** thought

penser to think

la **pension** boarding house, boarding school

le (la) **pensionnaire** boarder

la **pente** slope

perçant(e) piercing

percer to pierce, break through

perdre to lose; **— connaissance** to lose consciousness; **— de vue** to lose sight of; **se —** to get lost

perfidement treacherously

périr to perish

permettre to permit

permis(e) permitted, allowed

la **perpétuité** perpetuity; **à —** for life

la **perquisition** inquiry

le **perron** stoop, porch

le **perroquet** parrot

persan(e) Persian

le **personnage** character, individual

la **personne** person

personne . . . ne no one

personnel(le) personal

la **perte** loss; **à — de vue** as far as the eye can see

pesant(e) heavy

peser to weigh

la **peste** plague

le **pétale** petal

petit(e) small, little

le **petit-enfant** grandchild

le **petit-fils** grandson

peu little; **à — près** almost; **— à —** little by little; **— s'en faut que** very nearly; **un —** a bit

le **peuple** people, nation

le **peuplier** poplar

la **peur** fear; **avoir —** to be afraid; **faire —** to frighten

peut-être perhaps

le **phare** headlight

le **philosophe** philosopher

philosophique philosophical

la **phonétique** phonetics

la **phrase** sentence

physique physical

le **Picon** apéritif

Pie Pius

la **pièce** room; play

le **pied** foot; **au — levé** offhand, at a moment's notice; **P—s Nickelés** comic strip characters

le **piédestal** pedestal

le **piège** trap

la **pierre** stone

les **pierreries** f jewels, gems

le **piéton** pedestrian

pieux (pieuse) pious

le **pince-fesse** fanny-pinching

les **pinces** f forceps, tongs, tweezers, pliers

piocher to dig (with a pick)

la **pitié** pity

le **pitre** clown; **faire le —** to clown around

la **place** seat, square

placer to place

le **plafond** ceiling

la **plage** beach

plaider to plead

la **plaie** wound

plaindre to pity; **se — de** to complain about

la **plainte** moan, groan

plaire to please; **se —** to take pleasure

le **plaisant** joker; **mauvais —** practical joker

le **plaisir** pleasure; **faire —** to please

le **plan** plane

le **plancher** floor

la **plante** plant

la **plate-forme** platform

platonicien(ne) Platonic

plein(e) full; **en — poitrine** right in the middle of the chest

pleinement fully

pleurer to cry

les **pleurs** *m* sobs

pleuvoir to rain

le **pli** fold, pleat

plier to fold

plissé(e) wrinkled

le **plongeon** dive, plunge

la **pluie** rain

la **plume** pen, feather

la **plupart** the majority, most

plus more; **de —** moreover, besides; **ne ... —** no more, no longer

plusieurs several

plutôt rather, instead

la **poche** pocket

le **poème** poem

la **poésie** poetry

le **poids** weight

le **poil** hair, coat

le **poing** fist, hand

point: ne ... — not at all

la **pointe** point, tip

la **poire** pear, oaf (*fam*)

le **poireau** leek

le **poisson** fish

la **poitrine** chest, breast; **en pleine —** right in the middle of the chest

le **policier** policeman, detective

polisson(ne) naughty, ribald

la **polissonnerie** naughtiness

la **politesse** politeness

le **politicien** politician

politique diplomatic, political; *f* politics

la **Pologne** Poland

polonais(e) Polish

polyglotte polyglot

le **pommier** apple tree

les **pompes funèbres** *f* funeral ceremony

le **pont** bridge

le **porion** mine foreman

portant: être bien ou mal — to be in good or bad health

la **porte** door, gate, portal

le **porte-plume** pen holder

porter to carry, bear, direct, induce, lead, wear; **— aide** to lend assistance; **— sur** to bear on

le **porteur** wearer, bearer

portugais(e) Portuguese

poser to put down, lay down; **— en principe** to set up as a principle; **— une question** to ask a question

posséder to possess

le **pot** pot, chamber pot

le **pot-de-vin** bribe

potelé(e) chubby

la **potence** gallows

la **poudre** powder

le **poulet** chicken

pour in order to; **— que** in order that, so that

la **pourpre** crimson cloth

pourquoi why; **— faire?** what for?; **— pas?** why not?

pourri(e) rotten, bad

pourrir to rot

poursuivre to pursue, carry on; **se —** to resume

pourtant however, yet

pourvu que provided that

le **pousse** rickshaw

la **poussée** push, shove

pousser to push, utter, grow (*e.g.*, **les fleurs poussent**); **faire — ** to grow something

la **poutre** beam, girder

pouvoir to be able to; **il se peut** it is possible, it may be

le **pouvoir** power

pratique practical; *f* practice

le **pré** meadow

le **prêcheur** preacher

précipitamment hurriedly

se précipiter to rush

précis(e) specific

précisément just, precisely

préciser to specify

préconiser to advocate

prédominant(e) prevailing

préférer to prefer

le **préjugé** preconception

premier (première) first

le **premier venu** first comer, anybody

premièrement first of all

prendre to take; **— du café** to have some coffee; **— le dessus** to gain the upper hand; **— part à** to take part in; **— soin** to take care; **s'en — à quelqu'un** to lay the blame on someone

près: — de near; **à peu —** almost

présager to conjecture

prescrire to prescribe

présenter to present

le **président** president, presiding judge

présomptueux (présomptueuse) presumptuous

presque nearly, almost

se presser to crowd, hurry

la **pression** pressure

prêt(e) ready

prétendre to claim

prétentieux (prétentieuse) pretentious

la **prétention** pretention; aspiration

prêter to lend; to assign (a role); **— serment** to be sworn in

la **preuve** proof; **faire — de** to show, display

prévenant(e) obliging, kind

prévenir to warn, inform

prévenu(e) prejudiced, biased

prévoir to foresee

prier to ask, beg, pray

la **prière** prayer

le **principe** principle

privé(e) private

priver to deprive

privilégié(e) privileged

le **prix** price, prize, reward

le **procédé** process, method

le **procès** trial

prochain(e) approaching, next

les **proches** *m* relatives, loved ones

le **procureur** prosecutor

prodigieux (prodigieuse) prodigious

prodigue prodigal, lavish

le **producteur** producer

professionnel(le) professional

profiter de to take advantage of

profond(e) deep

profondément deeply, soundly

le **progrès** progress

la **proie** prey; **épier une —** to lie in wait for prey

le **projet** project; **— de loi** bill (prospective law)

la **promenade** walk, outing

se promener to go for a walk, stroll

la **promesse** promise

prometteur (prometteuse) promising

promettre to look promising, promise

la **prononciation** pronunciation

la **propagande** propaganda

le **propos** remark; *pl* talk; **à — de** about

se proposer to come forward

la **proposition** clause

propre own, clean

proprement properly

la **propreté** cleanliness

protéger to protect

la **prouesse** prowess

prouver to prove

provisoire temporary, provisional

le **prud'homme** wise and upright man

la **prunelle** pupil (of the eye)

la **puanteur** stench, foul atmosphere

le **public** audience

publier to publish

puéril(e) childish

puis then

puisque since

la **puissance** power

puissant(e) powerful

le **puits** well

punir to punish

le **pupitre** desk

pur(e) pure

le **python** python

Q

le **quai** wharf

la **qualité** quality

quand when; **— même** nevertheless

quant à as for, as regards

la **quantité** quantity

la **quarantaine** about forty

quarante forty

le **quart** quarter

le **quartier** neighborhood

quatorze fourteen

que: ne . . . — only

quel(le) what; **— que** whatever

quelque some; **—s** some, a few; **— chose** something; **— part** somewhere; **— peu** somewhat

quelquefois sometimes, occasionally

quelqu'un someone; **quelques-uns** a few

la **quenouille** distaff

la **querelle** quarrel; **chercher — à** to try to pick a fight with

se quereller to quarrel

querelleur (querelleuse) quarrelsome: *m* quarreler

la **queue** tail

qui que whoever, whomever

quitter to leave

quoi que whatever

quoique although

quotidien(ne) daily

R

rabaisser to lower

rabougri(e) stunted

le **raclement** scraping

raconter to tell, tell a story, relate, narrate

le **raconteur** storyteller

rager to rage

raide stiff

se raidir to stiffen

la **raison** reason; **avoir —** to be right

le **raisonnement** reasoning, argument

raisonner to reason; **— pantoufle** to reason like a jackass

ralentir to slow down

le **râleur** grumbler

le **ramage** warble, yodel

ramasser to gather, collect, pick up

ramener to bring back

la **rancune** grudge

ranger to rank among, include

se ranimer to regain consciousness

le **rapide** express train

rapidement quickly

rappeler to recall; **se —** to remember

le **rapport** relationship; **par — à** with regard to

rapporter to bring back

le **rapprochement** comparison, parallel

rapprocher to bring together

raser to shave

rassembler to gather together

rater to fail, bungle

rauque raucous

ravi(e) delighted, enraptured

se raviser to change one's mind

réagir to react
le **réalisateur** film maker
réaliser to realize, achieve
le **rebord** edge, rim
reboutonné(e) buttoned up again
recevoir to receive; **— une contravention** to get a traffic ticket
réchauffer to warm up
la **recherche** pursuit
rechercher to seek
le **récit** narration
réclamer to claim, call for, exact
la **récolte** harvest
récolter to harvest
le **réconfort** consolation
la **reconnaissance** gratitude
reconnaître to recognize
recopier to recopy
recouvert(e) covered over
se **récréer** to take some recreation
recueillir to gather, take in; **se —** to pause for reflection, collect oneself
(se) reculer to move back
récurer to scour
redevenir tǒ become again
redire to repeat
redouter to dread, fear
redresser to set straight, correct; **se —** to right oneself
réduire to diminish, reduce
réel(le) real; *m* reality
se **refaire** to recuperate
refermer to close
réfléchi(e) reflexive
réfléchir to reflect, consider; **—** **à** to think about, ponder
le **reflet** reflection
refléter to reflect (as in a reflection)
la **réforme** reform
se **réfugier** to take refuge
regagner to regain, return to
le **regard** look, glance
regarder to look at
la **règle** rule
régler to settle; **se — sur** to model oneself on
la **réglisse** licorice
régner to reign

la **reine** queen
rejeter to reject
rejoindre to reach again, overtake, join
se **réjouir** to rejoice
relever to be dependent, raise again, point out
le **relief** relief, prominence; **mettre en —** to bring out, emphasize
relire to reread
reluire to glitter, shine
remarquable remarkable
remarquer to notice
remercier to thank
remettre to hand over; **se — à** to begin again
remonter to go up again
le **remplaçant** replacement, substitute
remplir to fill
le **remue-ménage** bustle, stir
renaître to be born again
le **renard** fox
la **rencontre** meeting
rencontrer to meet
rendre to render, make; **—** **visite** to pay a visit; **se —** to go; **se — compte** to realize
renfermer to shut up, lock up
renier to disown, repudiate
renoncer à to renounce
le **renouvellement** renewal
le **renseignement** piece of information
renseigner to inform
la **rente** pension
la **rentrée** return
rentrer to go back in, go home, go in again
renversant(e) overwhelming, astounding
renverser to reverse, knock over
le **repaire** lair, den
répandre to spread
reparaître to reappear
repartir to set out again
le **repentir** repentance
repérer to spot
répéter to repeat
le **répit** respite
replier to fold, coil up

la **réplique**   reply, response
répliquer   to reply
répondre   to respond, answer
la **réponse**   answer
le **reportage**   reporting
le **repos**   rest
reposer   to set down; **se —**   to rest
reprendre   to take back, recover, resume, take up again, reply; **— connaissance**   to regain consciousness; **— haleine**   to catch one's breath; **se —**   to correct oneself
le **représentant**   representative
la **représentation**   performance
la **reprise**   revival; **à plusieurs —** several times
reprocher   to reproach
reproduire   to reproduce
repu(e)   satiated, stuffed
la **république**   republic
répudier   to repudiate, renounce
répugné(e)   repulsed, disgusted
le **rescapé**   survivor
résister à   to resist
résolu(e)   resolute
résoudre   to resolve
respectueusement   respectfully
respirer   to breathe
la **responsabilité**   responsibility
les **responsables** *m*   officials
la **ressemblance**   resemblance
ressembler à   to resemble
ressortir à   to belong to, come under the heading of
le **reste**   remainder; **au —**   moreover; **du —**   moreover
rester   to remain, stay
restreint(e)   limited
le **résultat**   result
résulter   to result
résumer   to summarize
le **retard**   delay; **en —**   late
retenir   to retain, hold back
retentir   to reverberate, echo
la **retenue**   withholding
retirer   to take out, withdraw, remove
retomber   to fall back
le **retour**   return

retourner   to turn over; **se —**   to turn around
rétrograde   backward
retrouver   to meet again, recover, regain
la **réussite**   success
le **rêve**   dream
se réveiller   to wake up
révéler   to reveal
revenir   to come back; **— à soi** to come to; **en —**   to get over it
rêver   to dream
le **réverbère**   streetlight
le **rêveur**   dreamer
revoir   to see again
se révolter contre   to rebel against
la **revue**   review
le **rez-de-chaussée**   ground floor
riche   rich
la **richesse**   wealth
la **ride**   wrinkle
le **rideau**   curtain
ridicule   ridiculous
ridiculiser   to ridicule
rien   nothing; **— que**   nothing but; **— ... ne**   nothing
le **rieur**   laugher
rigoler   to laugh
la **rigueur**   strictness
la **rime**   rhyme
rire   to laugh; *m*   laughter
risquer   to risk; **se —**   to venture
rivaliser   to rival
la **rivière**   river or stream which does not empty directly into the ocean
la **robe**   dress, animal's coat
le **roi**   king
se roidir *cf.* **se raidir**
le **roman**   novel
le **romancier**   novelist
le **rond**   ring, circle
le **ronflement**   snore, snoring
ronfler   to snore
rose   pink
le **rouleau**   roll
rouler   to roll
la **route**   road
rouvrir   to reopen
roux (rousse)   red-haired
le **ruban**   ribbon, band

la **ruine** ruin
le **ruisseau** brook, stream, gutter
rusé(e) sly, crafty, wily, artful
russe Russian
le **rythme** rhythm

S

le **sable** sand
le **sac** bag
sache *cf.* **savoir**
sacrifier to sacrifice
sadique sadistic
le **safran** saffron
sage wise, well-behaved
la **sagesse** wisdom
saigner to bleed
saisir to seize; **se — de** to lay
one's hands on
la **saison** season
le **salaire** wage, reward
le **salarié** wage earner
sale dirty
la **saleté** dirtiness
salir to soil, stain
la **salle** room; **— à manger** dining
room; **— du tribunal** courtroom
le **salon** drawing-room
le **salut** greeting
le **samit** samite
le **sang** blood
le **sang-froid** composure
le **sanglot** sob
sans without; **— que** without
la **santé** health
le **satyre** satyr
sauf except; **— que** except that
saurait *cf.* **savoir; on ne —** one
couldn't
la **saute d'humeur** sudden change
in mood
sauter to explode, blow up
sauvage wild
sauvagement wildly
sauver to save; **— les apparences** to save face; **se —** to
be off, run off
savant(e) learned, scholarly
savoir to know; *m* knowledge,
learning

le **scélérat** scoundrel
le **scénariste** script writer
la **scène** stage, scene; **— de ménage**
family quarrel
scénique scenic, stage
scruter to scrutinize
sec (sèche) dry, lean
sécher to dry
secouer to shake, stir
le **secours** aid
la **secousse** jolt
le **seigneur** lord
le **sein** breast
seize sixteen
le **séjour** stay, residence
selon according to; **— que**
according as
semblable similar; *m* fellow
man
sembler to seem
la **semelle** sole (of a shoe)
semer so sow
le **sens** meaning, sense; **bon —**
common sense; **— figuré**
figurative meaning; **— propre**
literal meaning
la **sensibilité** sensibility, sensitive-
ness, sensitivity
sensible sensitive
le **sentier** path
sentir to feel, smell; **se — bien
ou mal** to feel good or bad
seoir to be fitting
séparément separately
séparer to separate
la **série** series
sérieusement seriously
sérieux (sérieuse) serious
le **serment** oath; **prêter —** to
take an oath
serrer to press, squeeze, clasp
servir to serve; **se — de** to use
le **seuil** threshold
seul(e) alone, only, single
seulement only, however; **non —**
not only
si if, yes (in answer to negative
question)
le **siècle** century, age
le **siège** seat
la **sieste** nap

siffler to boo, hiss
le sifflet whistle
le signalement description
le signe signal, sign
silencieusement silently
simplement simply
simplifier to simplify
le singe monkey
le sinistre catastrophe
sinon if not
la sirène siren
situer to locate, situate
sixième sixth
sobre sober
la société company, society
soi oneself
soi-disant supposedly
la soie silk
soigneusement carefully
le soin care
le soir night
la soirée evening, reception
soit right! agreed! so be it!
soixante sixty
le sol ground, floor
le soleil sun
solennel(le) solemn
la solidarité solidarity
le solitaire hermit
sombrer to sink, founder
somme toute in short
le sommeil sleep
le son sound
le songe dream
songer to think of, think about, dream
sonner to ring, sound
sonore resounding
le sort destiny, fate
la sorte sort, kind; de — que, en — que so that
la sortie outing
le sortilège spell
sortir to leave, go out, come out, take out
sot(te) foolish
le soubresaut jolt
le souci anxiety, care; pl problems
soudain(e) sudden: adv suddenly

souffler to blow out, blow, recover one's breath
la souffrance suffering
souffrir to suffer
souhaiter to wish
le souillon scrubwoman
soulever to stir, raise, lift
le soulier shoe
souligner to underline
soupçonneux (soupçonneuse) suspicious
la soupe soup
souper to have supper
le soupir sigh
soupirer to sigh
souple supple
la source spring (of water)
le sourcil eyebrow
sourdement with a dull hollow sound
la sourdine mute; en — with muted strings
souriant(e) smiling
sourire to smile
la souris mouse
sous under
sous-entendre to imply, understand
soutenir to sustain, defend, claim, maintain
le soutien support, sustenance
la souvenance remembrance
le souvenir memory, thought
souvenir imp to come to mind; se — to remember
souvent often
souverain(e) sovereign
le spectateur spectator
sportif (sportive) sporting
stupéfiant(e) astounding; m drug
subir to feel, sustain
subitement suddenly
succéder to follow
le succès success, hit
sucer to suck
le sucre sugar
la sucrerie sugar refinery; pl sweets
le sud south
la sueur perspiration

suffire to be sufficient, suffice; **se — ** to be self-sufficient

la **suffisance** sufficiency, self-assurance

suggérer to suggest

la **suite** succession, series; **à la — de** following, as a result of; **de — ** in succession; **tout de — ** right away

suivant(e) following

suivre to follow

le **sujet** subject; **au — de** about, with regard to, concerning

supérieur(e) superior, upper

supérieurement perfectly

suppliant(e) pleading

sûr(e) safe, secure, sure; **bien — ** of course

sûrement surely

surprenant(e) surprising

surprendre to overhear

surpris(e) surprised

sursauter to start, jump

surtout especially, above all

surveiller to watch, look after

le **survivant** survivor

le **sylphe** sylph

le **symbole** symbol

sympathique likable

le **syndicat** labor union

T

le **tablier** apron

le **tabouret** stool

la **tâche** task

tacher to stain

tâcher de to try to

la **taille** figure, waist

le **tailleur** tailor

se taire to be silent, hold one's tongue

le **talon** heel

le **tambour** drum

tandis que while, whereas

tant so much, so; **— de** so many, so much; **— bien que mal** somehow or other; **— que** as long as

la **tante** aunt

le **tapis** carpet, cover

taquiner to tease

la **taquinerie** teasing

la **tare** defect

le **tas** heap

la **tasse** cup

**tâtons: à — ** groping

le **taudis** slum

le **teint** complexion

tel(le) such

tellement so, so much

le **témoignage** testimony

le **témoin** witness; **— à charge** prosecution witness; **— à décharge** defense witness

la **tempe** temple

tempérer to temper

la **tempête** storm

le **temps** time, weather, tense; **— couvert** cloudy weather; **de — en — ** from time to time

la **tendance** tendency

tendre tender

tendre to stretch, set, hold out

la **tendresse** tenderness

les **ténèbres** *f* darkness

tenez look here!

tenir to hold; **— à** to hold to, be fond of; **— compte de** to take into consideration; **— un conseil** to hold a council

la **tente** tent

tenter to tempt, try

terminer to finish

la **terre** land, earth, property; **par — ** on the ground

se terrer to take cover

terreux (terreuse) earthy, ashen, sallow

terrifié(e) terrified

la **tête** head; **faire — à** to stand up to

téter to suck

le **théâtre** theater

la **théorie** theory

tiens here!, well!

le **tintement** jingling

tinter to jingle

tirer to pull, tug, draw, shoot; **se — d'affaire, s'en — ** to get out of trouble, manage

le **tiret** dash
le **titre** title
tituber to stagger, reel
la **toile** linen, cloth, canvas
la **toilette** dress
le **toit** roof
tomber to fall
le **ton** tone
tondre to mow
le **tonneau** barrel, cask
tonner to thunder
la **torche** torch
le **torchon** dishcloth
tordre to twist, distort
le **tort** fault, harm; **avoir —** to be wrong
la **tortue** tortoise
tôt soon; **au plus —** at the earliest
le **toucher** touch
toujours always, still; **à —** forever
le **tour** turn, circuit; **— à —** in turn; **trente-trois —s** 33-1/3 speed
tourmenter to worry someone
le **tourne-disque** record player
tourner to turn, stir; **se —** to turn
la **tourterelle** turtledove
tousser to cough
tout all, every; **tous les deux** both; **tout** *adv* completely, quite; **— à coup** all of a sudden; **— à fait** completely; **— à l'heure** just now, a little while ago; **— de même** all the same; **— de suite** right away, immediately; **— d'un coup** all at once; **— fait** ready-made
tout(e)-puissant(e) all-powerful
la **toux** coughing
tracer to sketch
la **traduction** translation
traduire to translate
la **tragédie** tragedy
train; le — de vie way of life, life style; **en — de** in the process of
traînant(e) drawling, droning

le **trait** feature
traiter to treat
trancher to cut off
tranquillement quietly
la **tranquillité** peace, quiet
transmettre to transmit
transpercer to pierce
le **transport** transportation
le **travail** work; **les travaux forcés** hard labor
travailler to work
travers: à — through; **en — de** across
traverser to cross
trébucher to stumble
le **trèfle** clover
le **tremblement** trembling, quivering
la **trempe** steeping, stamp
tremper to soak, drench
trente thirty
tressé(e) pleated
le **tribunal** court
le **tribut** tribute
tricher to cheat
triompher de to master, triumph over
triste sad
tristement sadly
la **tristesse** sadness
troisième third
la **trompe** horn
tromper to deceive, cheat on someone; **se —** to be mistaken
la **tromperie** fraud, deception, deceit
le **tronc** trunk
trop too
le **trottoir** sidewalk
le **trou** hole
trouble dim, cloudy
la **troupe** theater troupe
trouver to find; **se —** to be located, be found; **se — mal** to faint
la **truite** trout
tuer to kill
turc (turque) Turkish
tutoyer to address as *tu*
le **type** guy, fellow

U

unique single, only
urbain(e) urban
l'**usage** *m* use; **c'est l'—** that's usual, that's the way it is
user: en — avec to treat
l'**usine** *f* factory, mill
l'**ustensile** *m* utensil
utile useful
l'**utopie** *f* utopia

V

les **vacances** *f* vacation
la **vache** cow
vague empty
vaillamment valiantly
vaillant(e) valiant, brave
vaincre to overcome, conquer
vainement in vain
le **vainqueur** conqueror
valable valid, good
la **valeur** value
la **valise** suitcase, bag
valoir to be worth; **— mieux** to be better; **— la peine** to be worth it; **faire —** to assert, develop
se **vanter** to boast
la **vareuse** pea jacket
le **vautour** vulture
la **vedette** star
la **veillée** social evening
veiller to wake
la **veilleuse** night light
le **velours** velvet
velu(e) hairy
vendre to sell
se **venger** to take vengeance
venir to come; **— de** to have just; **en — à** to come to the point of; **mal venu(e)** malformed
le **vent** wind; **faire du —** to be windy
le **ventre** belly
venu came; **le nouveau —** newcomer

le **ver** worm
verdir to turn green
vérifier to verify, check
véritable real, true
la **vérité** truth
vermeil(le) bright-red
le **verre** glass
vers toward
le **vers** verse
verser to shed
vert(e) green
le **veston** jacket
le **vêtement** garment; *pl* clothing
vêtir to dress, clothe
vêtu(e) attired
le **veuf** widower
la **veuve** widow
viager (viagère) for life
vibrer to vibrate, throb
le **vicomte** viscount
vide empty
vider to empty
la **vie** life; **gagner sa —** to earn one's living
le **vieillard** old man
vieillir to grow old
la **vierge** virgin
vieux (vieille) *m, f* old man, woman
la **vigne** vine
la **ville** city
le **vin** wine
vis-à-vis opposite; **— de** toward
le **visage** face
visqueux (visqueuse) slimy
vite fast, quickly
la **vitre** windowpane
le **vitrier** glazier, glassman
vivant(e) living
vive long live!
vivement briskly
vivre to live
la **vogue** vogue, fashion; **être en —** to be popular
la **voie** way
voir to see; **faire —** to show
voisin(e) neighboring; *m, f* neighbor
la **voiture** car, coach

la **voix** voice, sound; **à haute —** out loud
le **vol** theft, flight
le **volcan** volcano
voler to rob, steal, fly, soar
le **volontaire** volunteer
les **volontés** *f* whims
volontiers willingly
vomir to vomit
vouer to pledge
le **vouloir** will
vouloir to want; **— dire** to mean; **en — à** to bear a grudge against
voulu(e) intended, deliberate
vouvoyer to address as *vous*
voyager to travel
le **voyageur** traveler, passenger
la **voyelle** vowel
vrai(e) true; **dire —** to speak the truth; **être dans le —** to be right; **à — dire** as a matter of fact
vraiment really
la **vraisemblance** verisimilitude, probability
la **vue** sight
vulgaire vulgar; *m* common people
la **vulgarisation** popularization

W

le **wagon** coach (of a train)
les **waters** *m* toilet

Y

les **yeux** *cf* **œil**

PERMISSIONS

We wish to thank the authors, publishers, and holders of copyright for their permission to reprint the following literary excerpts.

Marcel Pagnol: "Le grand mystère du déboutonnage", from *La Gloire de mon Père*, Société des Gens de Lettres de France. (AJJ)

Jean Cocteau: "La Boule de neige", from *Les Enfants Terribles*, Editions Bernard Grasset. (BJ)

Joseph Bédier: "Un geste d'amour", from *Le Roman de Tristan et Iseut*, Edition d'Art H. Piazza. (J)

Bernier: "Le Vieillard rejeté", from *La Housse partie*, Editions Fernand Lanore. (CJ)

Robert Desnos: *Fortunes*, 10 juin 1936, Editions Gallimard. (CJ)

Antoine de Saint-Exupéry: "Victimes de la société", from *Terre des hommes*, Editions Gallimard. (CJ)

Jean-Paul Sartre: "L'Antisémitisme", from *Réflexions sur la question juive*, Editions Gallimard. (CJ)

Albert Camus: "Le Procès d'un étranger", from L'Étranger, 1955 (ed. Brée-Lynes), Appleton-Century Crofts. (J)

Andre Malraux: "Un terroriste", from *La Condition Humaine*, Editions Gallimard. (BG)

Louis Aragon: "Qu'est-ce qu'un communiste", from *L'Homme communiste*, Editions Gallimard. (BG)

Yves Thériault: "Un père et son fils", from *La Fille laide*, © 1971, Editions l'Actuelle. (J)

Guy Tirolien: le poème *Prière d'un petit enfant nègre* tiré des BALLES D'OR (Présence Africaine, Paris, 1961). (CJ)

Birago Diop: "Khary-Gaye", extrait tiré des NOUVEAUX CONTES D'AMADOU KOUMBA (Présence Africaine, Paris, 1958). (IH)

Tristan Tzara: "Pour faire un poème dadaïste", from *Sept Manifestes Dada*, Société nouvelle des Editions Jean-Jacques Pauvert. (J)

Paul Eluard: "Quelques proverbes d'Eluard", from *152 Proverbes mis au goût du jour*, Éditions Seghers. (CJ)

Raymond Queneau: *Exercices de style 1947*, Editions Gallimard. (DJ)

Jacques Prévert: "Page d'écriture", "Déjeuner du matin", "Premier Jour" and "Le Message", from *Paroles*, Editions Gallimard. (EJ)

Eugène Ionesco: "Comment on devient auteur dramatique", from *Notes et contre notes*, and "Comme c'est curieux, comme c'est bizarre", from *La Cantatrice chauve*, Editions Gallimard. (FD)

Georges Moustaki: *Dire qu'il faudra mourir*, publié par les Editions Metropolitaines. (AFJ) *Le Temps De Vivre*, Paroles et Musique de Georges Moustaki, C. 1969 by Editions (AJJ) Manèges. *Il est trop tard* and *Ma Solitude*, Editions Paille Musique. (J)

Marguerite Duras: *Hiroshima mon amour*, Editions Gallimard. (GJ)

Georges Brassens: *Dans l'eau de la claire fontaine*, Editions Musicales. (HJ) *Chanson pour l'Auvergnat* and *La Chasse aux papillons*, Intersong-Paris, Editions Musicales. (HJ)